新版　悪者見参
ユーゴスラビアサッカー戦記

木村元彦

集英社文庫

新版　悪者見参　ユーゴスラビアサッカー戦記

新版のためのまえがき

２０１８年、ワールドカップロシア大会のグループリーグにおけるスイス対セルビアの試合の中で「事件」が起こった。詳細は追章に譲るが、コソボ移民のジャカとシャチリ、二人の選手が起こした振る舞いをＦＩＦＡが問題視してペナルティを科したそのシーンを見た際に、20年前「悪者見参」＝通称ワルケンの取材をしていた頃のコソボの情景が脳裏にまざまざと蘇った。ジャカとシャチリの問題はひと言で言えば、ＮＡＴＯ空爆が誘引してしまった大アルバニア主義の勃興であるが、なぜ、こんな事態が起こったのか。そこに至る経緯を過去に遡って紐解《ひもと》く意味でも本書の存在が役に立てばと切に思った。ところが、事件後に、いく人もの書店員の方から、注文したのだが、在庫が切れているという連絡をもらった。集英社文庫の編集長から、それならば、単に増刷ではなく、新版という形で出しましょうというありがたい提案を頂いた。感謝申し上げたい。

ワルケンの不定期連載がヤングジャンプで始まり、文庫版が刊行されてから、すでに17年が経過している。冒頭の書き出しは、１９９８年のW杯フランス大会に臨むユーゴスラビアと日本代表のテストマッチである。

時代は走り、移ろう。

本書は2001年にミロシェビッチ大統領がハーグのICTY（旧ユーゴスラビア国際戦犯法廷）に送られるところで終わっているが、この間、様々なことが起こった。すでにユーゴスラビアという国は無くなり、コソボは2008年に独立を果たしている。トリャルパーニが夢見たコソボ代表もついにFIFA加盟を果たす。登場する人物もミロシェビッチ大統領が獄死し、ミリヤン・ミラニッチ会長、大羽奎介全権大使、解説を書いて頂いた田中一生さんも鬼籍に入られた。

国家として未《いま》だに落ち着きを見せられないコソボやボスニアは3カ月も経てば刻々と政情もサッカーも変化していく。拙著が文庫になる際にはせめて読者に向けてアップデートしたいという思いから、必ずその時点での出来事を取材して記してきた。

新版の追加章にはさらにロシア大会で準優勝に輝いたクロアチア代表とそのキャプテン、ルカ・モドリッチについて親友ミハイロ・ミキッチ（湘南ベルマーレ）に聞いた。あとがきは2001年当時の思いを残すために敢《あ》えてそのままである。

今、読み返すと、ヘイトスピーチという言葉がまだ日本になかった頃に起きたセルビアヘイト（悪玉論）に、ひたすら抗いたく、それが執筆のモチベーションになっていたのだとあらためて思う。

『誇り』『オシムの言葉』と並ぶユーゴサッカー三部作の中で本作が最も苦労した分、思いは強い。

本書を初めて手に取られる方は1998年のユーゴスラビア、コソボのサッカーがどういう状況下にあったのか、そこから関心を持っていただくと幸甚である。あの時代を知っている者としてNATO空爆の不当性は生涯、言い続けて行きたい。

今回の担当の半澤雅弘さんに謝辞を。そして、今更ながら、こんなレアな記事を連載させてくれていた1999年のヤングジャンプ編集部（担当今井孝昭さん）に感謝を。

悪者見参後のこの17年の余白を埋めるためのノンフィクションもまた続けてしっかりと書き下ろしたいと思っている。

2018年9月14日

木村元彦

目次

本書は、二〇〇一年六月に集英社文庫より刊行されたものを
再編集し、新たに追章を加えました。

単行本　二〇〇〇年三月、集英社より刊行

初出
「週刊ヤングジャンプ」不定期連載　一九九八—一九九九年

プロローグ

「プラーヴィの栄光と憂鬱」

最初にそのきわめて象徴的な現象に気づいたのは、フランスW杯（ワールドカップ）開幕を7日後に控えた1998年6月3日だった。スイス、ローザンヌのポンテーズ・オリンピック・スタジアムではユーゴスラビア対日本代表のテストマッチが行なわれようとしていた。日本にとってはユーゴを仮想クロアチア（92年にユーゴ連邦から分離独立したクロアチアは本戦に入るやそのプレースタイルを実は大きく変容させていたが）としての意図を担ったマッチメークだった。

ピッチには両国イレブンが整列し、試合前の国歌斉唱が始まった。

私が「おや」と身を乗り出したのはユーゴスラビア国歌『ヘイ・スロヴェーニィ』が流れた瞬間だった。

誰も歌っていないのである。キャプテン＝ストイコビッチを始めエース、ミヤトビッチもMFユーゴビッチも、どこか所在なげに視線を泳がせているだけで喉も口も動いていない。DFミハイロビッチにいたってはクスクスと照れたような苦笑を浮かべている。

おい、おい、スポーツ制裁を乗り越えた8年ぶりのW杯出場だろう。祖国、祖国！

愛国心、愛国心、愛国心！　ボスニア紛争措置で国際舞台から追われてから復帰までの彼らの苦難の歴史を追って来た者としては、眼を瞑《つむ》り胸に手を当てて喉も裂けよと歌うものと思っていた。

彼らが国歌という「象徴」に意味を見出《みいだ》していないというわけでは決してない。それは次に『君が代』が流れ出したときに証明された。

スタジアムにいる在スイスのユーゴ人サポーターから湧き起こったブーイングに対して、ストイコビッチが腕を振る所作で自重を求めたのだ。

「ああ、あれは、僕が日本でプレーしているという理由だけじゃなく、国歌の時のブーイングは、そりゃ失礼というものだからね」後から本人に聞くと、もの憂げにそんな答えが返ってきた。

国歌を尊重しているのならばなぜ自国の歌は歌わないの？　再び食い下がると少々口ごもりつつ複雑な顔をした。

「うん、まああれは社会主義時代の歌だし……」

私は日本に住むセルビア人の言葉をこの時、思い出した。

「クロアチアもスロベニアも、自分たちの民族の歌を歌える。なのになぜ、私たちだけがそれが出来ないのだ」

ユーゴ連邦を形成していた共和国が次々と独立していった中、取り残されたと思う彼らの喪失感を感じ取った。

プラーヴィ（「青」の意、ユーゴスラビア代表チームを指す）とその背景を追う旅がこの時から始まった。

W杯は国の威信をかけた戦いというけれど、国を想《おも》い、自民族を愛しながらもストレートにそれを表現出来ないという彼らの複雑な心中。さらにヨーロッパの火薬庫と呼ばれ、その燻《くすぶ》る火種にいぶされ、国際社会から孤立させられながら、その政治的影響を引き受けて行かなくてはならない現状。「国家」という得体の知れぬ幻想、「民族」という存在ルーツとしてついて回る業《ごう》、ユーゴ（セルビア、モンテネグロ）の選手たちほどこの問題に直面させられているスポーツマンはいないだろう。

「日の丸のもとに戦う」とも「ただ自分のキャリアのためだけにプレーする」とも違う、日本人には窺《うかが》い知れない複雑な思いで彼らはプレーする。

ユーゴのサッカーが世界に冠たる美しいものであるという主張に異論を挟むスポーツライターはいないだろう。加茂周《かもしゆう》元日本代表監督は96年キリンカップで対戦する際に、「ユーゴのゲームはまるでエンターテインメントショーを見ているようだった」と評し、欧州で最も権威ある仏フットボール誌編集長ジャック・ティベールは「（ユーゴは）文化がフットボールにあり、住民が枕のようにボールを持ち、畑に行くのにスパイクを持ってゆく国。ユーゴの選手はボールを太陽に、月に、土星に変容させることが出来る」とフランス人特有のきつい比喩を使って激賞している。

さらにティベールは「世界一巧みにボールを扱うことが出来るのはブラジルの選手で

はなくユーゴの選手だ」と謳《うた》いながら、「ただ、彼らは運命を担う義務から逃れる日々にしか能力を発揮しないがゆえに、実力がありながら、国際舞台でトロフィーを手にすることが出来ない」と華麗さ、創造性にこだわるがゆえに必ずしも結果が伴わないことも指摘している。このあたりは勝敗にこだわらぬスラブ美学というところか。

民族の独自性をプレーに反映させることの出来るサッカーをカルチャーとして踏まえるのなら、ユーゴは世界に誇る美しい文化を持つ国である。取材を進めて行くにつれ、結果的にその世界財産を持つ国が20世紀の終わりに「悪者」にされていった過程を追うことになった。高所に立った分析も時には必要だが、私はバルカン半島の研究者ではない。文化を支える人々、代表選手から、名もなき人の目線から、話を紡いで行こうと思う。

第1章

［悪者見参］

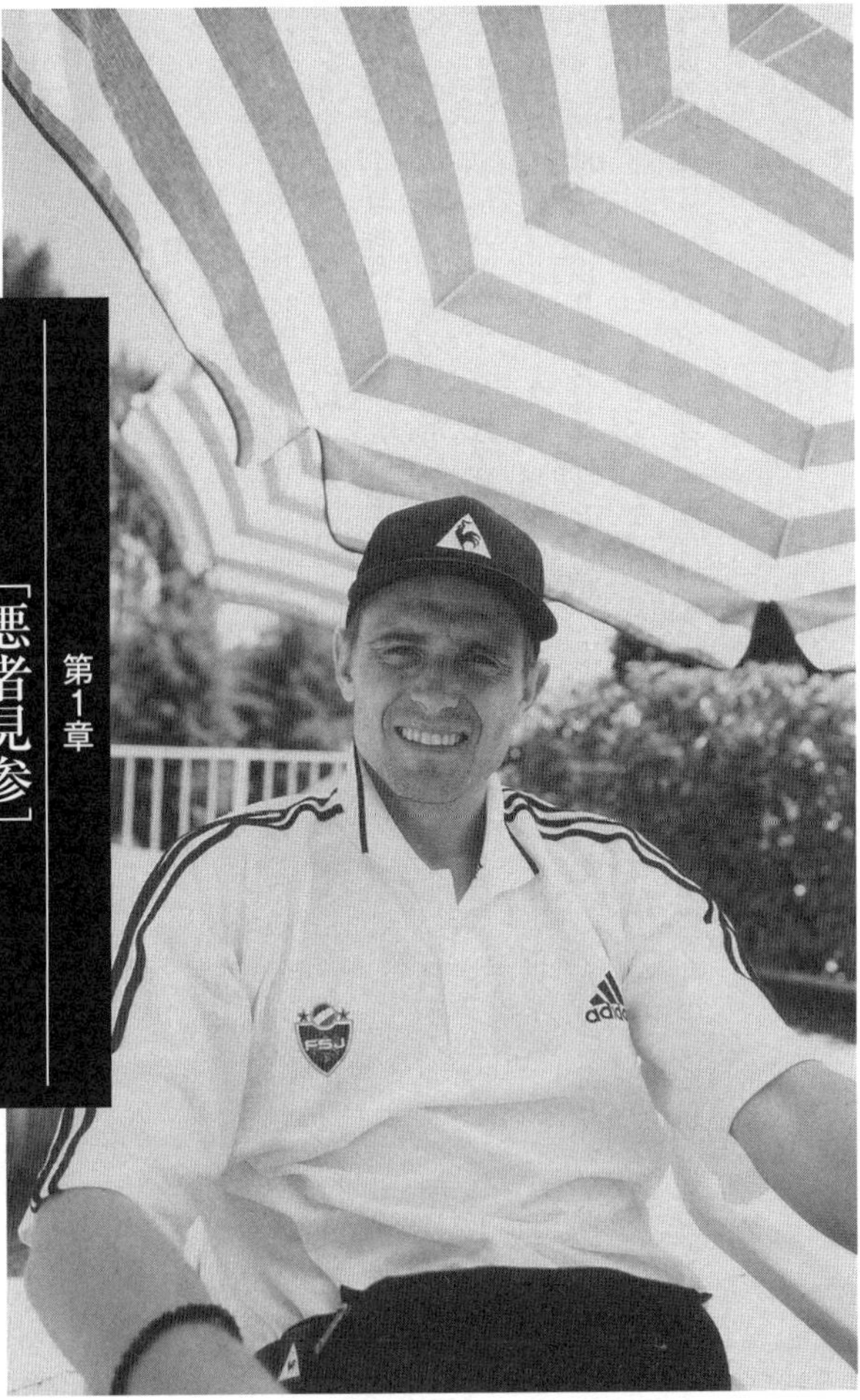

1　1998年6月3日　スイス、ローザンヌ

　サントラツ、岡田《おかだ》の両国監督の記者会見が始まったのは、シニシャ・ミハイロビッチのフリーキックが日本のゴールに突き刺さってから、ちょうど40分後だった（結果は1対0でユーゴ勝利）。

　小学校の教室程度の大きさのプレスルームは、ほとんどが日本の記者で埋めつくされていた。私は人波をすり抜けて2列目の椅子を確保すると、外の通路にたたずんでいたMに向かって手招きをした。Mはぼんやりと壁のポスターを見つめていたが、それに気づくと野球帽を被《かぶ》りなおして私の足元に滑り込んで来た。肩先までモサモサ伸びた髪が私のノートにふわっと落ちた。ヨレたヘビメタTシャツに煮染《にし》めたようなジーンズという彼の風体に、案の定、排他的な日本人プレスが特権意識を丸出しにして食ってかかって来た。

「あなた、どこの社の人？」

「仕事の人？」

「こういうの持ってる？　パス！」

日本サッカー協会がこんな奴《やつ》に取材パスを発行するはずがない、そう思ったに違いない。その予想は当たっていたのだが……。

「ああ」

Mが胸のポケットから無造作にしわくちゃの紙切れを取り出した。

FSJ（ユーゴスラビア・フドバル協会）の刻印を認めると、やっと相手は黙った。

「……じゃあ、いてもいいけどさ」

いてもいい、か。私は思わず苦笑した。よしんば彼がパスを持っていなくても、そのことでこの場の誰に迷惑がかかるのか。

日本のW杯（ワールドカップ）初出場という「偉業」は、選手以上に報道関係者を興奮させていた。選ばれし者、そしてそれを取材する選ばれし記者。大興奮だ。大会終了後もわざわざパスを著作物にコラージュするジャーナリストがいるのには鼻白んだ。

しかし、Mは特に気色ばむこともなく、淡々と職務を全うし出した。岡田監督がコメントを終え、サントラツが発言を始めると同時に低い声で語り出したのである。

「日本代表の実力はまあ予想していた通りだった。一昨年のキリンカップの経験から戦い方はわかっていたので……」

追いかけるかたちで会見の通訳が続くが、セルビア語、英語、日本語の二重通訳である分、どうしても遅れる。そして意味が変わる。「日本の強い実力は確信していた。われわれはキリンカップの屈辱を晴らすために精一杯戦った」社交辞令を通訳が言ってどうするのだろう。

Mはベオグラード大学の日本人留学生、セルビア語の逐次通訳が出来るのだ。私は昨年ベオ（ベオグラード）で燻《くすぶ》っていた彼と知り合った。以来、取材の度に彼を雇っている。

「友好試合が出来てよかった。W杯ではお互いにベストをつくしたい」を会見通訳は、「両国にとって弱点をカバーするとても意義の深い試合だった」と訳した。

Mの声は当然周囲にも広がっていてニュアンスのズレは伝わっているはずだが、相変わらず記者たちは質問するでもなくテレコを回すのみだ。

日本のメディアは、一次リーグH組で当たる仮想クロアチアという触れ込みで大いに対決ムードを煽《あお》ったが、ユーゴスラビアにとっては数少ない親善試合を受けてくれる相手、ヤパンである。ボスニア紛争に対する国連のスポーツ制裁措置が解かれてからも、これまで組めたテストマッチはブラジル、アルゼンチン、ルーマニア、メキシコ、ナイジェリア、韓国だけ。いまだにEU（欧州連合）加盟諸国からはゲームを拒否されているのが現状だ。

またスイスにはセルビア移民が多く、顔見せ興行の意味もあった。ローザンヌにはFKスラヴィアというユーゴスラビア人だけで構成されたクラブすら存在しているのだ。モチベーションの差は歴然としていた。

ストイコビッチは「われわれはベオでやったナイジェリア戦のあとでとても疲れてい

た。ユーゴにとっても日本にとっても、この試合に大した意味はない」と吐露した。

ユーゴはこの試合の前、ベオグラードで、同じセルビア人の名将ミルティノビッチ（執筆当時2000年、中国代表監督）率いるあのナイジェリアを3—0で破っていた。10万人が詰めかけたホームのこのゲームで、プラーヴィ（ユーゴスラビア代表選手、本来はユニフォームカラーの「青」の意）が魅せたパフォーマンスの美しさは絶品で、フランスでの飛躍を大いに期待させるものだった。

最後にサントラッツは、日本のクロアチア戦における可能性について、こうトボけて締《し》め括《くく》った。

「日本とクロアチアのゲームについては私は何とも言えません。なぜなら私はクロアチアのコーチではないからです。そして今回、私は日本については研究して来ましたが、クロアチアについては何も知らないのです」

よく言うよ。私は苦笑する。

会見が終了すると白人の中年記者がMの所に飛んで来た。

「君！　君はかなり語学がイケるとみた。私はクロアチアのナショナル紙の記者だが、どうだね、私の仕事も手伝ってくれんかね。日本代表へのインタビューの通訳を頼むよ」

Mが鷹揚《おうよう》にアゴを撫《な》でながら、

「いいけど、ボクはセルビア語だけど、それでもいいの？」と記者の顔色を窺《うかが》ったのにはわけがあった。

元来、セルビア語とクロアチア語は同じ言語（セルボ・クロアチア語）であったが、クロアチアがユーゴ連邦からの独立を果たすと、新生クロアチア語運動というのが嵐のように巻き起こった。われわれは言葉もセルビアとは一線を画すのだと主張して、次々に新しい単語を作り始めたのだ。

例えば、

「アエロドローム＝飛行場」と言っていたのを「ズラチナルーカ＝空の港」に。

「アヴィオン＝航空機」を「ズラコプロヴ＝空を漂うもの」に。

極端な例では、「スポーツ」を「シュポルト」というように、変えようがないものは発音を変換してしまった。

この独立の気運に乗じて何が何でも差別化を図ろうとする様《さま》を、セルビア人たちはうんざりしながら、

「おい、クロアチア語でパンツは何と言うんだ。股の布か？」などと言ってからかっている。

ズラタルと名乗ったそのクロアチア人記者は照れ笑いしながら、「セルビア語でも意味が通じればOKだ。まあ頼むよ」とMの肩を叩《たた》いた。

オリンピック・スタジアムを後にしてホテルへ食事に向かう。

入ったレストランの名前が「カモメ」ということから、話が妙な方向へ走る。

Mが「猫の額ほどの」という意味を示す言葉がセルビア語にもあり、それは「カモメのチンチンほどの」と言うのだ。

「セルビア人たち自らがよく言うんですが、セルビア語というのは世界で一番汚い言葉なんだそうです」

へーっ、と私はビールを飲みながら聞く。

「ほかにも『屁《へ》のカッパだぜ』に匹敵する言葉があるんですが、それは『マ○コの煙だぜ』って言うんです」

うーむ、と唸《うな》った。確かにそれは存在すらあやうい。これほど『取るに足らない』をたとえるに適した言葉があるだろうか。相手を罵倒する言葉は？

これまた盛り沢山あるのだ。

代表的なのは、「お前の母ちゃんやっちゃうぞ」。まあこれなどは中国語にもある。しかし、カカア天下が多いとされるセルビア人の間では、女性が言うパターンもあるのだ。すなわち、

「お前の父ちゃんやっちゃうぞ」

何とも勇ましいが、先の「屁のカッパ」の比喩にしても、例外なく女性も使う。Mは大学入学当初、金髪碧眼《へきがん》のスラブ美人の女子学生が『試験？　楽勝よ。マ○コの煙、マ○コの煙』と連呼するのを聞いて呆然《ぼうぜん》としたそうだ。

翌日、ジュネーブ郊外の練習場に取材に行く。なるほど、確かにボール回しの時から聞こえて来た。

「ヘイ、チンチン野郎」

「やっちゃうぞ！」

「この○ン○」

私は嬉《うれ》しくなって金網にへばりついた。呼応するように、フィールドに向かって覚えたばかりのスラングを連発する。十分アブない日本人だ。

プラーヴィたちは足の甲で、内側で、爪先で、踵《かかと》で、時には足の裏で自在にボールを操る。選手たち個々のスキルは見ていて溜《た》め息《いき》が出るほどだ。ほとんどの選手が海外でプレーをしているため顔を合わせるのはこんな直前の機会しかないのだが、組織練習は全くしない。繰り広げられているのはあくまでも華麗なテクニックショーだ。

見入っている横へ、ズラタル氏が憤懣《ふんまん》やるかたなしといった表情でやって来た。

「全くどうなってるんだ、お前さんたちの国は！　えっ？　代表監督のオカダとナカタにインタビューを申し込もうと広報に連絡を取ったら、ろくに話も聞かずに即座に断られたぞ。こんな扱いをされたのは初めてだ。日本人の記者に相談しても『仕方がない』という奴ばかりだった。一体私がザグレブにやって来た日本のジャーナリストを何人世話してやったと思ってるんだ」

Mのアルバイトがどうやら必要なくなったようだ。

「大会前で広報が神経質なのはわかる。しかし何で頑《かたく》なに外国のメディアの取材を拒否するんだい。いいかい、せっかく初出場する日本のノゴメット（蹴球《サッカー》）を海外に紹介できるチャンスじゃないか。私の国ではこんなことは絶対ありえない。記者はバトレニ（クロアチア代表選手、「炎」の意）と同じ飛行機で移動するし、取材費が出ない小さな新聞社には協会が援助する。

日本のメディアは数えきれないほど、クロアチアへ来て取材して行ったではないか。同業のよしみでわれわれも協力したんだ。君はこれをアンフェアーと思わないかね」

まあまあ、となだめながら、彼の怒りも一理あるかと私は思った。日本のメディアはW杯一次リーグ対戦国ということで、各社こぞってクロアチアを紹介したものだ。ところで、私はそれらの特集記事や番組のほとんどが、ユーロ96で花開いた素晴らしいプレーそのものに触れるというよりも、ユーゴ連邦からの独立を勝ち取ったという政治的背景に寄りかかった構成になっていたことに違和感を感じていた。

必ず引き合いに出されるシーンが、1990年5月13日にザグレブのマクシミル・スタジアムで行なわれたディナモ・ザグレブ対レッドスター・ベオグラードの一戦だ。ディナモはクロアチア共和国、レッドスターはセルビア共和国のクラブ。

この日、試合前にサポーター同士の衝突があった。フィールドに降り立つクロアチア人サポーターに、セルビア人警官が襲いかかる。見かねたボバン（ディナモ・ザグレブのキャプテン）が警官に飛びかかった。この事件で彼はイタリアW杯を棒に振り、そしてクロアチアの英雄となった。

これは、セルビア対クロアチア、抑圧者対被抑圧者、との構図を指し示すわかりやすいエピソードということで重用された（大抵はその後に、何より祖国を愛したキャプテン＝ボバン、独立後初のW杯出場に燃えるクロアチア……という物語に展開して行く）。

しかしユーゴ崩壊の道筋はことほど左様に単純ではなく、マクシミル・スタジアムにおける事実は伝えられていることと明らかに異なる。

発端はこの日、南側ゴール裏に陣取るレッドスターのサポーター席に向けて投石が始まったことだった。

ゾラン・ティミッチ率いるレッドスターの応援団は、フィールドに逃げ込んだ。すると今度は、北側に陣取るディナモのサポーター集団バッド・ブルー・ボーイズ（B・B・B）が迎撃するように飛び降り、襲いかかって行った。セルビア人1に対してホームにいるクロアチア人は9の割合だ。逃げる少数のセルビア人を保護するために、連邦警察が割って入って行ったというのが真相である。なぜ、いきなり暴徒が出現したのか？

クロアチアではこの試合の3日前、自由選挙が行なわれ、大統領フラーニョ・ツジマン率いる超民族主義政党のクロアチア民主同盟（HDZ）が大勝していたのだ。勢いに乗ってフットボール・スタジアムに乗り込み、サポーターを扇動したグループがいたことが後で確認されている。決して自然発生的な暴発ではなく、政治が色濃く計画的に持ち込まれていたわけである。

問題は、さらにこの暴動事件が、さもセルビアが加害者であるかのように、西側メディアに喧伝《けんでん》されていったことである。

警官に飛び蹴りを見舞ったボバンの行為を「クロアチア人の子供をセルビア人の警棒の乱打から守るため」とドイツやイタリアの新聞などは伝えたが、ビデオを見ても暴れまわる彼の周囲には子供など存在しない。スポーツ選手がグラウンドで乱闘などしようものなら徹底的に叩いてきた日本のマスコミだが、あっさりと図式にあてはめてヒーロー扱いしてしまった。ボバンの行為を賛美するならその上で彼がＨＤＺの党員であったことも伝えるべきだった。

当時ベオグラードの日本大使館に勤務していた大羽《おおば》奎介《けいすけ》・現クロアチア全権大使は、リアルタイムで見たこの暴動とその後の報道のされようを「セルビアの外交下手を象徴するような事件」と評している。


試合の翌日ということで、練習は1時間程で終了。ＦＳＪのミラニッチ会長が、背広姿のまま自らフィールド上に散らばっているボールを拾い出した。リヨン（日本代表のキャンプ地）では考えられない光景だろう。

ホペイロ（用具係）はいないのかと聞くと、

「こんなことくらい当然だよ。経済制裁を食らっている時は、リーグ戦の最中にボールが足りなくなって、選手がボールまで磨いたもんだ」
故障中のサビチェビッチは別メニューでチューブを引いていたが、引き上げて来ると
Mに向かって声をかける。
「おい、どこでセルビア語を覚えたんだ。ベオグラード？　世界は俺たちをとんでもな
い悪者だと非難してるが、どうだベオの住み心地は」
住めば都です、とMが答えると満足そうに笑った。イタリア・セリエAで悪魔のドリ
ブラーと称された彼は、実は気さくな男だった。あまり知られていないが、この左足の
ゲニイ（天才）は自らも登録しているドナーバンクに6万ドルを寄付し、故郷の恩師の
遺族に対して経済的な援助を地道に続けている。
その横をストイコビッチが通り過ぎる。
「アシタ、グランパス、セミファイナル」
W杯直前のこの時期にナビスコカップのことを気にしているのだ。
「コンニチハ」という日本語が聞こえたので振り向くと、ペトロビッチが人なつこい笑
顔を浮かべて立っていた。
日本から来たのなら俺にもインタビューしてくれない？　とそんな笑顔だった。
〝ボールのある所どこにでも顔を出す〟、労を厭《いと》わぬ献身的なプレーぶりから浦和《うらわ》レッ
ズ・サポーターにこよなく愛されるこの明るい男は、実はすごい苦労人だ。キャリアを

始めたモンテネグロ共和国の名門クラブ・ブドゥーチノストからスペイン、オランダ、日本と7つのクラブを渡り歩いた。その間、血の滲《にじ》むような努力を続けて、今回32歳にして初代表に選出された。旧ユーゴ国内ではクロアチアのディナモ・ザグレブに在籍したことがあるのだが、後にその時のことで脅迫電話を受けている。彼は１９９０年、史上初のクロアチア代表候補（クロアチア分離独立は実際は92年だったが、サッカー界にはすでにそんな動きがあった）に推されたことがあったのだ。背筋が凍るような嫌がらせの電話は、ハンガリーとのプレーオフに大勝した、つまり悲願のW杯出場を決めて喜びに沸いている夜だった。

お前みたいにクロアチアのためにプレーしていた奴は絶対に殺してやる。今晩の12時までに国外に出て行け。さもないと殺しに行くぞ。

「びっくりしたけど、そんなにたいしたことではないよ。私は脅迫なんかには決して負けない。確かにモンテネグロの選手がクロアチアでプレーするのは珍しかったけど、プロである以上、オファーのあった大きなクラブに移るのは当然のこと。戦争が終わったばかりで、どうしてもわれわれに対しても政治が絡んでしまう。例えばスイスには旧ユーゴから来た人が沢山いる。しかし当然ながら、全員がユーゴの応援をしようとするわけじゃない。昨日のゲームもクロアチアやボスニアを応援する人は来ようともしなかっただろう。現在のユーゴを応援している人たちでも、何かスタジアムでまた事件が起こるんじゃないか、とトラブルを危惧《きぐ》して来なかった人もいるだろうしね」

ペトロビッチはいかなる時も明るさを失わない。そしてユーゴ人として置かれた境遇を冷静に見ている。もちろん、プレーヤーとしても偉大だ。腐らずにその年齢で初めて代表に呼ばれた上、左サイドという運動量を求められるポジションで、若い選手（ナジ）に競り勝ってレギュラーを確保したのだ。見事なものである。

「実際の年齢《とし》なんてのは関係ないさ。重要なのはフィーリングだ。自分はあと5年やる自信がある。浦和で出来れば最高だけど（笑）。お世辞じゃなく、所属したクラブの中で一番気に入っているんだ」

終始快活に答えていたペトロビッチが唯一表情を曇らせた瞬間があった。実はこの日、練習が終わるとユーゴ代表選手団はジュネーブの国連欧州本部へ表敬訪問へ行くことが決まっていた。私がそのことに触れたときだ。彼はとたんにアントニオ・バンデラス似の端整な顔を歪《ゆが》めた。

「自分個人としては、あんな国連になんか本当は行きたくはない。全世界が敵にまわっていた制裁の5年間、石油も食糧も薬も入って来ず、ユーゴの市民は死んでいったんだ。私にとっては一方的に苦しい目に遭わされた組織の本拠地でしかない。しかし代表団として公式にスケジュールに入っているのなら従うよ」

選手一同FSJの揃《そろ》いのスーツに身を包み、祖国へ経済制裁を科した本部へ『友好』をテーマに訪問しなくてはならない。彼らの心境は推して知ることができる。

そもそも国連制裁の直接の引き金となったセルビア軍の仕業とされるサラエボ市内へ

の迫撃砲攻撃も、今では対抗勢力がそう見せかけた「ヤラセ」説が有力であるのだが……。

直接的に自分に影響を及ぼした国際試合禁止の条項には敢《あ》えて触れず、市民生活を思いやるところにペトロビッチの人間味が感じられた。しかし、サビチェビッチにせよ彼にせよ、噴き出る言葉の端々に「世界の悪者」にされたユーゴの人間の痛みがキリキリと迸《ほとばし》ってゆく。

また彼らより下の世代はどう考えているのか。

私は19歳の最年少代表選手、デヤン・スタンコビッチを探した。テストマッチの韓国戦では2得点を決め、ポスト＝ストイコビッチと称賛される彼は、来季からイタリアの超名門クラブ、ラツィオへの移籍が決まっている。将来のユーゴの10番は幼い頃に始まった祖国崩壊の記憶を素直に辿《たど》ってくれた。

「紛争が始まったのは、私がやっと物心がついた小学生の頃でした。自分はすでにレッドスターのジュニアチームに所属していました。私は周囲の情況を見ていて、子供心にもこれから政治的な発言はすまいと心に決めたのです。90年からユーゴスラビアで起きたことはとても残念なことですが、それらの戦争について私が発言したことは一度もありません。それはただ政治にしか過ぎないからです。私はこれからも、そういう質問に対してはコメントすることはきっとありません」

紛争の衝撃はこの若い選手に政治への拒否反応を起こさせ、沈黙の殻に閉じ込めたようだった。クロアチアの選手とはこの部分が圧倒的に違う。若いスタンコビッチにとっては、国を背負って戦うというイメージはないのだろうか。

「フランスでA代表としてプレーすること。まずこのことに魅力を感じています。国のためというより、私はW杯はサッカー選手のキャリアの中において、最も意味のあるショーだと考えているのです。影響を受けた選手というのも特にいません。過去形ではなく、私はまだサッカー選手として成長している段階なのですから。昨日のゲームにおいても協会の偉い人やキャプテンはモチベーションがなかったと言われたかもしれません。しかし、若い私にとっては毎日がアピールの日々なのです。昨日は日本に向けてのテレビ中継があったと聞いています。自分はそういうものをその都度、動機付けにしているのです」

日本の人の前で恥ずかしいプレーはしたくない。ストイコビッチ＝キャプテンは若手にすごく気を遣ってくれる素晴らしい人ですから、と初々しくその理由を語った。

次に私は今大会のエースにインタビューを申し込んだ。

欧州屈指のストライカー、プレドラグ・ミヤトビッチ。

レアル・マドリードのFWとしてチャンピオンズリーグ・ファイナルで、ジダン率いるユベントスに引導を渡す決勝ゴールを決めたのは、ほんのひと月前の出来事（97～98シーズンのUEFAチャンピオンズリーグ）。ミヤトビッチは、生涯最良の日と素直に喜び、ゴールを娘に捧《ささ》げると語った。愛娘《まなむすめ》は水頭症と白血病を併発し、スペインで寝た

孤高のエース、
プレドラグ・ミヤトビッチ

きりの闘病生活を送っているのだ。

パルチザン・ベオグラード在籍時代は、その真面目《まじめ》な性格からグロバリ（パルチザンのサポーター集団）に誰よりも愛された。今でも代表の試合で歌われるミヤトビッチの応援歌の歌詞がそれを物語る。

「モグ・ダ・テ・プシム・ミヤテー、ミヤテー、ミヤテー」

意味は「ヘイ、ミヤト、ミヤト、お前のペニスだって俺はくわえることができるぜ」。

ミヤトビッチもペトロビッチと同じモンテネグロ共和国出身。ペトロがモンテネグロ人の陽気な性格を体現しているのなら、ページャ（プレドラグの愛称）はツルナゴーラ（モンテネグロの正式名、「黒い山」の意）の気高い誇りを全身に漂わせている。

決して浮いているというわけではないが、キャンプでも固まって行動する選手たちと離れ、常に単独で移動する。仲間の談笑の輪から離れて、ひとりコーヒーを嗜《たしな》む様子からは孤独を愛しているかのようにさえ見える。

孤高のセンター・フォワードは日本戦について少なからず衝撃を受けたようだった。

「昨日の試合について、私たちはいい意味で驚きを受けた。つまり日本のチームが、それだけ想像以上に素晴らしかったということだよ。私は特に8番（中田）と9番（中山）の選手に目が行ったね。彼らはおそらくW杯でも何らかの結果を残すと思うよ」

――FWのパートナーはミロシェビッチ、コバチェビッチといますが、ユーゴは基本的にあなたを頂点に置く1《ワン》トップだと思っています。中盤に人材が多く攻撃的とも言えますが、ボールの出所を抑えられると苦しくなる。チーム内での役割についてどのように考えているのか。

彼は抑制の利いた口調で、それでも自信満々に答えた。

「役割？　ピッチの上では攻撃の柱として何の迷いもなく自分の戦術を生かすことが出来る。私が正しいと信じたら、そこに私が動くだけだ」

――同じレアルでプレーしているシューケルが、今、不調ですが、クロアチアのエースである彼についてはどのように考えているか。

「あなたも知っているように、彼と私は政治を乗り越えた大親友だよ。タイプの違う監督との不和が昨年の不振の原因だろうと私は考えている。サッカー選手は自分が信頼されているという確信があれば、大きな力を呼び込むものだから。確かに不調だったけどフランスという最高の舞台で、彼は自分の能力を十分に発揮するだろう。実際彼は素晴らしいストライカーだ。私を大会得点王の候補に挙げてくれたそうでそれは感謝するけど、シューケルが本来の力を発揮したなら、彼がそうなる可能性はものすごく高いはずだよ」（くしくもミヤトビッチは、この段階でやがて実現する2つの予言をしている）

——昨年の選挙でモンテネグロは、独立を希求するジュカノビッチ氏を大統領に選びました。故郷がセルビアから分かれて独立するということについてはどう考えているか。

とたんに顔が曇った。

「いや、そういう政治的な質問についてては答えたくないな」

この回答もペトロビッチとは対照的だった。ペトロは「俺は独立には関心がないが、もし人々がそれを望むのなら受け入れるさ」とあっさりと答えたのだ。

最後にお子さんの回復を祈っています、と伝えると口元が弛《ゆる》んだ。ありがとう、をセルビア語でも英語でもなく、「グラシャス」と現在の彼の生活言語で返してくれた。

2　1998年6月10日　クロアチア、ブコバル

フランスW杯が開幕したこの日、私はクロアチア東部の街ブコバルに来た。左足のマジシャン、シニシャ・ミハイロビッチの生家を訪ねるためだ。

スイスでミハイロビッチは言った。

「もう僕は故郷のあの街に戻ることはないだろう。両親もノビ・サドに移らせた。家もいらない。けれど世界で一番愛したあの街が今どうなっているのか、日本人のあなたなら行けると思う。ぜひ見て来て欲しい」

イタリア・セリエAを震撼《しんかん》させる脅威のフリーキッカーは、このブコバルの郊外ボロボ・セロで1969年2月20日に生まれた。

クロアチア共和国内に属しながらセルビア人が人口の3割強を占めるこの地域は、多民族融和を誇る典型的なユーゴの文化都市だった。文字もキリル（セルビア人使用）とラテン（クロアチア人使用）が両方使用され、宗教の違いも委細気にすることなく人々は平和に暮らしていた。


91年5月、クロアチアの自由選挙から1年。メーデーの日のことだった。村役場前に掲げてあったセルビア国旗をクロアチア人の警官隊が引きずり落とし、代わりにクロアチア国旗を掲揚しようとした。ツジマン大統領が採用したユーロ96でお馴染《なじ》みの赤白市松模様のこのデザインは、第二次大戦中にセルビア人を大量虐殺した「クロアチア独立国（NDH）」のそれから採用されている。

たった50年前の恐怖の記憶が蘇《よみがえ》るのに時間はかからない。セルビア人側は武装した住民有志がこれに立ち向かい、静かだった村で白昼銃撃戦が展開された。これが悲劇の始まりだった。やがてセルビア＝連邦軍が参戦したクロアチア戦争が始まっていく。事件発端の村役場はミハイロビッチの家からほんの数百メートル離れた所だった。無傷でいられるはずはない。

　レッドスターを出てすでにASローマでプレーしていたミハイロビッチは、停戦後、不安に全身を包まれながら、すぐにレンタカーで生家に向かった。迫撃砲と戦車の攻撃で穴だらけになった幹線道路を大きく迂回《うかい》し、至る所に無造作に置かれている地雷に神経を尖《とが》らせながら必死に進んだ。下手に擦《かす》っただけでも黄金の左足は吹っ飛ぶ。

　プロスポーツ選手として最も保護すべき自らの身体を危険にさらしても、それでも思い出の詰まったボロボ・セロの家屋に辿り着きたかった。しかし、到着するや、見てはいけない、冷徹な民族憎悪の現実に向き合わされてしまう。

　家具や戸棚が倒され、散々荒らされた室内に足を踏み入れ、眼を凝らすと真っ先に飛び込んで来たのは、壁に飾られた旧ユーゴ代表の集合写真だった。そこには彼の顔だけがなかった。銃弾で撃ち抜かれていたのだ。

「あの時の悲しさ、淋《さび》しさは一生忘れられない。僕は帰らなければよかったとさえ思った。帰らなければ思い出が何もなかったように、僕の中でそのまま残っていただろう。ドナウ河のほとりの溜め息が出るくらい美しかった街。本当に誰もが仲良く暮らしていたあの街。セルビア人もクロアチア人も、僕のことをサッカーのうまい少年だと誉《ほ》めてくれていたあの頃……」

　淡々と語るミハイロビッチはそれでも郷愁止《や》みがたく、もしベオに向かうのならブコバルに寄って、今の様子を見て来てくれないかと言うのだった。

セルビアが各共和国の急速な独立を拒んだのは、ミハイロビッチのように連邦各地にも多数のセルビア人が点在していたことも理由に挙げられる。しかし92年には、ドイツを筆頭に欧州諸国は一方的にスロベニア、クロアチアの独立を承認してしまう。

それは明らかに拙速であった。そして公正ではなかった。紛争は激化した。国際的な大義を一方的に剝奪されたセルビアは、独立を妨害する「侵略者」のレッテルを貼られてゆく。

ミハイロビッチは、イタリアでプレーと関係のない所で攻撃を受ける。

「僕がセルビア人ということで、一部のメディアがあることないこと書き始めた。インタビューも全くひどいものだった。最初は真面目に答えていたけど、いいかげんに腹が立った。妻（イタリア人）は僕に、『あなた、本当は自分はアフリカの選手だ、とでも言ったら』とうんざりして忠告したものだ。もちろん、僕の友人や親戚も沢山亡くなったけど、それはサッカーと関係がない。僕はフィールドでユーゴスラビアを見せたよ」

私が、建物の98パーセントが破壊されたこのユーゴ紛争最大の激戦地を訪れたのは、2回目である。初の訪問は97年の5月。その頃ここは、まだセルビア人支配地域に属していた。同年12月にクロアチアに再併合されると、ボスニアなどからのクロアチア人の入植が始まり、セルビア人は本国へ逃れていったという。実際、唯一の宿泊施設ホテル・ドナウの従業員たちは皆セルビア人だったが、彼らの姿はもはやない。セルビア人の使うキリル文字で書かれていたカフェなどは、夜逃げしたのだろうか、家財道具一式が消えており、無人の店内にはゴミが散乱している。

1年前にインタビューしたレストランで働くセルビア人に会いにいった。それは91年8月、ブコバル戦勃発のきっかけとなったセルビア民家放火事件の直接の被害者の男だった。彼はまだ同じ店でウエイターをしていた。懐かしくなって語りかけたが、人差し指をそっと唇にもってゆき、目配せをする。

「取材はもうだめだ。今いる客は皆、クロアチア人だ。迂闊《うかつ》なことは喋《しゃべ》れない。この間イタリアの記者が来たのでインタビューに答えたんだ。それがどう伝わったのか、翌日には店に刑事がやって来て俺は連行されたんだ。だからもう取材は勘弁してくれ。ほかに行き場のない俺たちは息を潜めて生きてゆくしかないんだ。ミハイロビッチの家？　悪いが俺は知らない」

にべもなかった。1年前、彼は「シニシャは俺の同級生」と自慢気に語っていたのだが……。

クロアチア人が集うバーに行けば、案の定、凄《すさ》まじい憎悪の言葉が四方から飛んでくる。

「ミハイロビッチ？　大嫌いだよ。セルビアの侵略者たちがまだこの街にいること自体が悔しいじゃないか。見たろう？　このガレキの街を！　この街をこんなにした奴らが、俺たちの同胞を殺した奴らが、もう戻って来て俺たちの前を平気で歩いている。こんなことが許されていいのか」

連邦軍の3カ月にわたるブコバル包囲戦は激烈をきわめた。孤立させられ、食糧ラインも断たれ、文化都市が無残きわまる廃墟《はいきょ》となったのだ。しかし、側面としてブコバルはクロアチア政府が国際世論を味方につけるアピール材料にするために「意図的に見捨てられた都市」(千田善《ちだぜん》)でもあった。政府は、表向きは「侵略された悲劇の街を救え」との宣伝を国内外に繰り返しながら、その実、クロアチア勢力に供給すべき武器をわざと渡さずに見殺しにしていたのだ。自らの政府の外交戦略で犠牲にされた街ブコバル。

それでも当然ながら住民の怒りはすべてセルビア人に向けられる。

家を探し出すのは苦労した。何しろ協力してくれる人の数が少ないのだ。

タクシーを降りて炎天下の中、民家を一軒、一軒、訪ね歩いた。ボロボ・セロは、連邦軍の拠点になっていた地域。自然と住んでいる人々も警戒心が強い。

汗だくになってようやく見つけ出したその空き家は、青空の下でただただ蟬《せみ》の鳴き声をはね返していた。2階建ての小さな家の壁には、いまだに弾痕が生々しく残っている。畑になっている裏手に回り、もう一度表に出て窓を見上げる。彼の部屋はあそこだったのだろうか。

声がした。

「シニシャの家だと知って来たのか」

セルビア人のドラガン。向かいに住む初老の男性だった。目がきつい。怪しげに睨《にら》まれた。近寄って本人の意向を伝えるとようやく安心したのか、訥々《とつとつ》と思い出を語りだした。

「そう、奴は5歳の頃からこの壁に向かってボールを蹴ってた。あきもせず、朝から晩までドンドンとうるさいことこの上なかった。ある日あんまりやかましいんで、注意しようと窓を開けたら驚いたよ」

壁の四隅にマークがしてある。一心不乱に蹴り込むミハイロビッチのボールの先を追えばまさに百発百中、印に確実に吸い込まれて行くではないか。

「こいつはすごい選手になると思っていたら、案の定だった」

我がことのように誇らしげだった。

——彼の部屋が荒らされていた話を聞いたんだけど……。

みるみるうちに怒りの表情に変わった。

「有名人ということで狙われたんだ。ひどいもんだった。クロアチア人は今でも、この道を通る度にこの壁を蹴っ飛ばしていく」

思わず撫でたミハイロビッチ家の壁。モノ言わず黙々と引き受けていた衝撃の源が少年の情熱から民族の憎悪に変わったのだ。

ドラガンはまた、とんでもないことを明かした。

「戦争中、ウスタシャたち（クロアチア人の蔑称）はブコバルのセルビア人の暗殺計画リストを作っていた。シニシャの両親の名前も入っていたそうだ」

本当だとしたら絶句せざるを得ない。個人が一体どこまで国家の責任を引き受けねばならないのか。

「俺もツジマンが大統領になった90年からこっちは、セルビア人という理由で職場から追い出された。年金も同じ理由で払ってもらえない。でも行き場がないんだ」

セルビア＝連邦軍の侵攻ばかりがクローズアップされているが、それ以前にツジマンが政権の座につくや、国内の公的機関に勤めるセルビア人を解雇し、締め出すという挑発行為を散々行なっていたという事実はほとんど伝えられていない。輪番制が根付いていた旧ユーゴでは考えられないことだった。

「シニシャに会ったら言っておいてくれよ、ボロボには少ないがまだお前を応援している奴も残っているんだって」

ドラガンは、少年ミハイロビッチがまだそこにいるかのような優しい眼《め》をして呟《つぶや》いた。

愛した街に、途絶えたと思っていた愛してくれている人がまだ存在する。

フランスで必ずミハイロビッチに伝えよう。それが私にできるささやかなサポートだから。

後ろ髪引かれる思いで中央バスターミナルに戻った。ここの建物も修復が追い付かず、屋根が吹き飛んだままだ。半壊した待合室の白黒テレビがW杯開幕戦ブラジル対スコッ

世界最高のフリーキッカー、
シニシャ・ミハイロビッチ。
98年にはセリエAでＦＫで
のハットトリックを達成

連邦軍に破壊されたブコバルの団地

ブコバル市郊外、ボロボ・セロのミハイロビッチの生家の壁。
この壁が魔法の左足を生んだが、その持ち主はもう帰れない

トランドを映している。

「ゴール！」

横浜フリューゲルスのサンパイオが大会初ゴールを決めた。アナウンサーの大きな声が、見捨てられた街の嫌になるほど青い空の中に溶けていった。

3　1998年6月13日　コソボ自治州

旧ユーゴのほかの共和国でプラーヴィは嫌われている。プラーヴィは憎まれている。それは彼らがユーゴ連邦の象徴であるからだ。

国歌も変わらず、国旗も中央の赤い星が消えたが、基本的には変化なし。

では国内ではどうだろうか。

私はブコバルを経由してベオに入ると、国内で最も緊迫している地域に行ってみようと考えた。コソボ（自治）州だ。

ミロシェビッチの強権支配政策に猛反発するコソボのアルバニア人たちは、フランスで躍動するプラーヴィをどう観ているのか。

気になる記事を2つ読んでいた。

ひとつは日本で目にした外電。EUの会議でコソボの民族弾圧に対する制裁措置として、スウェーデンの外相から、ユーゴをフランス大会から締め出せ、との提案があったという。プラーヴィがまたもフィールドから追い出されかねない紛争の火種。

もうひとつはベオで読んだ大衆紙ブリッツ。コソボのアルバニア人テロリスト部隊が、パリのユーゴ代表を襲撃する計画を着々と進行させているというのだ。イギリスで言えば悪名高きサン紙にあたる同紙ゆえに信憑性《しんぴょうせい》は薄いが、いずれにしても対立民族に対する根強い不信感情を印象づけられた。

しかし、旧ユーゴ時代はコソボのアルバニア選手も代表になっていたと聞く。

「スポーツと政治は別」

けれど、やはりそんな甘いものではなかった。来てわかった。百聞は一見に如《し》かずだ。

ベオグラード発の夜行列車で、コソボの州都プリシュティナに到着したのは午前7時。盆地のコソボは6月でも明け方は肌寒く、Tシャツ一枚の私はガタガタ震えて全く眠れなかった。

出発前、Mと交わした会話を思い出す。

「夜行列車で行くのはやめろとドラガナが言ってます」

ドラガナは某通信社で働くベオグラード大学の日本語学科の学生、Mの友人。

何だって？

「あなたは西部劇を観たことがないのか。あんな勢いでKLA（コソボ解放軍、アルバニア語表記ではUÇK）が走る列車を襲って来るわよって」

「その発言はアメリカ先住民を差別してないか」

「俺じゃないっすよ。ドラガナが言ったんっすよ」

セルビア人にとってコソボは聖地である、と同時に現在は治安の悪化している無法地帯として恐れられている。襲われはしなかったが、コソブスカ・ミトロビッツアからマフィアらしきお兄ちゃんたちが沢山乗って来たのには閉口した。

ホテル・グランドにまずはチェックインをした。コソボ州の人口の9割がアルバニア人と聞いていたが、この周辺は官公庁が固まっているということもあって、セルビア人もよく見かける。日中になると急に気温が上がった。今日も暑い。

とりあえず新聞のスポーツ欄を見てみようと、一番売れている日刊紙をくれ、とロマ（ジプシー）の売り子の少年に言う。

「俺は学校には行ってねぇから字は読めないが、見分けはつく。それならこれだ」と14歳のドラ少年が差し出したアルバニア語の新聞「KOHA DITRE」（コハ・ディトレ）。記されている料金より高いじゃないか、と文句を言うと、

「俺も少しは小遣いが欲しいんだ」と悪びれない。

ページを繰るとどこか変だ。

確かにW杯の記事が組んである。昨日の結果はデンマークがサウジアラビアを1―0で下し、フランスが南アフリカに3―0、パラグアイとブルガリアは0―0で引き分けた。

明日14日、ユーゴはイランとの初戦を迎えるはずなのだが、記事を探してもほとんど見当たらない。スポーツ面6段抜きで特集してあるのが、なぜか見たこともない一選手なのだ。それも市松模様のユニフォームからクロアチア代表なのはわかるのだが……。バトレニ（クロアチア代表）の先発には見かけない顔だった。

夜、盛り場で知り合ったアルバニア人の高校生ファトスに、これは誰だと聞くと、

「コズニクを知らないのか」と呆《あき》れられた。

コソボ南部の都市、ジャコビッツア出身のアルバニア人選手で、かつてはハイドゥク・スプリットでプレー、91年ユーゴカップ決勝ではボクシッチと2トップ《ツー》を組んで優勝に貢献している。現在はバトレニの一員としてフランスに行っている。

「アルバニア人で初めてW杯にエントリーされた選手なんだぞ」ファト坊は得意気に鼻を鳴らす。

それにしても一体、プラーヴィの記事が一行もないのはどうしたわけだ。ここはユーゴスラビアなんだろうが。

「冗談じゃない。セルビアなんか応援するかよ。俺は奴らが負けることを祈ってる。ストイコビッチ？　憎いよ。セルビア人だもの。俺たちにとってのW杯はコズニクなんだよ。スポーツと政治は別？　冗談じゃない。この地域で政治を抜きにして何が出来るっていうんだ！　先週、ドレニッツアで何があったか教えてやる。コハに書いてあった。セルビア治安部隊がいきなり民家に押し入ったんだ。そこで奴らは少女をレイプした。

妊婦の腹を裂いた。子供の手にタバコの根性焼きだ。俺みたいなガキでも、嫌でも政治のことを考えなくちゃ生きていけないんだよ」

昔はファトスにも仲のいいセルビア人の友人がいた。学校ではセルビア語もアルバニア語も、両方同時に教育を受けることが出来た。10年前ミロシェビッチが大統領になった。とたんにアルバニア人は役所、企業、銀行、公的機関からの追放を受け、父は失業を余儀なくされた。

ファトスのみならずほとんどのアルバニア人の子供たちは、文化的自治を剝奪され、セルビア語のみの教育方針となった学校への通学をボイコットした。セルビア人の友人とはその時、絶交したという。

俺は今、言語も歴史もアルバニアの民族教育を施す私塾に通っている、と言うので行ってみれば、民家を改造した粗末な建物。資金はアメリカ、ドイツ、スウェーデン、ノルウェーなどで働く出稼ぎの同胞たちの給料のうち、3パーセントが仕送られて来るというシステム。ファトスは盛り場を毎日フラついている様子からして、決して真面目な学生ではないが、この学校は卒業をしたいと力む。

それでも若い彼らの世代が「オスマン・トルコ」の時代は良かったもんだ、と見てきたように語るのには違和感が感じられた。セルビア人にとって最大の屈辱＝1389年のトルコの侵略について、180度逆の評価を下す歴史教育が民族間の大きな隔たりをますます巨大なものにしている。

ユーゴスラビア人という意識は君にはないのか、と問うと、

「そんなウソ臭いコスモポリタンじゃなく、まず俺は自分が何者であるのかということを知りたいんだ。だからアルバニア人でいたい」

ミロシェビッチのアルバニア人弾圧政策については、ファトス以外からもあらゆる所で耳にした。

たまたま乗り合わせたタクシーの運転手がいきなり、「ドチラへ」と日本語で語りかけて来た。驚いて理由を聞けば、自分（ラビット・クラシュキ、54歳）は元々は金融の中心地、フランクフルトで活躍していたコソボ銀行の花形ディーラーだったという。日本語はその時に東京銀行のタケシサンから教えてもらった。ドル、マルク、円、外貨の売買は自分でもやりがいのある仕事だった。月収は３６００マルク。ところが90年、ミロシェビッチの号令一下、アルバニア系の会社が潰された。コソボ銀行も例外ではない。ジュネーブ、フランクフルトの支店も閉鎖され、海外で苦労して貯《た》めていた外貨はすべて没収されてしまった。ドイツに残ることも考えたが実家が心配でコソボに戻った。今、昼は私塾で英語教師、夜はタクシー運転手で細々と生計を立てている。現在の収入は月１６０マルク。10年前のフランクフルト時代の20分の１以下である。

「私はコソボの独立の是非にはあまり関心がない。セルビア人もアルバニア人も納得出来る話し合いで解決出来ればそれが一番だ。ミロシェビッチ？　これ以上、俺たちをいじめなければ許してやるよ」

世代的に古きよきユーゴを知るラビットは若いファトスほどの過激さはなく、柔和な眼で淡々と語る。

本当にプラーヴィを応援するアルバニア人は一人もいないのか。

少々意地になって市街地の旅行代理店に飛び込んだ。

90年を境にこの地域は激変している。女性支配人によれば、確かにイタリア大会前まではユーゴスラビアW杯応援ツアーというものが存在していたというのだ。

「あの頃はプラーヴィにアルバニアの選手もいましたからね。現在ですか？　募集しても誰一人来ないとわかっているツアーを、なぜ企画する必要があるのですか」

冷たく言い放たれた。

政権の座を強化するために民族主義を煽ったミロシェビッチの罪は、当然弾劾されなくてはならない。しかし、コソボについてはセルビア人側にも大いに言い分がある。

ミロシェビッチがコソボ平原で「もう君たちを殴らせはしない」と大演説を打《ぶ》ち、州の自治権を剝奪する前は、少数者のセルビア人が不当にいじめられていたこともまた事実である。

コソボのペーチにはセルビア正教の総本山がある。そこにセルビア人たちは日本人が修学旅行でお伊勢参りをするように、子供の頃、教師に引率されて礼拝にやって来るのだが、マイノリティーである彼らはいつも戦々恐々としていたという。

セルビア人にとっては聖地でありながら近寄り難い怖い場所。この矛盾がまたコソボだった。

名古屋グランパスのセルビア語通訳マーリッチは、訪れるのが子供心にも恐ろしかったと述懐し、ユーゴ大使館員ヤンコビッチは身の危険を感じて礼拝を辞退している。

1984年のロサンゼルス五輪に出場していたストイコビッチ（当時19歳）は、大会の最中に、自分に召集令状が来たことをFSJ幹部から電話で知らされる。

徴兵も当然の義務と考える妖精《ピクシー》は即答した。「はい。帰国後にはすぐ赴きます。で、任務地は？」コソボだ、と聞いて思わずゲッと唸った。旧ユーゴは「友愛と団結」がスローガンだったために、徴兵された兵士は敢えて兵士の民族籍と違う自治州、共和国に送られている。そして有名サッカー選手だからといって、免除や手加減はない。

ストイコビッチは帰国した翌日から、セルビア人が最も嫌がる勤務地プリシュティナへ飛び、1年間勤め上げた。当時はアルバニア人とも交流があった。すでにアイドル（本人談）だった彼は、「どうしてこんな所にいるんだ？」と幾人にも声をかけられている。


午後8時過ぎ、面白い店があるから案内してやる、とファトスが私を連れ出した。星が瞬《またた》く。

ホテル・グランドをワンブロック越えると、セルビア語がとたんに聞こえなくなる。街灯に照らし出された団地群には、無数のパラボラアンテナが咲いている。隣国アルバニアの放送を傍受するためだ。強《こわ》ばっていたファトスの顔がとたんに柔和になる。大河にぽっかり浮かんだ中洲《なかす》のようなセルビア人地域、そこを出ればほとんどがアルバニア人の居住区。ファトスの眼には、日本人にはわからぬその透明のバリアがしっかりと見えているのだろう。

しかしプリシュティナのこの夜の賑《にぎ》わいぶりはどうだ。紛争地域にいるという自覚すら忘れてしまいそうだ。とてもほんの10キロ離れた場所がKLAとセルビア治安部隊の戦場になっているとは思えない。オープンテラスのカフェが道の両脇にずらりと並び、老若男女入り乱れた客でごった返している。深夜営業のそれぞれの店から流れる70年代ロックが通りで絡み合い喧騒《けんそう》に拍車をかけている。

ファトスは自慢気に笑う。

「夜10時を過ぎると、この辺りはセルビアの警官が逆に怖くてやって来られないんだぜ」

案内されたハニというその地下のバーは、「コソボ独立派」の溜《たま》り場《ば》だった。店のオーナー、ドラガジが日本人記者の来店に満を持していた。

「常連の外国のジャーナリストたちは、この店のことを何と呼ぶか知っているか？『カサブランカ』だ。何しろ戦場での情報がすべて入って来るからな。まあ聞けよ」

ドラガジはビールをグラスに注《つ》ぐと、口を速射砲のように動かして訴える。

「例えば見てくれ、俺のこのレストラン。店の名前をキリル文字で書かなけりゃ閉めさせられてしまう。人名だってそうだ。俺の姪《めい》が生まれた時に、ドリータという名前をつけた。それをセルビア風にゾーリッツァに書きなおせと言われたんだ。冗談じゃないぜ。昔からあった『兄弟愛、統一愛』なんて、ウソッぱちだ」

――この対立は正教とイスラムの宗教戦争ではないのか？

「それはない。俺たちは宗教との関係は薄い。俺たちは血の方が濃いんだ。兄がムスリム、弟がキリスト教というのも珍しくないね」

確かに先程から見るに、これほど酒を食らい、タバコを吸いまくるムスリムを私は知らない。

「どんな目に遭わされようと、俺はここから一歩も出る気はない。ここは俺の国家だ。いいか、俺たちの大統領はミロシェビッチじゃない。イブラヒム・ルゴバだ」

92年にアルバニア系住民が、独自に選出した「コソボのガンジー」の名を挙げる。当然、ユーゴ政府は認めていない。国家内にもう一つの国家を成立させることなど、許しようがない。しかしアルバニア人の建前上の言い分からすれば、独立したのだから税金、電気、ガス、水道、公共料金を支払う必要などないとして、連邦政府によるそれらの徴収には一切応じていない。このこともセルビア人にしてみれば許せない。

アルバニア本国との国境がなくなって自由に行き来が出来るのが希望だ、と言うので、合併を望むのかと問えば、

「それは嫌だ。コソボのアルバニア人で共産主義が好きな奴は一人もいない」そして神

話の世界まで遡り、いかにコソボがアルバニアのものかという講義を延々と続けるのだ。私は何とかKLAの兵士に会えないかとドラガジに頼んだ。本当にプラーヴィ暗殺計画があるのか。

最初は知らぬ存ぜぬ、俺はビールは売っているが銃は売っていない、あいつらとは何の関係もない、と躱《かわ》していたが、私の押しに根負けしたのか最後に店の隅で酔い潰れていた一人のコハ（コハ・ディトレ紙）の記者を紹介した。ハジュウと名乗った記者は事情を聞くと、もの憂げな口調で、「明日、朝9時に社の前に来い」とだけ言って再び目の前のグラスを空けた。


翌日、KLAの支配地域へ。

それはアルバニア側の言葉でいえば「解放区」、セルビア側にすれば「非合法被占領地」。途中セルビアとアルバニア側2カ所の検問所を抜けねばならず、双方の治安部隊、狙撃兵をそれぞれクリアするためには、セルビア内務省発行のパスとプリシュティナ・ナンバーの車、そしてアルバニア人のドライバーが必要だった。

出発直前にファトスが現われた。連れて行って欲しいというのだ。戦場へ行くことに家族も心配したのだが、どうしてもKLAに会ってみたいと聞かなかった。

KLAは95年頃からコソボ自治州内で武装闘争を始めていた。今月になってセルビア警察やセルビア政府に協力するアルバニア人に対しての爆弾テロを頻繁に展開していた。

ホテル・グランドのメディアセンターで、私は支配地域に行って身ぐるみ剝がされて徒歩で帰って来たフランスのテレビ・クルーに会っていた。

「食い詰めたあいつらはタチの悪い野盗になっている」と忠告を受けた。

30分程走り、KLA司令本部がある南のマレーシャボへ向かう途中の山道に入り、車が減速したときだった。

突然、両脇の草むらから5人の兵士が飛び出して来た。カラシニコフ銃が、ぬうっという感じで突き出され、われわれは威嚇されて外に降ろされた。

迷彩服を着ていたのは2人だけで、残りはトレパンにナイキのスウェット姿だ。

ハジュウが必死に取りなそうとするが、まず全員のパスポートが取り上げられた。次に地べたに座れと命令される。ハジュウにどういうことだと眼で訊《き》くと、言うとおりにしろ、と顎で返して来た。

草の上にうつ伏せにさせられた。

あんたたちにインタビューがしたいんだ、と言うと、「われわれはスポークスマン以外はコメントをしてはいけないことになっている」。

予想どおりの答えだが、そこを何とか、と不様な姿勢のまま頼み込んだ。

しばらくすると背丈ほどの草を掻《か》き分けて、50代半ばと思われるリーダーが姿を見せた。ジャージ姿にリーボックのスニーカーをつっかけている。ティガル（虎）と名乗ったその男は、

「われわれはすでに、コソボの50パーセントにあたる地域を支配している。援軍も国外からやって来る。州都陥落まであとわずかだ」と怒鳴った。

援軍だって？　アルバニア本国からの軍事支援があることをはからずも語った。

プリシュティナまで攻め入るというのだろうか。

「プリシュティナからペーチまでは列車が走っていない。KLA兵士が線路を剝がしてバリケードを作ったのだ」

ゆくゆくはユーゴ第二の都市、ストイコビッチの故郷ニーシュまでも視野に入れていると言う。

少し緊張が解《ほぐ》れてきたようなのでタバコを勧めたら素直に受け取った。

こちらの質問に答えてくれないかと問うと、若い兵士が言った。

「俺はセルビア兵にこの膝を撃たれたんだ。KLAなんて組織すら知らなかった頃にだ！　俺たちは過激ゲリラじゃない。自分たちの家屋、女、子供を守るために銃をとったんだ。出自に関する質問なら許さない」

「違う。W杯は観ているのか」

意味が伝わると、兵士全員がカカッと乾いた声で笑った。

「そうか、そう言えば開幕したのか。われわれは1日2時間しか睡眠を取っていない。武闘訓練もしなければならない。だからそんなものを観ているヒマなどない」

では、心情としてはどこを応援するのか。

「いい質問だ。クロアチアだ」

今度は何やらいわくあり気に、低い声でしっかりと答えた。

敵の敵は味方という考え方なのか。それともこのティガル、KLAにいると噂《うわさ》されるボスニアで勇名を馳《は》せたクロアチア人の傭兵《ようへい》なのか……。

結局、われわれはお咎《とが》めなしで通された。

「入国」したマレーシャボの「解放区」の日常は想像以上にたおやかだった。KLAの女性兵士もいる。子供も燥《はしや》ぎまわっている。レストランもカフェも本屋も床屋もある。皆が皆、セルビア人が怖いと訴えかけてくる。

少年ファトスは感激していた。

私は憂鬱であった。

メディアがものの見事に分断されている。

コソボのアルバニア人は意地でも、セルビアからの情報を受け取ろうとしない。アパートの戸別に花咲くアルバニア本国へ顔を向けたパラボラアンテナがそれを物語る。ベオグラードの国営放送はKLAの過激さを煽るだけで、自分たちの弾圧の事実を伝えない。「プラーヴィ暗殺計画」がその最たるものだろう。そもそもKLAの貧弱な装備では実現不可能だろう。セルビア軍の戦車部隊が来れば、駆逐されてしまうのは明らかだった。

互いが互いを恐れ、憎悪し続けている。

この地域が拡大してゆくのだろうか。それとも奪回されるのだろうか。いずれにしても再び血が流されるのは間違いない。

興奮するファトスをなだめながらホテルに戻った。


午後、W杯日本対アルゼンチンをメディアセンターのテレビで観ていると、急遽《きゆうきよ》警察の会見が始まるということで会議室に呼ばれた。

嗄《しやが》れ声《ごえ》で小太りの巡査部長が「今日の被害」を読み上げる。

「昨日、プリシュティナ郊外の紛争地帯にて銃撃戦が展開され、テロリスト集団の凶弾にてセルビア人警官3名が死亡、2名が重体……」

今も局地戦が続いていることを思い出させられた。会見終了後、テレビの前に戻る。すでに川口能活《かわぐちよしかつ》を地に這《は》わせたバティストゥータのゴールが決まった後だった。

夕方、ユーゴスラビア対イランのキックオフに合わせて、メディアセンターの9台のモニターテレビすべてが、ユーロ・スポーツに切り替えられた。

試合前、相変わらずプラーヴィたちは国歌を歌わない。

初戦というのに動きが悪かった。72分にミハイロビッチが決めたフリーキックを守りきり、何とか辛勝。試合終了のホイッスルの瞬間、ふと、こういうことかと会議室を振り返った。

3名のセルビア人警官はこのミハイロビッチのフリーキックを、ユーゴの勝利を、知

ＫＬＡ（アルバニア語表記はUÇK）コソボ解放軍の軍葬。コソボ自治州マレーシャボにおいて

アルバニア語教育を独自に施す私塾の教室

州都プリシュティナのアルバニア系住民の団地。パラボラはすべてアルバニア本国の電波を傍受するため

ることなく亡くなったのだ。これが紛争地でのW杯とサポーターなのだ。

試合終了からしばらく経《た》つと、ホテルの外が騒がしい。窓から表を見下ろせば、ユーゴ国旗を掲げた数台の車がクラクションをけたたましく鳴らしながら、交差点に突入してゆくのが見えた。

コソボでは数少ないセルビア人たちが、ここぞとばかり気勢を上げているのだった。聞けばボスニアやクロアチアから追い出され、このコソボへ入植させられて、肩を寄せ合うようにして暮らしているセルビア人たちだ。この不安定な土地が最後の居場所。ここはわれわれの土地だという自己主張を、W杯初戦勝利の瞬間に爆発させたのだ。精一杯旗を振り、ブラボーと痛々しげに声を上げる。

歩道からそれを冷ややかに見つめるアルバニア人の群れ。

両者の間には対話はない。暗い眼差《まなざ》しと凍りつくような空気が交錯している。

コソボを発《た》つ最後の夜、ドラガジは「コソボのフットボールを取材したいというお前に、面白い人物を紹介してやる」とハニに一人の男を連れて来た。

私には気になることが一つあった。旧ユーゴ時代にはヴォークリー、プレカジといったアルバニア人選手がプラーヴィに名を連ねていた。それが現在は一人もいないのだ。スキルにおいてセルビア、モンテネグロよりは劣っているにせよ、クロアチアのコズニクの例もある。皆無というのはなぜだろう。まさか、実力の世界で民族差別があるとは思えない。関係者というのなら彼に聞いてみよう。

178センチ、65キロ。中肉中背ながらきりりと引き締まった肉体を、アディダスのトレーニングウエアで包んだその男は、ビリィビリィ・ソコリと名乗った。軽やかな身のこなしと意志の強そうな顔つき。

差し出された名刺を見て驚いた。そして同時にプラーヴィにアルバニア人選手が存在しない理由を、あっと言う間に理解した。

そこにはこう記されてあったのだ。

『コソボ代表監督』

「忘れもしない。1991年の8月3日。私はコソボ・サッカー協会を独自に設立したのです」

90年、つまりはイタリアW杯の年のシーズン途中、コソボの自治権を剝奪されるやアルバニア人選手たちはプレーを拒否。ユーゴ・リーグからの脱退を表明したのだった。

「私は当時、ユーゴ・リーグのクラブでコーチをしていた。ところが、自治州がセルビア共和国の一部として吸収されるという。私はセルビア人ではない。そうなってもなお、その職にすがりつくことはもはやしたくなかったのだ」

飛び出した。たとえ食えなくなってもいい。ほかの監督や選手も同じような行動をとった。翌年、ソコリが中心になって新協会を設立、コソボ・リーグを立ち上げたのだ。

UEFA（欧州サッカー連盟）にも承認されず、優勝してもチャンピオンズリーグに出場できないこの地下リーグへの呼びかけに、コソボ州のほとんどのアルバニア人選手が応じたという。結果的に160ものクラブが加盟した。

「我が一部リーグは18チームで構成されている。セリエAと変わらない」

誇らしげにソコリは言う。

記念すべき初ゲームはFKプリシュティナ対FKフィラモルターレ。スコアは1―3でフィラモルターレが勝った。

ソコリは具体的にクラブ名を挙げたが、同じ名のクラブはユーゴ・リーグにも存在する。つまり、コソボではセルビア系、アルバニア系2つのチームが別々にリーグ戦を展開しているのだ。政治同様にフットボールも二重構造になっているとは……。

当然ながら、環境は雲泥の差である。かたや社会主義時代から特に優遇される公認のプロ集団。かたや公共のスタジアムの使用許可すら出ない非認可の集団。

それでもアルバニア人プレーヤーたちは手弁当で集まってくる。

「今年はW杯イヤーだ。そこで私は海外でプレーしているコソボ出身のアルバニア人選手をリストアップして、招集をかける。コソボ代表チームの結成だ。ベルギー・ゲンクのサドリューや1860ミュンヘンで活躍しているハシも呼ぶ」

一つの国の中で、プラーヴィとは別のもう一つの代表チーム。これは明らかにユーゴスラビアに対する分離独立の意思表示。

「国家内国家」ならぬ「協会内協会」。

コソボ代表監督を自認するアルバニア人、ビリィビリィ・ソコリと彼の名刺

「こんな自治権剥奪という弾圧が行なわれなければ、私もまだユーゴ・リーグで活動していたと思う。スポーツと政治は別。確かにそうだ。しかし、ここはバルカンだ。スポーツと政治は常に背中合わせなことも事実。もちろん、昔のよい思い出は捨てがたい。パルチザン、ハイドゥク、オリンピア、様々なクラブと試合をした。フットボーラーとして言えば私は今でもセルビア人プレーヤーは尊敬している。あなたも知っていると思うが、代表FWだったイリヤ・ペトコビッチ（元アビスパ福岡ヘッドコーチ）の鋭い突破力なんかには憧れたもんだ。彼は人間としても素晴らしかった」

ソコリは現役時代から今にいたるまで、毎日のトレーニングを欠かしていない。しかし、90年を境にしたその境遇の変化はまさに激烈だった。

「あの頃、私はプロのサッカー選手だった。十分すぎる給料をもらっていた。設備の整ったスタジアムで練習し、私には専用のロッカーがあった。温水のシャワーも使えた。今思えば、当時は強くなるための理想的な3つの条件がすべて整っていた。プールやマッサージの環境、質の高い食事、そして素晴らしい相手との練習試合。しかしコソボの情況の変化によって、全部が変わってしまった。今、私は無収入だ。そして公園で着替えなくてはならない。自分のスーツを木の枝に掛ける。身体《からだ》を洗うのは水道の蛇口だ。公園でトレーニングをし、いつも追い出される」

夢は、と聞いた。

「どんな面からも圧迫を受けることなく、私の義務を平和裏に遂行することだよ。意味することがわかるかね？ いつの日かコソボ代表チームを率いてW杯に出場することだ」

ソコリの風体は決して腹芸ができる知将タイプではない。どちらかと言うと生徒とともに汗を流す高校の体育教師といった雰囲気だ。

そんな彼がこのような政治的発言をせざるを得ないとは。

正直、コソボの独立は尚早だと私は思っている。それを認めればアルバニア人が3割を占める隣国のマケドニアにも飛び火する。バルカン半島の秩序はまたも乱れるのではないか。しかし、ソコリの夢に政治的論争を挑むことの愚もまた知っている。そして日本人が言うべきことではないだろう。何よりここにもまた、何の打算もなくフットボールと自民族を愛する男がいるのだ。

私は昼間、偶然手に入れていたセルビア側のＦＫプリシュティナの集合写真を見せた。

中にアルバニア人のコーチが一人いたのだ。ほら、こんな人もいるじゃないか、と軽い気持ちだった。

しかし、ソコリは意に反して驚いたようだった。じっと見つめると、その人物を指さした。

「こいつとは昔、いっしょにやっていた」

その後は言葉には出さなかった。けれど、裏切り者、と彼の横顔が語っていた。


プラーヴィはユーゴ人だから応援しない、どころではない。

独自の代表チームがコソボにはあった。そのことがわかっただけで十分だった。

ますます複雑な思いを引きずって、私はベオグラード行きの夜行列車に乗り込んだ。目《ま》の当たりにした激烈な価値観の倒錯にひとり興奮していた。

またもマフィアが乗り込んで来たが、車中の私の安眠を妨げたのは彼らのせいだけではなかった。

4　1998年6月19日　フランスへ

集合時間は午前7時、集合場所はインターコンチネンタル・ホテル前だった。

私はベオに戻ると、国営旅行社プートニクが企画したW杯応援ツアーに潜り込んだ。もちろん持っているパスポートは違うが、ユーゴスラビア人の集団と同じ目線でフランスへ行く。不遜な考えは百も承知でせめて同様の境遇に置いて応援に行こうと、「世界の嫌われ者＝悪者」たちとの道行きを考えたのだ。

プートニクのセールスマネージャー、ブランコ・ラドノビッチは言った。

「チケットはもう手に入らないが、300マルク（約1万8000円）出せばバスに乗せてパリまで連れて行ってやろう」

ユーゴスラビアのW杯チケットの割り当ては、たったの800枚。いや、正確に言えば2000枚の割り当てがあったのだが、FSJは何を考えたのか、そのうちの1200枚を返却してしまったのだ。これがニッポンならとんでもない騒ぎに発展していただろうが、実際は、誰もがフランスへ行けるほどの経済的ゆとりのある国ではない。

プートニクが発売した応援ツアーは交通費、ホテル、チケット代込みで800マルク（約4万8000円）から1300マルク（約7万8000円）。ユーゴでは公務員の平均月収をはるかに超える金額だ。

私は集合時間より早く着いた。初夏の日差しは早朝から力強く、日陰にいても汗ばむほどだった。

バスは全部で6台。その周囲を三々五々集まって来たサポーターたちが取り囲む。

〝ハイモ・ハイデ・スヴィ・ウ・ナパッド！（さあ、皆で攻撃だ）〟とズベズダ（レッドスター）の応援歌が聞こえる。遮るように〝モグ・ダ・テ・プシム・ミヤテー〟の合唱が始まる。デリエ対グロバリの応援合戦が始まったようだ。

プラーヴィのレプリカ姿もいれば横断幕を身にまとった者もいる。

目の前をシャイカチャ帽を被った猫背の老人が通り過ぎた。

もしや、と思って声をかけたら案の定、ズベズダの伝説的マスコット、ミレ・セルビイことミオドラグ・ミロサヴェッチだった。

先の丸まったセルビアの民族靴を履き、大国旗の竿《さお》を脇に抱える。羽織ったベストには、まるで生地を埋めつくすように、無数のバッジが鎧《よろい》の如《ごと》くくっつけてある。そのバッジ、よくよく見れば、ズベズダ、オビリッチなどの国内クラブのエンブレムだけではない。セルビア語の言文一致運動を起こしたヴーク・カラジッチ、コソボの戦いのラザル公、アレクサンダル国王などなど。セルビアの偉人の顔が浮かんでいる。サポートの正装衣裳《いしょう》はユニフォームならぬ民族の英雄の人面瘡《じんめんそう》と言ったところか。

「ドブロ・ユートロ、ゴスポディネ・スルビ（こんにちはミスター・セルビィ）」声をかけると、帽子を脱いで手を上げて笑い返してきた。

今年、11月13日で77歳を迎えるミレ爺《じい》さんの半生は、彼のニックネームそのままに、侵略戦争で苦渋を嘗《な》めさせられて来た典型的なセルビア人の歴史である。

自我が目覚め始めた12歳の時、国王アレクサンダルがクロアチアの過激テロ団体「ウスタシャ」に惨殺された。それは暗い時代の幕開けだった。

ミレは第二次大戦勃発の翌年、19歳の時に結婚する。甘いはずの新婚生活はしかし、ナチスドイツによるベオグラード空爆でボロボロにされた。枢軸国の支配下に置かれ、ブルガリア人からもハンガリー人からもアルバニア人からも差別されたのだ。

ミレはドイツ、イタリアのファシスト占領下で迫害されながらも、人間の尊厳を守って必死に生き抜くことを決意する。水道局で働きながら、迫害されていたユダヤ人を助ける運動を秘密裏に始めたのだ。きっかけは2人の子供が生まれたことだった。人間は守るべき者がいれば確かに強くなれる。

しかし、1942年。ついにその活動が当局にバレてしまった。ミレは逮捕され、ベオグラードのバニッツァ収容所に入れられてしまう。友人たちはある者はアウシュビッツへ、ある者はウスタシャが建設したヤセノヴァッツの強制収容所に送られた。ウスタシャの残虐さはナチス以上だったと言う。幾人もの友人が虐殺された。ミレも2年間の収容所生活の中で、凄まじいリンチを受け続けた。ある時、9人に交互に殴られた。100発以上のパンチをもらい気を失ってしまう。現在、両足の長さが違うのはこの時の影響である。

44年に出所すると、最愛の子供たちはすでに死亡していた。亡くなったのは42年の冬、自分が収容所に入った直後だった。寒さと飢えで衰弱し、薬も買えずひっそりと相次いで息を引き取った、と妻が号泣して語ったことが今も忘れられない。

その妻もその4年後、心臓発作を起こし病院に向かう車の中でこと切れた。

天涯孤独になったミレは、唯一の生きがいをフットボールの応援に求めた。

終戦の年から現在までズベズダとプラーヴィのすべてのゲームを見続けていた。やがて1983年。彼の情熱は万人に知られるところとなり、ズベズダのマスコットになったのだ。

決してサポーターのリーダー、応援団長ではない。マスコットである。これにはズベズダの、つまりはセルビアの象徴という意味が含まれている。おかげでミレ爺さんは不安定な年金生活に入っても、旅費とフリーパスがもらえてズベズダの試合を見続けることが出来るのだ。

愛してくれているサポーターをまたクラブの側も愛している。双方向のサッカー文化がここにはある。

ミレ爺さんは91年のトヨタカップには身体を壊して来日出来なかったが、同年のマルセイユ相手のチャンピオンズカップ決勝にはバリ（イタリア南部の都市）で精一杯の応援を披露している。

そして今回はフランスW杯に。

「昔からズベズダの行く所、必ず俺がいると讃《たた》えられたもんだ。ジャイッチもピクシーも息子みてぇなもんだよ。ただね、さすがにW杯は無理と思っていたんだが、ありがてぇことに協会が今までのご褒美だって、行かせてくれるんだ」

ミレ爺さんの顔は芸人のマルセ太郎にちょっと似ている。目つきがきついが笑うとても柔和になるのだ。

ズベズダのスターだったプロシネチキがクロアチア代表に入ってしまいましたね、残念に思いませんか、と問うた。

プロシネチキは父親がクロアチア人、母親がセルビア人のハーフ。ドイツで生まれディナモ・ザグレブでキャリアを始めたのだが、選手として大成したのがズベズダに移籍してからだった。クロアチアの独立後、国籍を自己選択しなくてはならなくなった。プロシネチキは自分は何民族かというアイデンティティーの問題に直面させられた。どちらの代表でプレーすべきか、散々悩んでいたことを、私はストイコビッチから聞いていた。

「ロビー(プロシネチキの愛称)の考えで決めたことだろう。尊重してやらんと。古くからの知り合いで、去年ベオに来た時に訪ねたんだ。いい青年だよ、彼は」

選手が可愛《かわい》くてしょうがないという顔をする。自身がどんなにひどい目に遭わされていても、爺さんは決して対立していた民族やクラブを悪く言うことはないのだ。

私はこんな爺さんと同じバスに乗り込むことを光栄にさえ思った。

フランスに向けてバスに乗り込むズベズダのマスコット、ミレ・セルビィ

さあ、これから昼夜ぶっ通しの32時間の旅。ハンガリー、オーストリア、ドイツを抜けてフランスへ入る。

午前8時。ユーゴスラビア・サポーターを乗せたバスは、きらきらと朝日を反射させながら、北へ向かって動き出した。

モニカ・セレシュを生んだ北部の街ノビ・サドから、トレーニングウエア姿の2人の少年が乗って来た。ふたりとも国見《くにみ》高校生のような坊主頭だ。

トマシェフとゾラン、14歳。空いていた私の前の席に座り、シートを倒していいかと訊《たず》ねて来た。

「イズヴォリテ（どうぞ）」

こんなツアーに子供で参加とは何て贅沢《ぜいたく》な、いやきっと親が特権階級にでもいるのだと私は半分呆れていたのだが、話を聞いて納得した。

一般市民にとって高額のW杯ツアーは夢のまた夢。実際は企業や自治体が買い取って懸賞賞品にしているのが現状だ。

そこでふたりの通っている中学校では、学校ぐるみで応募したのだそうだ。教職員から全校生徒にいたるまでせっせとハガキを書いたかいがあって、2名分当選したという。学校では誰を行かせるか厳正な審査が行なわれた結果……。

「このふたりは地元サッカークラブで活躍しているということと、成績も特に優秀であるということで選抜されたのです」

急に横から大人が話に割り込んで来たのでびっくりした。ついて来た彼らのクラブの監督だ。

「子供たちだけで外国に行くのは不安です。そこで私が引率することになったのです」

トマシェフは、

「すごいラッキーだった」と嬉しそうに笑っているが、本当にラッキーだったのはこの四十がらみの監督だろう。トマシェフはズベズダ、ゾランはパルチザンのファンだという。

ふたりとも夢はプロサッカー選手になって外国でプレーすることだ。

――代表じゃ、誰が好きなんだい。

「ミヤトビッチ！」はトマシェフで、

「サビチェビッチ！」と言ったのはゾランだった。私たちはそれからずっと話し続けた。ゾランはお婆《ばあ》ちゃんが焼いてくれたクッキーを半分わけてくれた。

私はお礼するものがないので、ソニーのHi-8で撮ったスイスでのプラーヴィへのインタビューテープをカメラで再生して見せた。まあ、ふたりの喜んだこと。

前方の席を見れば、ミレ爺さんがすでに長旅に備えて二人掛けに横になって寝ている。お喋り好きのおばさんたちは、思い思いに世間話に花を咲かせる。若いお兄ちゃんは窓から身を乗り出して、前後のバスに国旗を振って雄叫《おたけ》びを上げる。

〝ユーゴ、スラビア、ユーゴ、スラビア〟車窓からコールが青空に向かって飛んで行く。

何と気分の良いことだろう。

しかし、そんな浮わついた雰囲気も、夕方ハンガリー国境に着くとぶっ飛んでしまった。

入国審査官はパスポートをチェックしただけでは飽き足らず、全員の下車を命じ、一対一の首実検を始めたのだ。ハンガリーはユーゴ人がノービザで入れる数少ない国である。何の必要があるのか。嫌がらせ以外の何ものでもない。けれど、

「さあ、民族検閲だぞ」

と乗客たちは開き直って明るく降りて行く。

もうこんなことには慣れているのだろうか。

かつて非同盟主義を貫いたユーゴのパスポートは、西側にも東側にもつぶしが利く世

界一便利な旅券と言われた。高額で売買出来るためによく盗まれた。それが今では単なる紙屑《かみくず》だ。どこへ行くにもビザがいる。落ちていても誰も拾おうとしない。

今回、通常では申請して数週間かかるフランス入国の手続きの簡易化も、W杯のチケットを持っているということがその特別措置の条件だった。ゆえに違った意味で移民、出稼ぎ希望者の間でチケットの争奪戦が展開されたのだった。

「生きてゆくためにW杯チケットがいるんだ。一枚ありゃあ俺が外へ出て仕送りしてやれるんだ」協会前で切実な声をかけて来た中年男は確かにそう言っていた。

日が沈み星が満天に瞬き出した。

バスは走り続ける。

まさに「ロード・トゥ・フランス」。

夜半オーストリア、明け方ドイツ。

国境でその都度、民族検閲は繰り返される。

何かおかしい。

入国すればEUは一つ、手続きも必要ないはずなのに。

爺さんも少年も協会関係者も、寝入りバナを叩き起こされて、ぐったりだ。聞いてはいたが、ベオグラード・ナンバーの車に対するこの仕打ちはひどい。

ボスニアでの蛮行、コソボでの弾圧。揺るぎない事実として確かにそれらは存在して

W杯応援ツアーの懸賞に当選したノビ・サドのトマシェフとゾラン

いる。しかしセルビア共和国に住むこのバスの中の人々が一体何をしたのだろうか。

　まるで民族浄化の極悪人どもといった目つきでイミグレ（入国管理）の役人たちは睨みつけてくる。

　車中は楽し。道中は苦し。

「疲れてないか」とミレ爺さんに言えば、俺はいいけどドライバーがたいへんだ、と顎をしゃくった。何と運転手はひとりキリだった。交互にハンドルを握ってくれる助手はいない。聞けばユーゴから国外への運行を許されるドライバー・ライセンスがなかなか下りないそうだ。まわりの乗客が気を遣ってのべつまくなしに話しかけている。彼らも眠れない。

　少々微睡《まどろ》むが、私もなかなか寝つかれない。

　闇が薄れていき、やがて朝になった。フランス国境前のドライブインに入る。ここで皆、虎の子の外貨マルクをフランに替えるのだ。

トマシェフは親戚中からもらった餞別《せんべつ》のプレッシャーに押しつぶされそうだった。

「こんな大金を持つと身体が震えるよ」晴れやかな西ヨーロッパの風景にも気圧《けお》されているようだった。

無理もない。さすがに今では違うが、モニカ・セレシュが子供の頃、ノビ・サドには一軒もスポーツ用品店がなく、彼女の父親はイタリアまで出かけてラケットを買って来たという。

トマシェフ頑張れ。いつか海外でプレーしてミュンヘンに豪邸を建ててやれ。マルクを沢山稼いだらこの日のことを思い出せ。

バスは再び発車した。

ボーダーを越え、いよいよフランスに入ると興奮した声があちこちから上がる。

無事入国だ。

安心したのか、皆ガサガサとバッグを開けて自前の朝飯、パンやチーズを口に運び出した。

昨日同様のお喋りがまた始まる。背の高いひとりの男が話しかけてきた。

「俺は自費でツアーに参加してんだぜ」

半端じゃないね、それは。

「ああ、必死になって金を貯めたよ。昼は会社で夜はタクシー運転手」出稼ぎにもしょっちゅう出かけたという。

「ユーゴのサッカーの実力を世界に見せてやるんだ」と、まるで選手みたいなことを言ったのは元ノーメンクラッーラ（社会主義国の特権階級）のノバク。8年前のイタリア大会に続いての観戦だそうだ。あの頃はまだ楽に海外に行けた。金ももっとあったと嘆く。

ミレ爺さんがノスタルジーに浸りながら言う。

「国内リーグは殺気立っていたけど、いざ代表ゲームとなりゃあ、少なくともセルビア人たちはクロアチア人のヤルニも、マケドニア人のパンチェフも、スロベニア人のカタネッチも、ムスリムのハジベキッチも皆、分け隔てなく応援してたもんだ」

南スラブ民族を統合しての連邦民主国家群旧ユーゴスラビアがもたらした90年の多民族構成最強イレブン。しかし過去を振り返ってもしようがない。今大会はセルビアとモンテネグロの戦士を応援しようじゃないか。

W杯の看板が至る所に見えて来た。徹夜の疲れか、今さらながらに、やっと眠る。

午後4時過ぎ。

ようやくパリに到着。乗客は32時間、2000キロの道程を一睡もしなかった運転手に握手を求める。一週間後は同じルートでまた帰るのだ。気が急《せ》くのか、皆弾《はじ》けるようにステップからぽんぽんと飛び降りてゆく。W杯の空気を早く吸いたいのだ。

さあ、明日はドイツ戦だ。1位抜けできるかどうかの一次リーグで最も大切なゲーム。

ユーゴ人たちは長旅の疲れも見せず、応援グッズをチェックし出した。

どこの国でも試合を前にしたサポーターたちの表情は実にいい。上気した顔で眼が輝いている。俺が勝たすんだという気合いが全身から溢《あふ》れてくる。

彼らの横顔を見ながらふと、もし今年ユーゴがW杯に出場していなかったら、と思うと息が詰まりそうになった。

開催地フランスのスタジアムでまた会おう。

ミレ爺さん、トマシェフ、ゾラン、ノバク、その他大勢、長旅の同志たちに別れを告げ私は伸びをしながら地下鉄駅の方へ歩き出した。

5　ユーゴ代表のフランスW杯

「ジベリー！」スタジアムのユーゴ人たちの歓喜が爆発した。選手たちは抱き合い、少年は立ち上がって飛び跳ね、爺さんは身体に巻き付きそうな大国旗をバランスを崩しながらも精一杯振る。満面の笑みを湛《たた》えながら。

前半12分だった。得点はユーゴらしい個人技と偶然から生まれた。右サイドでスローインを受けたストイコビッチがDF3人に囲まれながらも、穴を見つけて左足でフリーのペトロビッチめがけてサイドチェンジを敢行。即座にペトロはドリブルで駆け上がり、詰めて来たマーカーを鋭利な切り返しで反転させるや、トップのミヤトビッチへはたいてそのままサイドへ流れる。同時にこの動きと並行して、スタンコビッチが前線へ飛び出して来た。スイッチしたミヤトビッチは中へ切り込むと、躊躇《ちゆうちよ》なくそこへ速いクロスを放り込んだ。ボールとGKケプケとスタンコビッチが一直線上で交わった。結果的にボールはケプケの視界から消え、そのままゴールへ突き刺さっていった。スローインから一度たりとも相手にボールを触らせなかった、流れるような攻撃だった。

6月21日、FIFA（国際サッカー連盟）フェアープレーデー。ドイツ対ユーゴスラビアの先制点はユーゴが取った。

このフェアープレーデーは果たして意図されたものなのか、政治的に因縁あるカードが同日に組まれていた。ドイツとユーゴ、そしてアメリカとイラン。

ドイツとユーゴはサッカーの質そのものが対照をなしている。

ゴールラインに追い込まれたら必ず相手の足に当ててコーナーキックを取ろうとするのがドイツなら、そこから抜きにかかるか、狭いスペースでもパスで刻もうとするのがユーゴ。

自らが存在するのは組織のため、規律を重んじて進んで歯車になろうとするドイツに対し、ユーゴは自由奔放な個々のアイデアとテクニックで相手を翻弄しようとする。〈勝ちに執着するゲルマンの軍人〉対〈脆《もろ》くてケレン味たっぷりのスラブの芸術家〉。

どちらが観ていて楽しいかは言うまでもない。

90年大会の予選でもぶつかっているが、あの時はリベロのハジベキッチをフェラーのマークにつけるというやりつけない策を弄して4—1で完敗している。

無理に相手に合わせる奇策はユーゴ本来の持ち味を消してしまう、という見本のような試合だった。

しかし、今日のこのゲームは芸術家たちのクリエイティビティーが、軍人の頑固さを見事に打ち砕いていくようだった。

15分のミハイロビッチの浮かしたパスを、ペトロビッチは振り向きざまノートラップでユーゴビッチへ渡すと、中央へ走り込みリターンをもらう。ストイコビッチへ渡すまでのよどみのない動きの美しいこと。ペナルティーエリア前からも、DFラインの綻びを見つけるや果敢にゴールを狙い、フィードを受けて前が空いていると見れば40メートル近くを疾走する。ジュネーブでの宣言通り、ペトロのその運動量は32歳とは思えない。

存在をアピールすると語った若いスタンコビッチは、流れを読むセンスが光る。24分に右サイドでヨカノビッチに渡すとジョロビッチ、ストイコビッチと繋《つな》がる様を見て前線に上がり、コムリエノビッチのロングボールを自らに再び呼び込んだ。

イラン戦のやる気のなさが嘘《うそ》のように、この日はプラーヴィたちの華麗な足技が冴《さ》えまくっていた。極上の寿司を握るくせに、気分が乗らないと暖簾《のれん》を早々に仕舞う職人を思い起こさせる。今日のネタと親父《おやじ》の機嫌はいい。

32分の自陣左サイドのスローインから展開されたアタックは圧巻だった。

まず前線からコバチェビッチが戻り、DFを背負いながらストイコビッチへ。抜群に広い視野を持つこの天才が右サイドでフリーにいたコムリエノビッチを見逃すはずがない。即座に大きくサイドを変えてドイツの守備陣の意識を揺さ振る。通常は中盤の底で冷静に相手の攻撃の芽を摘むヨカノビッチがこの間に上がり、ドリブルで持ち上がったコムリエノビッチとワン・ツー。さらに戻ってきたボールはスルーされて、当たり前のようにストイコビッチの元に。すでにコバチェビッチはFWの仕事をすべくDFラインの裏を狙っていた。そこへ妖精《ピクシー》がオフサイドギリギリの位置へ、柔らかく優しいパスをふわりと通した。頭上を抜かれたDF3人は痛恨の表情でボールの軌跡を見送る。

あっと言う間に拵《こしら》えられたGKと一対一のチャンスだった。シュートはケプケの捨て身の飛び出しで惜しくも決まらなかったが、これぞユーゴ・サッカーを十分堪能できた魅惑の20秒間だった。

37分にはイェレミースとの競り合いに勝ったコムリエノビッチがスタンコビッチとパス交換、もう一回デキ（スタンコビッチ）、すぐさまアーリークロス。

「ユーゴの選手は世界一『ダンス』をする」というティベールの言葉を思い出す。

ユーゴ人たちも上機嫌だった。

「コソボは渡さない」と書かれた横断幕を広げていたティミッチと名乗る42歳の男は、切々とコソボの重要性を語る。

「親父の代にボスニアから来た。外国にいるからこそ俺にとってコソボは大切なんだ。祖国はあの土地から始まったんだ。あそこがなくなったら、俺たちはセルビア人じゃなくなっちまうよ。W杯ならこの文字も目立つんじゃないかと思ってね」

ミヤトビッチが得点王になってユーゴが優勝すること、そしてテロリストを追い出してコソボが平和になることが今の悲願だと言った。

2点目が近いという予感がしたのは40分だった。着実にメラーのマークを遂行していた守備的MFヨカノビッチが反転するや、突然ドリブルを開始したのである。目の前にはゲームメーカー、ストイコビッチがいたのに、である。

組織プレー重視の昨今、こんなプレーはちょっとお目にかかれない。

全く予想外の行動にドイツ・ディフェンスは混乱した。慌てて追いかけるが鋭利な180度ターンで振り切ると、ピンポイントで中央のユーゴビッチにパスを通した。即座に打たれたユーゴビッチの振り足の短いシュートは、ほとんど隙間のないDF2人の間を見事に抜けていった。ケプケは必死にこのボールを押さえた。

長短取り交ぜた小刻みなパスワークに、強引なドリブル突破で、さらに攻撃にアクセントが加わった。

54分。実にそのパターンで点が入った。

ヨカノビッチが中盤でパスカット。3分前にメラーに膝を折られて蹲《うずくま》っていたとは思えない動きで中央を駆け抜ける。ストイコビッチをオトリに使って右にいたミヤトビッチに渡してリターンをもらう。慎重かつ大胆にペナルティーエリアに侵入してゆくと、DFのプレッシャーに粘って倒れ込みながら、右足の甲でサイドでフォローしていたコバチェビッチに流した。スペインはソシエダでプレーする22番は右の全く角度のないところからシュートを放つと、ボールは名手ケプケの脇を抜けて左から詰めていたストイコビッチの前に転がったのだ。

妖精《ピクシー》はこのご馳走《ちそう》を大喜びでゴールに向けて蹴り込んだ。

「ピクシー、マイストレ！」絶叫とともに人波が一斉に立ち上がった。

嗚呼《ああ》、ドラガン・ストイコビッチ。

世界にも希有《けう》な素晴らしい才能を見せつけたイタリア大会スペイン戦から数えて2915日ぶりのゴール。途中3年半は国際大会での存在すら許されず、何度も悩まされた膝の故障には引退すら考えた。

20代の大切な時期に幾度全身を絶望に支配されたことだろう。そのストイコビッチが復活し、今この夢舞台で再びゴールを挙げたのだ。感動しない人間がいるだろうか。

そのまま歓喜渦巻くサポーター席に走って来た妖精は、実に意味深なジェスチャーをした。両目を剝《む》き出して剽軽《ひょうきん》な顔を作ると、左手首を見つめて腕時計の部分（実際にははめていないが）を叩いたのだ。

「あーっ、時間がない」

ユーゴ映画『Mi nismo andjeli（俺たちは天使じゃない）』の冒頭のシーン。仕事に遅れそうになった主人公が見せた仕草だ。

長かった。ここまで。だから時間がないぞ。ユーゴにもプラーヴィにも。これからだ、だからこれからもっともっと復活するんだ。自分の活躍を見守ってくれたユーゴのサポーターとチームに向けての、感謝と励ましのメッセージだった。おとなしいユーゴビッチがすぐさま追いついて抱き上げた。そこにペトロビッチが飛びついてゆく。ユーゴ人たちの何と幸福な瞬間だろう。爺さんも少年もおばさんもその横顔の嬉しそうなこと。

残り36分で2―0。

今日のプラーヴィは確かに素晴らしい。この内容を続けてゆけばファイナル出場も決して不可能ではない。

しかし……。たったひとつのアクシデントがプラーヴィを奈落の底に叩き落とした。経緯が美しかろうが、泥臭かろうが1点は1点。それがまたフットボール。

73分だった。ユーゴは自陣ゴール前で相手にフリーキックを与えた。

長距離キッカーのいないドイツということからすれば、それはさして脅威を感じさせない位置だった。プラーヴィたちはゴール前に壁を作りに入ろうと動いた。と、ペトロビッチが蹲っているのに気づいた。序盤から飛ばし続けた炎の左サイドはすでに限界寸前まで来ていた。足が炎症を起こしたように焼きついていた。

ペトロはベンチに向けてバツを出したが、監督サントラッ以下これに気づいた者はいなかった。

「替えなきゃダメだ！」

ストイコビッチがフィールドから手首を小刻みに回転させて知らせる。ミヤトビッチは右手を振り上げて大声で怒鳴っている。

ようやく事の重大性がわかったベンチは、慌ててサブのステビッチを呼んで準備させた。しかし時すでに遅く主審のニールセンは交替を認めなかった。結局ペトロは痛む足を引きずりながらも最前の壁に立って身体を張る。報われぬ時が過ぎて奇妙な間がふっと空いた。ほんの少しだが、弛緩《しかん》した空気がプラーヴィたちの身体に染みた。

タルナットが蹴ったのはその瞬間だった。

ペトロビッチの右側を抜けたボールは、驚いたように差し出したミハイロビッチの右足に当たって、GKクラーリの飛んだ反対側にコースが変わってしまった。

ゴール。

ユーゴ・サポーターの悲鳴がランスの空へ舞い上がった。

ペトロが万全だったら、交替が認められていたら、ミハイロビッチが集中力を切らしていなかったら……。悔やまれるオウンゴールだった。

そしてこのゴールで流れが変わってしまった。ドイツは、76分にはマテウスが8年前を想起させるバックチャージでストイコビッチの左脛《ひだりすね》を削るなど、肉体的サッカーの本領を発揮。完全に息を吹き返して、ビアホフのヘッドで同点に追いつくまでそれから10分も必要としなかった。

ドイツ戦の翌々日の6月23日。大会の取材パスを持たない私は、ただひたすら誰か知っている人間が通るのを待っていた。セントガルミエールのプラーヴィたちのホテルの前だった。

堅く閉ざされた鉄の門扉の前には警官の詰め所が設けられている。厳重なチェックは抜かりない。塀の向こうに思いを馳せながらピクシー夫人・スネジャナの言葉を思い出す。

「パスがないんじゃどうやって助けて上げていいかわからないわねえ。私も協会の車で動いて家族だって言ってるのに、警備が全然取り合ってくれなくて、携帯で彼に門の所まで来てもらってやっと入れたのよ」

汗をかき、蟬しぐれを浴びながら大会中の取材が甘くないことを痛感していた。

諦めかけたその時、門が開いて一台のオペルがホテルから出て来た。

目の前で停車すると後部座席から一人の男が顔を出して笑いながら日本語を発した。

「マタ、アトデネ」

地獄に妖精《ピクシー》だった。

「運がなかったかな、ドイツ戦は。同点になった時点でマテウスは、これで止めとこうぜって言ってくるし……。食えない。ホントニオヤジ」

最後の「ホントニオヤジ」は日本語だった。

悔しがっているかと思ったら、ストイコビッチはむしろ上機嫌で振り返った。

庭のビーチパラソルの下で椅子に腰をかけながら、近くのチームメイトやスタッフに冗談を飛ばす表情からは余裕すら感じられる。

すでに気持ちを切り替えている。そして何よりW杯を楽しんでいるようだった。

8年前との比較から、戦術の変化、スピードのアップを挙げる。

「アフリカやアジアがね、今大会は面白いよ」

私はコソボでの話をする。

W杯の大会中、自国の紛争地の話題などあまりに不粋かもしれない。露骨に気分を害すかもしれない。

しかし、聞かずにはいられなかった。

答えはとても穏やかでユーモラスだった。

「そう、プリシュティナへ行ったの。実はパリでコソボの実戦に参加していたというセルビア兵に会ったんだよ。彼が言うにはドイツ戦の2時間だけ銃撃戦が止んだんだって。アルバニア人も見ていたんだよ。きっとわれわれが負けるのを祈って」

目を瞑《つむ》って薄い笑いを浮かべた。

決してそれは皮肉で言っているのではなかった。自分がユーゴ人である以上、そういう役割を淡々と引き受けていくしかないのだという覚悟のようなモノを私は彼から感じていた。

ミハイロビッチが通りかかった。

ブコバルでの顚末《てんまつ》を話す。

「壁はそうだよ。俺の5歳の時からのフリーキックのコーチだよ」

懐かしそうに言う。頭の中できっとあの壁のシミを思い浮かべているに違いない。

「本当？　ドラガンさんに会ったの。あの人は腰が悪かったのだけれど、どう？　辛《つら》そうじゃなかった？」

湿っぽい雰囲気になりそうな気配を察したストイコビッチがすかさず茶々を入れた。

「ミハイロビッチ・ストーリー。イイハナシダネー」

おい、今さらそんな話を美談で書くなよ、日本人。俺たちはそんな境遇が当たり前の所でやって来たんだぞ。

ピクシーのふっ切れたような笑顔がそう語っているようだった。

シニシャも思わず苦笑する。

椅子に座りなおして妖精は続ける。

「ユーゴは強いよ。この後、オランダとさえ当たらなければファイナルだって行けると思う。あのチームは間違いなく今大会最強だからね」

優しい目線がプラーヴィ・キャプテンの真剣なそれに変わっていた。

6月29日。ストイコビッチの予想は当たってしまう。得失点差で2位抜けとなったユーゴはトーナメント1回戦でオランダとぶつかり、善戦するもロスタイム92分に決勝点を入れられて敗れた。

プラーヴィたちのW杯は終わった。

振り返るにドイツ戦の失点さえ防げていれば違う組み分けになれた、と悔やまれる。ダービッツの一撃が決まった時、セルビア人は悲鳴を上げ、クロアチア人は喜び、アルバニア人は快哉《かいさい》を叫んだろうか。

プラーヴィたちは、自分たちの窺いしれないところで民族の愛憎に巻き込まれる、バルカン半島の宿命を背負わされる。

だからこそ彼らは「W杯は国と国との代理戦争だ」などと能天気なことを決して口にしない。

フットボールはフットボールだ、と彼らは言う。

怨念渦巻く中、それでも粛々と熱い情熱でボールを蹴り続ける。

私はただただその姿に感動するだけだ。

第2章

「バルカン点描、ロプタのある風景」

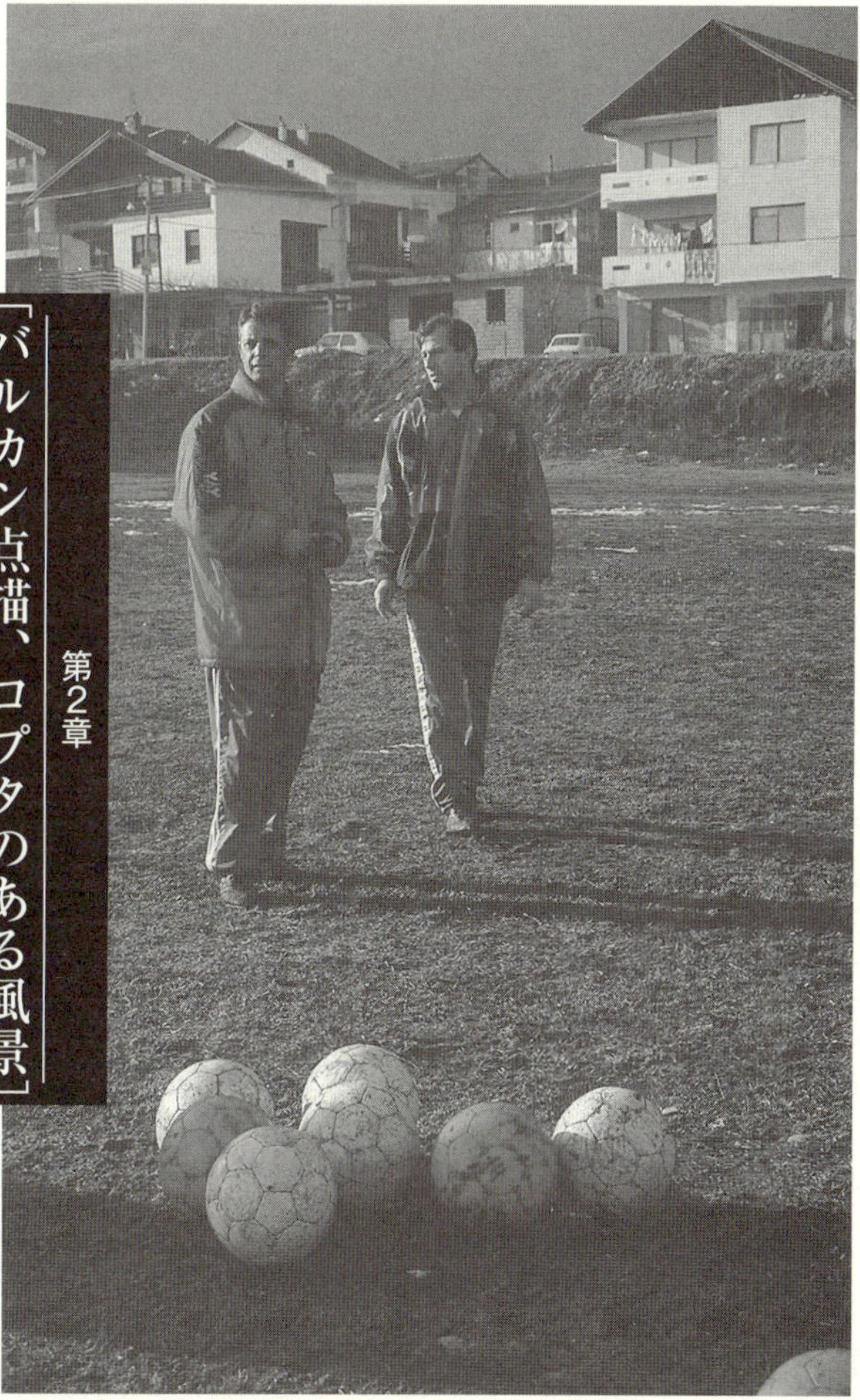

1　ロプタ（ボール）のある風景

プラーヴィがベスト16という、少々期待はずれの結果に終わったフランスW杯（ワールドカップ）から3カ月足らず。野放図な精神がへなへなと弛《ゆる》み、しばらく惚《ほう》けたようになっていた私は、1998年9月下旬、再びバルカン半島を旅しようと決意した。

プラーヴィたちの次なる戦い、欧州選手権（ユーロ2000）の予選が10月10日のベオ（ベオグラード）での対アイルランド戦を皮切りに始まる。勝手に掲げた消化不良のW杯の「リベンジ」観戦。それがまあ第一の動機だが、10日の初戦が終わっても帰って来ないと決めたのは、同時にまた大それた野望を併せ持ったからだった。

愛するユーゴからまたも紛争の匂いが漂《ただよ》って来ている。コソボから、モンテネグロから。

そこで。

鳴動止《や》まぬバルカンの大地で、それでも球を蹴らずにはいられないフットボーラーたちは、今、一体何を考えているのか、探って来ようと考えたのだ。幾多のジャーナリストたちが解説をほどこそうと挑戦してきた複雑きわまるあの地域に住む人々のイマを、ホンネをフットボールを切り口に感じ、聞き出し、そして紡ぐことは出来ないか。

「サッカー文化」という言葉がある。

文化として根付く前にビジネスに絡めとられたのがJリーグなら、バルカンのそれはもっと深い業《ごう》のようなモノではないか。それはプラーヴィとその背景を追った6月の旅で得た確信めいた私の実感だった。

旧ユーゴ。すでにちりぢりに分かれてしまったあの国々で、かつて人々は己《おの》れがどの民族であるかを確認する、あるいは露呈させる手段として、サポートするクラブを選択していたという。

ザグレブに住んでいるからディナモではなく、クロアチア人だからディナモ、ベオに住んでいるからでなく、セルビア人だからズベズダ（レッドスター）を応援するのだ。

さらに言えば、民族のみならずそこには主義主張まで色濃く反映されている。

例えば、パルチザン・ベオグラードはユーゴ人民軍のクラブであったために、多民族社会主義的な意見を持つ人間が多くサポートしている。グロバリ（グローバル＝全体的な）という応援団名はそこから来ている。選手にもアルバニア人やモンテネグロ人が多い。今では信じられないが、ツジマン（クロアチア）大統領は人民軍の将軍だった時代にその職務ゆえにセルビアのこのクラブの永久名誉会長を務めている。対照的にズベズダを応援する者たちは、デリエ（勇者）とスタジアムにその呼称をキリル文字で刻んで誇ることからもわかるように、より自由主義、民族尊重の気風を好む。

たかがサッカークラブ、ではない。

生活に密着している、どころではない。

すなわち生き方の投影なのだ。だからこそ、すでに何やらブスブスと燻《くすぶ》り出しているユーゴの諸地域の変化や営みを、サッカーボールに繋《つな》がるその細い糸を手繰って感じてみようと考えた。

アポなしで突入する相手は、有名無名問わずプレーヤーはもちろん、協会幹部、クラブのオーナー、コーチ、記者からサポーター、ダフ屋にいたるまで。そこそこ売れた前作の印税がつきるまで、滞在時間の許すまで、ありとあらゆる人に会う。出来得るのなら、かつて連邦をこしらえていたその周辺諸国も回ってみようと思う。

わかったような解釈もひとりよがりの分析もほどこす気などさらさらない。そんな傲慢な行為ができる地域ではないことは素人の私でもわかる。

ロプタ（ボール）を取り巻く風景から、ユーゴの「現在」を感じて来ようと思う。

さて、最初の訪問地はもちろんベオグラード。アイルランド戦から長旅のスタートだ。

2　ベオグラード、「戦犯とフットボール」

腕を組み、ぐったりしている私の横で、

「ベオに爆弾が落ちたら、ナチのクソッたれにやられて以来だから、56年ぶりかあ。N

ATOめ、来るなら来やがれってんだ。なあ」

とバシリイェヴィチが吠《ほ》えたので、傍らのミリッツア夫人は、そうねと相づちを打ってホホッと笑った。

ジェフ市原《いちはら》に2シーズン在籍した彼はその後、ブルガリアのロコモティブ・ソフィアに移り、現在は浪人中。古巣のクラブ、ズベズダのグラウンドを使ってのトレーニングを続けている。

実は本人はそろそろ引退を考えているのだが、妻のミリッツアがそれを許さない。彼女は日本での夢のような生活が忘れられず、旦那の尻を叩《たた》きまくっているのだ。

「ジェフが舞浜《まいはま》にマンションを借りてくれたおかげで週に一度は子供たちとディズニーランドへ行けたの。Jリーグじゃなくてもいいのよ。トーキョーガスってあるでしょう。あそこなんてどうかしら」

ミリッツアの日本びいきは本物だ。帰国するや即座にベオグラード大学の日本語学科の入学試験を受け、現在は3年生に進級している。日常会話には何の問題もない。

われわれは今、セルビア諸侯通りのレストランでチェバプチッチをつまみにビールを飲んでいる。豚の粗挽《あらび》きを固めたこの名物料理はおそらくトルコ支配時代の産物だろうが、酒のアテには最適だ。冷えたツルナゴーラビールのニクシッチに合う。ゴクリと飲んでパクッと食いつく。

普段なら、旨《うま》い旨いと軽口の二つ三つミリッツアに叩き返す私だが、今はとてもそんな気になれない。ぐったりした感情が舌の神経まで麻痺《まひ》させるのか、味がしない。

私のプランはさっそく初手からつまずいてしまった。

愛用のアエロフロート機で颯爽《さっそう》とベオグラード入りした98年10月6日。待ち受けたように『対アイルランド戦は、延期』の報が飛び込んで来たのだ。いつ行なわれるかはまだ決まっていない。何か起こるとは思っていたが、さっそく出端《でばな》を挫《くじ》かれた。確かに旅立つ前からコソボ紛争解決に向けてＮＡＴＯ（北大西洋条約機構）はユーゴに対して挑発的な臨戦態勢を誇示していた。

イタリア北部アビアノのＮＡＴＯ基地には、加盟国のジェット戦闘機が続々と集結。「コソボに駐留しているセルビア治安部隊を撤退させれば、攻撃は回避する」

言い換えれば、それをしなければ確実に攻撃するという脅しだ。この情況下、アイルランドがベオ入りに難色を示したため、ＵＥＦＡ（欧州サッカー連盟）はこの判断を下したのだ。

ＦＳＪ（ユーゴスラビア・フドバル協会）の事務総長ブランコ・ブラトビッチが「貴国軍事危機下ゆえに試合中止」との通達ファクスを受け取ったのは、5日の午後2時。その7時間後にはホテル・ハイアットの会議室に集められたプラーヴィたちを前に、ミラニッチ会長が延期の経緯を苦渋に満ちた表情で説明したのだ。W杯後の初の公式代表Aマッチということで、勇んで海外から駆けつけて来た選手たちは、さすがに落胆の色を隠せなかったという。

「今回はボスニア（紛争）の時のようなことはない。この苦しい時代が長く続くことはないだろう」とモンテネグロ人らしい楽天的な見方をブラトビッチはしていたが、私ですらこんなに悔しくて不安なのだから、選手の心情は推して知ることが出来る。「しょうがねぇなぁ」とごちながら手酌で私はまたビールを呷《あお》った。まだ味がしない。

今日もミロシェビッチ大統領は、アメリカのホルブルック特使と茹《う》だるような和平会談を行なっているはずだ。皮肉なことに場所はあのホテル・ハイアットだ。

セルビア人たちは「なぜ、自国の土地にいる自国の軍隊を『撤退しろ』などと言われなくてはならないのだ」と異口同音に憤慨している。

しかし、現場にいて思うのだが、続々と情報としてもたらされる、いわゆる「西側諸国」からのこのプレッシャーはものすごい。

曰《いわ》く。ドイツがすでに軍事介入への賛成を表明、出動態勢の承認をしている。ベオの日本大使館は早々に危険度5を発令、国外退去用のバスをチャーターし、在留邦人の隣国ハンガリーへの移送を準備し始めた。

ユーゴスラビアはまたも悪者だ。

しかし、このベオグラードのいつもと変わらぬ風景は一体何だろう。

避難経路を印刷したビラがベタベタと街角に貼られ、市役所が防空訓練まで始めたというのに、カレメグダン公園は日課どおりに散歩にいそしむ人々で溢《あふ》れ、フドバル協会の並び、ホテル・カシーナのカフェではたわいのないジョークで盛り上がる若いカップルで一杯だ。

大学ではさすがに疎開した学生もいたが、授業は休講もなく平常通りに行なわれたという。

そして「怖くないのか?」とバシリイェヴィチに聞いた時の答えが冒頭の台詞《せりふ》だった。

プラーヴィたちも試合中止が決まったすぐ3日後に、ハンガリー国境近くの街スボテイツアで悠々とU《アンダー》―21代表と練習試合を行なったと聞く。

私はユーゴ映画『アンダーグラウンド』のワンシーンを思い出す。

時は第二次大戦中。ナチスドイツの爆撃機が来襲し爆音が轟《とどろ》く中、主人公の男が一人黙々と部屋でステーキを食っている。

「こんな空襲の最中によくそんな悠長なことが出来るわね!」

一緒にいる女がヒステリックに叫ぶが、男はそれでも口を動かすことをやめずに、一言。

「イナット(意地)だ」

どんな逆境でも狼狽《うろた》えず飄々《ひょうひょう》とやり過ごす、これがセルビア人特有のイナットなのか。

やがて一人の男が現われた。

「急に呼び立てて悪かったな、ビナ。この日本人がどうしてもお前に会いたいってんだ」

バシリイェヴィチが手を上げたが、その男は表情ひとつ変えず、黙って席についた。短く刈り込んだ頭髪以上に印象深いのは、猛禽類《もうきんるい》を連想させるその鋭い眼《め》だった。私はこの男がゴールを決めた時に見せる前転パフォーマンスを覚えている。ドラギシャ・ビニッチ。

「ビナ、今度またベオでバルを開店させるんだってな。名前は何なんだ」

ビニッチはにこりともせずに言う。

「フューチャーズ」

少し間を置いてから、嘘《うそ》ダゼ、と続けてようやく笑った。意外に愛敬《あいきよう》のある表情だった。

ストイコビッチとともに94年のセカンドステージから名古屋《なごや》グランパスに入団。レッドスターの一員としてUEFAチャンピオンズカップを制した頃の突破力は健在で、リネカーよりも圧倒的な存在感があった。サポーターからは絶大な人気を誇っていたが、また血の気の多さも並みではなかった。試合後の公式記者会見の席上で、当時の監督ゴードン・ミルンを全否定してみせた。

「あいつは結果を出している俺を雨の日にしか使わない。俺はリネカーが出たくないときのための雨傘要員なのか？　奴《やつ》はユーゴの田舎の少年チームの指導者よりも劣った監督だ」

100万円という異例の罰金を科せられ、翌年にはグランパスから鳥栖《とす》フューチャーズに移籍。しかし、そこでも7試合目で監督と衝突。結局日本を去ることになるのだが、その時の監督は何とセルビア人だった。

「フューチャーズの監督はサッカーを何もわかっちゃいない野郎だった。セルビア人の恥だ。俺はいつだってチームのために全力をつくす。だから意見したんだが、クラブはあいつの言い分しか聞かなかった。その前の名古屋の監督もひどかった。俺とピクシー、俺とモリヤマがどれだけフィットしていたか練習を見ればわかったろう。なのにほとんど同時起用はなかったんだぜ。サッカーは勝とうという気持ちが一番大切なんだ。過去の名声をチラつかせて日本に金だけもらいに行ってる奴らと俺は違う。闘争心がなけりゃどんなテクニックだって、サーカスと変わらない。フランス大会の敗因？　名前で選手を選んでたんじゃ駄目だね。それじゃ、（ドラガン）ジャイイッチ（現レッドスター会長）のオヤジでも出場させてりゃよかったんだ」

歯に衣《きぬ》を着せぬ、の本当の意味がわかった気がした。

「ビナさんはいつも正直なの。納得出来ないと必ず声を出すから損もする。だけど私たちはそんなところを尊敬している」

日本語でミリッツアが言ったところをみると、あながちヨイショではないのだろう。

ビニッチはセルビア共和国中部の都市クルシェヴァツ出身だ。この地方は「セルビアの中のセルビア」と称されるほど、国を愛する忠義と尚武《しょうぶ》の伝統を誇っている。

クルシェヴァツ気質の愛国者、
ドラギシャ・ビニッチ

１３８９年、セルビアがオスマン・トルコの侵略を受けた際、時のラザル公はこの地に居留する男たちの勇猛果敢な気質を頼って一人残らず兵士として召し抱えたという。

ビニッチはその、兵力約20倍のトルコ軍に立ち向かったクルシェヴァツの兵士の末裔《まつえい》。

故郷の大邸宅の庭には日本から連れてきた土佐犬を数頭放し飼いにし、その頑丈な門扉には大セルビアの紋章旗を掲げているという。血気盛んなビニッチを見ていると、人の資質や性格は育った風土に大きく影響されるものかと改めて思う。

大セルビア主義の正体を私は知りたかった。日本にいると、なぜあのような排他的な民族主義運動が支持されるのか皆目わからない。しかし、支持するのには彼らにしか理解出来ぬそれなりの理由があるはずだ。そこでまずは当たってみようと考えた。このセルビア愛国者気質の固まりのような元Jリーガーは、今のユーゴ危機をどう見ているのだろうか。と同時にタブーかもしれぬ質問を用意していた。

ビニッチは「戦犯」ジェリコ・ラズニャトビッチと親密な関係であると噂《うわさ》されている。通称「アルカン」と呼ばれるこの人物については、ボスニア紛争を少しでも調べたことがある者なら、名前を聞いたことがあるだろう。レッドスターのサポーターのリーダーであったこの男は、20代の頃から国内外7カ国で銀行強盗、密売などで逮捕歴を重ねているベオの裏社会の〝ボス〟だった。

1992年、アルカンは、「われわれはボスニアには〝正規軍〟を派兵していない」と表向き主張するユーゴ政府に〝義勇兵〟の形で雇われた。セルビア人勢力保護を名目として民兵を募り、通称「ティグロヴィ＝虎部隊」を結成すると自ら率いて進軍した。ベオでケーキ屋を営んでいたサッカーのサポーターが一夜にして民兵の指揮官になったのだ。

アルカンはボスニア東部の街で、非セルビア系民間人に対して凄《すさ》まじい虐殺行為を敢行したと伝えられる。虎部隊の名はやがて周囲を震え上がらせてゆく。

「四月四日には、彼ら（アルカンの虎部隊）はビエリナで礼拝のためにモスクに向かっていたムスリムに銃撃を浴びせ、その後数日の内に町を占領し、ムスリム住民のほとんどを殺害、追放した」（『ボスニア・ヘルツェゴヴィナ史』ロバート・J・ドーニャ／ジョン・V・A・ファイン著　佐原徹哉ほか訳　恒文社刊）

ハーグ国際法廷で、対立民族の非戦闘員を虐殺、そして掠奪《りゃくだつ》の限りをつくしたとして戦犯として起訴されたのだ。インターポールに指名手配されて、国境を一歩でも出れば逮捕は免れない。しかしアルカンは国内で順調に力を蓄えていった。ボスニアで掠奪してきたと言われる豊富な資金を背景に、30代後半にしてセルビア統一党党首として国会議員になったのだ。富と地位を手に入れた彼は夢の実現に着手する。

まず大好きなマラカナ・スタジアムの真正面に4階建ての白亜の御殿を建てた。そして何より特筆すべきは、5年前にFKオビリッチを買い取ったことだろう。ついに自身の長年の夢だったフットボールクラブの個人オーナーにおさまったのだ。

泣く子も黙るアルカン。

「人殺し」「放火魔」「集団レイプの親玉」「生きた人間を切り刻む残虐マシーン」

私はスロベニアで、クロアチアで、ほとんどの人間が彼の名前を耳にするや恐怖と、そして嫌悪の表情を浮かべるのを目《ま》の当たりにして来た。日本の外国人選手の代理人たちの間で、ビニッチは帰国してマフィアになったとの噂が流されている。出来過ぎた話かもしれないが、「虎の刺青《いれずみ》」をしていたのだ。幾人かがおそらくはアルカンとの関係を想像したのだろう。そのビニッチが口を開いた。

「すべての元凶はアメリカだ。ボスニアの時もそうだった。ユーゴの情況を何も知らない奴らが介入してくるまでは、何の問題もなく暮らしていたんだ。奴らにコソボの何がわかるんだ。たとえ空爆されて皆殺しになってもコソボは絶対に渡さない」

あそこは悲願の聖地。セルビアはオスマン・トルコに侵略されてから500年かかってやっと取り戻したのだ。ところが、そこにはムスリムに改宗したアルバニア人が大量に流入し……。

隣でビールを飲みながらじっとわれわれの会話を聞いていた中年の客が、泡を飛ばして口を挟む。

「人口が増えたからといって勝手に独立させていいものか」

お約束の論法で話に加わりたがっているのがわかる。

ビニッチはもちろん聞いているのだろうが、無視して続ける。

「戦争は嫌いだ。ついでに言えばミロシェビッチ（大統領）も大嫌いだね。しかし、俺はセルビアを愛している。危険だからって金を貯《た》めてすぐに国を捨てる奴もいるが、俺は一生この国に留《とど》まるつもりだ」

——日本から帰って来て、今は何の仕事を？

「フットボールのおかげで食うには困らない。クルシェヴァツにナプレダック（前進）という名前のクラブがある。俺がキャリアを始めた所だ。昔は俺やユーゴビッチがいて、そこそこ強かったんだが、今は二部落ちで弱いチームになっちまった。ここで技術顧問の仕事をしている。まあ、ほとんど俺のチームと言ってもいいな。現役は引退したけど、まだまだ若い奴ともプレーしている。カフェも経営しているが、俺にはフットボールの仕事が一番だ」

マフィア説はどうやらガセネタだったようだ。ちょっとホッとする。

さらにビニッチの口からは祖国のフットボールを憂える真摯な言葉が次から次に出て来た。

「選手の力から言えばユーゴはブラジルに引けは取らない。ただ経営者どもが馬鹿なんだ。うまくなるとすぐに海外のクラブに売っちまう。金儲《かねもう》けしか考えてねえ。選手にってもいきなりビッグクラブへ入るのは得策じゃない。パルチザンにいたチリッチが去年バルセロナへ行ったけど、伸び悩んでいるのがいい例だ。こんな時だからこそ重要なのは選手の流出を防いでレベルを上げることだ。俺はまず国内リーグを強くしてみせる」

ウエイターを呼ぶと、サイフからぽんと500マルク紙幣（約3万円）を抜き出してテーブルの上へ放った。断ると、

「俺の奢《おご》りだ。セルビア人は客をもてなすのが好きなんだ。トヨタ（名古屋と言わずこう発音した）にいた頃は若い連中にもよく奢ったもんだ」

いかつい顔をほんの一瞬だけ柔和に崩すとまた仏頂面に戻る。

「俺は何も恐れんよ。たとえ爆弾が落ちて来てもだ」

頃合いと見てアルカンについて話を聞きたいのだが……と、声を出したところ、あっさりと答えた。

「親友だね、あいつは。いつも真剣にセルビアのことを考えている。俺がレッドスター

にいた時代から変わらない。奴は身銭を切ってサポーターたちを遠征に連れて行ったんだ。ボスニア？　孤立していたセルビア人を守るために行ったんだ」

ボスニアで虐殺をしたのはクロアチアもムスリムも同じではないか。なぜ、アルカンだけ。そんな表情だった。日本で言えば「黒い交際」とでも書かれそうだ。しかし悪びれるどころか、こちらが拍子抜けするほど、屈託なく話すのだ。

セルビアの民族主義を支えているものが言葉の端々からちらりと見えた気がした。国際社会で孤児になろうともこの土地にしがみついて同胞を思う者、外国報道に誹謗《ひぼう》されようが、決して自分たちを見捨てない者をまず信じる。

それは結果としてさらに孤立を深める結果になるのかもしれないのだが……。

「アルカンの取材をしたいのか？」すでに携帯のボタンを押し出していた。

まさか、と私は身を乗り出した。

これまで幾度も幾度も統一党本部やFKオビリッチへインタビュー申請を出していたのだが、その度に拒絶されてきたのだ。アルカンに会えるなら聞きたいことは山ほどあった。

コソボから昇り詰めて出てきた男(アルカンはコソボ選出で政界へ入った)が共和国議員になってゆく軌跡＝彼の場合、同時にそれはサポーターから自身のクラブを持つにいたったフットボール・ジャンキーの野心の歴史にもなぞらえられる。それは、例えばオリンピック・マルセイユを八百長事件で破滅に追いやったベルナール・タピのような、成り上がりの経営者がステータスとして行なったサッカークラブ経営とは根本的に違う。

アルカンの場合は、出自からして最初にフットボールありき。巷《ちまた》で言われることが事実だとすれば、手を汚してまでも成り上がりたかったのはそのフットボールクラブオーナーへの情熱なのか。

だとすれば……。

「ボスニアでの蛮行は真実なのか」、と同時に「あなたにとってのフットボールとは」とも聞いてみたかった。神なのか、悪魔なのか。ビニッチが携帯から顔を上げた。

「明後日《あさって》の朝10時だ。オビリッチのオフィスまで来いとよ」

やった！　秘書と調整がついたのか。

「本人だ」こともなげに言った。とにかく、アルカンとアポが取れた。

ビニッチに礼を言うとセルビア式ホスピタリティーが待っていた。

「じゃあ、クルシェヴァツの俺の家に来い。どうせ明日は一日空いてるんだろ。歓迎するぜ」

次の日、私はクルシェヴァツで酒、飯、土産付きの大接待を受けた。

プール付きの大豪邸、離れにはサウナ完備のトレーニングルーム。広大な駐車場には車とバイクがずらりと並び、ちょっとした中古車センターだ。

ユーゴ選手は日本で2年もプレーをすれば地元で家が建つ、と言われた意味がよくわかった。

芝の張られた庭園に流れる小川の上には、怪しげな風車と赤く染められた丸い橋がしつらえられていた。「日本庭園だ」（ビニッチ）そうだ。

トロフィーが林立する部屋には、にこやかに肩を組むビニッチとバシリイェヴィチとアルカンの3ショット《スリー》のパネルが飾られていた。黒い交際どころか、何だこの明るさは。

「明日は気合いを入れねば」私はビリヤード台に凭《もた》れ、気前よく振る舞われたワインに微睡《まどろ》む。しかしどこか気持ちが冴《さ》え、酔えない自分に気がついていた。


翌日、私は約束の10分前にオビリッチのスタジアムに到着した。

オフィスに回ろうとすると目付きの鋭いガードマンが、さっそくプレス証とパスポートを見せろと寄って来た。

気にし過ぎだろうか。警備員の割には視線に凄味《すごみ》がある。彼も雇われた民兵なのだろうか。

ベオ在住の友人の言葉を思い出す。

「俺はひょんなことから若い友人が出来た。そいつが異様に羽振りのいい野郎でまだ20歳過ぎなのにベンツに乗るわデカいマンションに住むわ、で不審に思ったんだ。この国でそんなことができる奴なんて職業が限られてるだろ？　案の定、酔っ払った晩に打ち明けられた。『懺悔《ざんげ》を込めて言うが、実は俺はアルカンの私兵なんだ。絶対に誰にも言うな、言ったらお前を殺さなきゃならん。でなければ俺は上官に殺されるのだ』。かなりヤバイ橋を渡って儲けてたらしいぜ」

ようやくチェックが終わり、許可が下りて入り口に案内される。

外の階段を上がりながらスタジアムを見下ろす。4000人規模の収容人員だが、よく手入れされた芝が伸び盛りの新興クラブをイメージさせる。このチームはすでにレッドスター、パルチザンと並ぶ三強の一角を担っている。

秘書に記者会見用のカンファレンスルームに連れて行かれた。ここで待機するように言われたので出されたコーヒーを啜《すす》る。待つこと約2分。背後でドアを開ける音がした。アルカン？　背中に緊張が走る。

振り向いて顔を上げた瞬間、力が抜けた。「やられた」と思った。

姿を現わしたのは、ゴラン・ペトロビッチ。

オビリッチのGMだった。それはないだろう。

直前に気が変わったのか、それともビニッチの電話の段階から警戒していたのか、いずれにせよ本人は現われず、替え玉を出して来たのだ。

時期が時期だけに神経質になっている、とは確かにビニッチも言っていたのだが。

「さあ、どうぞ。何でも聞いて下さい」

少し前までFKベオグラードのプレーヤーだった割には、すでに体型が丸みを帯び始めているペトロビッチは気さくに話を切り出してくる。

いつまで落胆していても仕方ない。こうなれば方針を変え、オビリッチがどんな性格を持ったクラブかを調べることでアルカンのキャラクターを探ってみよう。

——まずはこのクラブが成立した過程から教えて下さい。

「それについては背景から説明しよう。ご存じのとおり、91年からユーゴは内戦状態に陥った。同時に各クラブともに経営が非常に困難になったのです。我がクラブの前身も例外ではない。コペネクスという国営企業のクラブだったのですが、資金繰りがうまくゆかず親会社が倒産してしまったのです。二部リーグで燻り続け、94年に売りに出されたところを我がオーナーが買い取ったというわけです」

レッドスターにせよ、パルチザンにせよ、ユーゴのクラブのほとんどすべては国営である、ということはオビリッチはユーゴ初の民間によるクラブということになる。

「そのとおり。これは我が国ではとても画期的なことです。今までの国が投資して、国がスタジアムを作り、国が所有者となる、お上に頼る古く堅い体質を変えたのです。自分たちの金で土地を買い、自分たちの金で選手を育てる、初めてのチームです」

確かに社会党政権で民営化が遅々として進まぬユーゴにおいて、サッカークラブの分野でそこに着手したアルカンは、そういう意味ではパイオニアと言えるのだろう。その方式で二部にいたチームを鍛え上げ、95年には優勝、96年に一部昇格すると、昨年はユーゴ・リーグを制覇。現在もパルチザンに次いで2位につけている。

短時間でこれだけ強いクラブに変身できたのは何が要因だったのでしょうか？　との問いには実に興味深い回答を返してきた。

「われわれは95年から一人も選手を国外に売っていないのです。若い選手を取って来ては長期的に育てるのです。近々やっと2人、レシュニャクをベルギーへ、ブコノビッチをボルドーへ出すのです」

ちょっと驚いた。他のクラブと大きく違う二点目だ。

経済制裁以降、観客動員数が落ちているユーゴのクラブは若い選手が育ってくるとイタリア、スペインなど西側ビッグクラブへ移籍させてその移籍金で食っているのが現状だ。経済封鎖されている国にとってサッカー選手は大きな外貨獲得の材料なのだ。それを敢《あ》えてせずに国内で育てる。オビリッチというクラブの体質が見えてきたような気がした。

「代表選手の半数は国内でプレーする者から選ぶべきだ」とも言う。アルカンを持ち上げる気は全くないが、一度国外に出れば確実に懲役30年は食らうと言われるこの男、母国の選手の強化にはビジネスを度外視して取り組んでいることは紛れもない事実だ。

当然ながらある種の民族主義的な匂いはついてまわる。

そもそもオビリッチとは、コソボの戦いでオスマン・トルコのムラトを一太刀のもとに斬り捨てた伝説的なセルビアの英雄の名前。甲冑《かっちゅう》に身を固めた騎士がシンボルになっているのはそういうわけだ。日本との単純比較の愚かなことを承知でたとえれば、「FK楠木《くすのき》正成《まさしげ》」もしくは「FK爆弾三勇士」といったところか。

——今後はどういった経営方向に。

「現在の我が国を取り巻く情況は非常に困難だ。まずは昔のようにスタジアムに観客を呼び戻すことだね。それには夢を与えることだ。我がクラブは私企業として今、3つの菓子工場、スポーツ用品店、クラブカフェを持っている。そう、3月28日通りのケーキ屋もそうだ。帰りに買って帰るかね？　Ｊリーグのように派手にはいかないが、これらのバックアップで選手への待遇も改善してゆく。1カ月の労働者の稼ぎが300マルク（約1万8000円）だとしたら、われわれは600マルクを最低、選手に保証しようと考えている」

良心的だ。最初に年俸枠を決めるクラブが多い中、物価水準から試算するとは選手にしてみれば至高の試算法だろう。ここまで来てしかし、優等生的な発言が続いたので少々刺激を与えようと考えた。果たして現在のプラーヴィをどう見ているのか。

――ユーゴはＷ杯はベスト16、対してクロアチアが3位、この差をどう考えますか。

ペトロビッチはそれこそが話したかったことだと続けた。

「実力の差はほとんどない。はっきり言ってしまえばモチベーションの違いだ」

モチベーション？　Ｗ杯なのだから、それなら同じくらいに……。

「いや、考えてもみてくれ。クロアチアは新しい国だ。自分たちの民族の名前でＷ杯に出て、自分たちの国歌を歌う。自分たちの民族の名のついたユニフォームに袖を通す。しかも大統領まで応援に来る。翻って、われわれはいまだにユーゴスラビアと名乗らなくてはならない。崩壊した国の名前でＷ杯に出て、崩壊した国の国歌を歌わされる。当然誰も歌わない。スタジアムで聞くのはブーイングだ。おまけに大統領は見に来ない。知っているか？　国民の8割がユーゴスラビアという国名を使うのに反対していることを」

——具体的にはどうするのがベストなのか。

ペトロビッチは主張する。

「必要とされているのはセルビア、モンテネグロの民族を象徴する歌、名前なのだ。フランス人が『ラ・マルセイエーズ』を聞いて涙する。そんなものが必要なのだ。我が国はクロアチアのようにサポーター5000人をフランスまで連れて行く財力はない。それは仕方ない。しかし、そろそろこの逃げ遅れた船の船頭のような情況からは脱却しなくてはならない。これは私個人というよりも国民の願いと考えてもいい」

なるほど、と唸《うな》った。

いつまで自分たちだけが「南スラブの国（ユーゴ・スラビア）」の呼び名に括《くく》られなくてはならないのかという疑問はほとんどのセルビア人、モンテネグロ人が持っているのだろう。

アルカンには会えなかったが、代わりにセルビア人の持たざるをえない喪失感を自覚し、それを埋めようと考えるフットボールクラブの存在を知ることが出来た。FKオビリッチが生まれたのにはひとつの必然があったのだ。

私はペトロビッチに突き付けようとした最後の質問を止めた。それは、「戦犯のオーナーの下で働くことに抵抗はないのか」だった。

　時間を割いてくれたことに礼を言って部屋を出ようとすると、壁に掛けてある真新しい完成予想図を指差した。

「2年後にはあのスタジアムを完成させるのだ。キャパは現在のおよそ8倍、3万人収容だ。クラブからプラーヴィにも選手を沢山送り込むつもりだよ」

　時を前後して会ったレッドスターのマスコット、ミレ・セルビィ爺《じい》さんは言った。

「俺はレッドスターと並んでオビリッチも好きなクラブだ。何と言っても祖国の英雄が名前になってるじゃないか。アルカンはそんな悪い奴じゃないよ。でなきゃ身銭を切ってクラブなんか買わないだろう。ズベズダのサポーター時代から知っているが、あいつは心底サッカーが好きなんだ。俺が貧しいのをわかっていて、奴は直筆のパスをくれた。戦犯てのは外国が勝手に貼ったレッテルじゃないか。さもなければツジマンはどうして戦犯じゃないんだ」

　アルカンもペトロビッチもひたすら自分の信じるものに邁進《まいしん》してゆくのだろう。果たして新スタジアム建設の資金繰りはうまくゆくだろうか。

　10月13日、空爆が回避された。

　ホルブルックとミロシェビッチが合意に達したのだ。これによって全欧安全監視機構（OSCE）が入り、コソボからの治安部隊の撤退が決まった。「屈辱だ」と私のセルビ

新スタジアムの完成図を前にＦＫオビリッチのＧＭ、ゴラン・ペトロビッチ。
ＦＫオビリッチのオーナー、アルカンは2000年１月に暗殺された

ア人の友人は憤慨していた。「自国の軍隊を何で自国から引かなきゃならないんだ」

私はもう一人の「戦犯」に会いに行ってみようと考えた。アルカン同様にボスニアで自らの義勇兵「チェトニック部隊」を率いた体重１００キロを超す巨漢。セルビア急進党党首ヴォイスラブ・シェシェリだ。民族融和の旧ユーゴ時代に「ボスニアはセルビアとクロアチアに分割しろ。モンテネグロはセルビアに併合されるべきだ」と主張して裁判にかけられた男。

「第二次大戦中からやられ続けているセルビア人の死に報いるためにクロアチア人への復《ふく》讐《しゅう》を忘れるな！」と急進党の集会で声高に叫ぶ男。

コソボでファトス少年がビビりながら言っていた。

「シェシェリは空爆されたらアルバニア人を

皆殺しにすると公言してるんだぜ」

そんな男だ。できれば、ペトロビッチGM同様に彼にもプラーヴィ強化方法を聞いてみよう。

開口一番。

「欧米のメディアの取材を、私およびセルビア急進党は一切受けていない。キミが日本人ということで受けるのだ。なぜかわかるか？　西側で唯一、日本がアメリカに従属していないからだよ」

アルカンと違ってすんなり会見のアポが取れたのはそういう事情だったのか。

しかし当然、首を傾《かし》げざるを得ない。

——日本は文化的にも政治的にも恥ずかしくなるくらい、アメリカに侵略されていますよ。

「いや、そんなことはない。ヒロシマ・ナガサキ以来、日本はアメリカに批判的なはずだろう」

『東京までセルビア』をスローガンに掲げるシェシェリも、極東の島国の外交については暗そうだった。

それにしてもこの男はでかい。身長は185センチ、体重は100キロを軽く超えるだろう。

——一説にはあなたはミロシェビッチがアメリカとの合意に達したら、激怒して野に

ユーゴの極右政党、セルビア急進党党首シェシェリとMこと富永正明氏

下るという話もありましたが。

「私が？　そいつは悪い冗談だ。まだセルビアのためにやるべきことは沢山ある。空爆回避のためには合意は止むを得なかった決断だと思う。監視機構が入るのは歓迎する」

――国際世論ではコソボでのアルバニア人への弾圧が問題になっていますが。

と聞けば案の定、言下に否定する。

「弾圧などはない。アルバニア人たちが独立などという馬鹿げた要求を掲げているうちは、政治的諸権利は奪われて当然だ」

話し出すと別名『ユーゴのジリノフスキー』の勢いは止まらない。「もし、爆弾が一つでも落ちてきたら必ずNATOに報復する。これは侵略だ。侵略には屈しない。やるのなら覚悟して来いと言ってやる。オハイオ基地（米国）までは遠いかもしれんが、イタリアのアビアノまでなら攻めてゆける。眼にモノ見せてやる」声が低くまたでかい。

「キミはどれだけアメリカ、イギリス、ドイツ、西側諸国がわれわれセルビアを憎んでいるか知らないだろう。しかし、セルビアを脅かす者は必ず報復を考えなくてはならない」

この勢いがたまらない魅力なのだろう。それまで私には絶対理解不可能だと思っていたセルビア急進党支持者の気持ちが、ほんの少しだけ、わかったような気がした。

肝心の質問に行こう。

シェシェリが考えるプラーヴィ強化方法。

――フットボールはどこのクラブのファンですか。

「フドバル？」

何を聞くんだ、という顔をした。眼鏡の奥の眼光が鋭く光り、すぐに額に皺《しわ》を寄せた。

「政治家たるもの女優やスポーツ選手の好みを軽々しく言うものではないんだよ」

クロアチアの大統領は例外ですか、と言おうとしたら、

「それにフットボールの選手たちは恵まれ過ぎているのじゃないか。金を稼ぐのも結構だが、国事のことをもっと考えるべきだ。それに私はバスケットの方が好きだ」

とりつくシマがなかった。プラーヴィとユーゴ・サッカーの未来などはとても聞けそうになかった。以後は早々に急進党本部を退散した。

ベオグラードは今、与党も野党も混迷している。

国内メディアの統一化が図られ、ボスニア内戦時のようにすべてが大本営発表になろうとしていた。海外からの情報を無闇に受けるのはご法度になる。危険な兆候だった。

そんな中、市民は独自に情報を得ようとしていた。独立ラジオ局Ｂ92のディレクター、サーシャ・ミルコビッチは言った。

「ミロシェビッチはメディアを手中に入れて権力の座についた。国家非常体制でまたもメディアのブロックアウトは始まったが、われわれは屈しない。正しい情報を報《しら》せる義務と権利がある。Ｂ92はコソボへ取材にいくときは必ずセルビア人とアルバニア人のコンビで特派員を出している」

私はミルコビッチにセルビアのメディアについて前から気になっていた疑問をぶつけた。

――なぜ、ベオの新聞はコソボのアルバニア人のことを『シプタル』と表記するのか、これはムスリムの帽子を指す差別語ではないのか。公的メディアがこんなことでいいのか。

「それはアルバニア本国のアルバニア人とコソボの人間を区別する文化的な意味合いでそう書いているのかもしれない。ちなみにわれわれは絶対に『シプタル』とは記さないがね」

情報の受け手である市民もまた、インターネット・カフェで多様な国外メディアに触れようとしていた。ベオの市民はこのコソボ危機を積極的かつ主体的に乗り越えようとしていた。

3　ベオグラード、「赤い星とキオスクの男」

ヴラジミル・シャビアはベオグラード生まれの24歳。前は飛行機の整備士をやっていたが、今はキオスクでのアルバイトに変わっている。実入りが半分になるこの仕事に転職した最大の理由は勤務時間帯にある。キオスクの夜勤は21時から9時まで。命より大切なズベズダの応援に行けるのだ。彼は今、ズベズダのサポーターを仕切っている。先輩のゾラン・ティミッチのあとを継いだのだ。

シャビアにインタビューをしたいんだがと電話で言ったら、職場に来てくれるのならということで、深夜キオスクの丸椅子に腰掛けて今、話を聞いている。

時折、客が来ては香水やチップスを手に取る。その都度、彼は立ち上がって接客を始める。

「今、常時ズベズダの応援に来るのは200〜300人だね。国の情況が悪くて減ってたけど、また最近は数が増えて来た。俺も今はこうしてにこにこしながら、ほかのクラブのサポーターにも客商売ができるけど、一旦スタジアムへ入れば、ズベズダを応援しない奴は全員敵だと見做《みな》す。フットボールだけじゃないぜ、バスケやハンドボールだってズベズダの試合は全部見ている」

——今じゃ、デモもズベズダのテーマソングが使われてるんだって。

シャビアは鼻をひくつかせて自慢気だ。

「ハイモ・ハイデ・スヴィ・ウ・ナパッド（さあ、皆で攻撃だ）だろ。そうだ。俺たちがゲームで使ってたのがすげぇ人気なんだ。シュプレヒコールの定番だな。パルチザンのサポーターの奴なんかは叫んだあとにボソッとアリ・ボリム・パルチザン（でもパルチザンが好き）って付け加えてる。悔しいんだろ」

ククッと笑う。抗議行動の最中でも愛するクラブに忠義をつくすところが可愛《かわい》らしいじゃないか。

横でじっと聞いていたティミッチが口を挟む。

「こんな言葉があるぜ。『ズベズダがすべて。あとは些細《ささい》なこと』、戦争も制裁も俺たちには些細なことなんだよ」

裏を返せばフットボールがあるから辛《つら》い時期も乗り越えられる。愛するもののある人間の何と強いことか。実はこのティミッチは、90年5月13日のザグレブ・マクシミルを体験している歴戦の勇士なのだ。

「あの時はひどかったぜ。いきなり、上の方から石を投げられて慌てて下に逃げれば、B・B・B（バッド・ブルー・ボーイズ）のクソ野郎が挟み撃ちで襲ってくる。必死で逃げたよ。スタジアムの外に出てから急に悔しくなって、引き返してぶん殴りに行こうと思ったんだが警官に止められちまった」

ティミッチはズベズダのファン雑誌「ズベズダ・レビュー」に文章を寄せているという。

題して『果たしてユーゴスラビア代表チームをわれわれは応援すべきか？』。

意味深長なタイトルに興味がむくむくと湧いたので読ませてもらった。圧巻だった。

「近頃はプラーヴィを応援すべきか議論が絶えない。代表チームは世界中どこでもその国民の最大の誇りと喜びを意味する。しかし、俺たちの所では少し情況が違うようだ。92年まで我が祖国は『ユーゴスラビア社会主義連邦共和国』と呼ばれ、セルビア人、クロアチア人、スロベニア人、そして溢れんばかりの少数民族グループから構成されていた。共通の国名、国歌を持ちそれはある程度の意味を持っていた。

やがて連邦の崩壊とともに構成共和国のほとんどが独立を勝ち取り、また自らの国名、国旗、国歌を得た。

われわれは間に合わず、旧6共和国から残された2共和国の共同体として続けることになった。ユーゴスラビアを継承し、と同時にその病気までまとめて引き受ける有り様だ。セルビアとモンテネグロの2共和国から構成されるわれわれの連邦は、相変わらず全く関係のない第三の名前『ユーゴスラビア』とつけられている。これは本当に意味がない。われわれセルビア人は世界で唯一（クルド人とジプシーは除くが）その国家、国

キオスクの中で肩を組むズベズダ（レッドスター・ベオグラード）のサポーター「デリエ」のシャビア(右)とティミッチ(左)

歌、国旗を持たない民族ではないだろうか。

世界のどこへ行っても、所詮ユーゴスラビアはセルビアと見做され、われわれはセルビア人と呼ばれる。そして誰もわれわれを認めようとせず、国際機関の数々から締め出しを食っている。あげくには古き親友たちからも全くの拒絶を食らったという有り様だ。皆出て行って嫌っている。つまり、われわれ自身のみが『ユーゴスラビア』に誇りを感じるしかないのだ。

しかし踏《ふ》み躙《にじ》られようとも自分はユーゴスラビア人とは思わない。だからこんな代表チームも自分たちのものとは思えない。だからズベズダは好きでも、プラーヴィは絶対応援したくないという人たちもいる。そしてその気持ちもわかる。

われわれは世界で唯一、不満を持って愛国心を表現する民族なのかもしれない」

（「ズベズダ・レビュー」98年2月号、監訳・富永正明）

読んでゆくうちに、涙が止まらなくなってきた。一見、オビリッチのペトロビッチGMの主張と重なるが、決定的にそれと異なるのはここには「応援したくてたまらぬ」心根が行間から滲《にじ》み出ているのだ。自分たちのプライドと置いてきぼりにされた境遇の狭間《はざま》で揺れ動きながら、代表をやはり愛したいのだ。

旧ユーゴの病気（経済破綻や民族問題）も引き継ぎ、古い親友の拒絶（クロアチアやボスニアのセルビア・バッシング）にも遭う。しかしコソボの火種も対立民族からの憎悪もすべて引き受けてユーゴスラビア代表も応援したいのだ。

ティミッチは言う。

「昔はスタジアムに入るのに心構えが必要だった。何が起こるか予想もつかなかったからな。怖かったけど楽しかったぜ」

明らかにノスタルジーを感じているのだ。

今朝のニュースではディナールがまた暴落したという。100マルクが闇で680ディナール。公定レートの5倍だ。ハイパー・インフレがこの国をまたも襲うのだろうか。独立系ラジオ局インデペンデントが周波数を取り上げられた。情報の統制化も進む。

「心配するな。ズベズダ以外は些細なことだと言っただろう」

二人は私を見て笑った。

「お前みたいに、たまに来る奴はこの国はぐちゃぐちゃで面白いだろう。だけど住んでる方はたまんないぜ。ただな、もうこれ以上この国は悪くならない。これから良くなるんだよ。ズベズダももう一回チャンピオンズリーグを制すぜ」

そうなるといいな。きっとそうだ。

これからずっと良くなる。この国は。

99年、ついにユーロ２０００の予選でユーゴとクロアチアは直接対決をする。デリエとＢ・Ｂ・Ｂは９年ぶりに相見《あいまみ》えるのだ。シャビアはその日が楽しみで仕方がない。キオスクの稼ぎを全部ぶち込むことにしている。

キオスクを出た。星が一面に出ている。駅へ続く坂道を見下ろした。歩き出す。複雑な愛国者たちが眠るベオの街を、月の明かりが皓々《こうこう》と照らしていたのを覚えている。

4　モンテネグロ、「小さな国の大きな大志」

「まあ飲みなさい」と目の前にラキアのグラスが置かれた。

すごい匂い。バルカン半島名物、このプラムからとる蒸留酒はアルコール度数が強烈だ。

初めて口をつけた時は舌というよりも眼が痛くなった。今はコツを摑《つか》んだ。チビリとやるよりも息を思い切り吸って一気に飲み込む、そして少しずつ息を吐くのだ。

ガブッガブッと喉で咬《か》んで胃まで入れた。うまいが火が出た。思わず手で口中を扇《あお》いだ。

ドゥシコ・ビエリッツア事務総長はそんな私の様《さま》を見ると、ニヤッと笑ってもう一杯どうだと言った。午前10時に取材に赴いた人間に、いきなりブランデーを振る舞うサッカー協会は初めてだった。

これが、来客は家財を売ってでももてなすというモンテネグロ人の会見スタイルなのか……。

セルビアとともにユーゴ連邦を構成しているもう一つの共和国、モンテネグロの首都ポドゴリツァに来た。

ベオグラードを後にしてここに来たのはユーゴ選手の技巧の秘密を知るためだ。

この共和国は人口約60万人。約995万人のセルビアの10分の1にも満たない。日本で言えば杉並区《すぎなみ》よりは多いが、足立区《あだち》にはちょっと負ける。

けれどこんな小さな国から雲霞《うんか》の如《ごと》く優秀なサッカープレーヤーたちが生まれている。サビチェビッチ（元ACミラン）、ミヤトビッチ（レアル・マドリード）、ブルノビッチ（エスパニョール）、サベリッチ（ボルドー）、クラーリ（アイントフォーヘン）等々。

Jリーグではペトロビッチ（浦和レッズ）、ドロブニヤク（ガンバ大阪《おおさか》）、マスロバル（アビスパ福岡《ふくおか》）、かつてはボージョビッチ（元アビスパ福岡）と、現在はFSJでA代表の総務を仕切るヴィヤチッチ（元ヴィッセル神戸《こうべ》）もプレーしていた。パワースタイルのドロブニャクを除けば、ほとんどがテクニシャンだ。

セルビアには約2500のフットボールクラブがあるが、モンテネグロはたったの50だ。

私は、人口比率からゆけば世界最強のフットボール王国ではないかと考えている。

「そうだろ、そう思うだろ？　我が協会は1931年設立、決して古くはない。にもかかわらず、現ユーゴ代表選手の4割がモンテネグロ出身。アドリア海から日本まで、世界中のプロリーグで約100人以上がプレーしている」

モンテネグロ人らしく堂々たる体躯《たいく》の持ち主ビエリッツァ事務総長は、グラス片手に自慢気に語り出したのだった。

98年、東京の世界選手権で準優勝したバレーボールの代表チームでもレギュラーのうち、2人が我が共和国の人間なのだ、と胸を張る。ほかにもバスケ、水球、ハンドの名選手も……。

——モンテネグロ人はどうして球技に長《た》けているんですかね？

2杯目のラキアを呷りながら聞く。とても気持ちが良くなってきた。

「よくわからんが、モンテネグロの人間は男女の性別に関係なく、ひとたび生命を受けるとすぐにボールに興味を持つ。血なのだよ」

抽象的な答えのあとに出てきた育成システムの話に納得出来る部分があった。

「やがて子供たちはブドゥーチノスト（ポドゴリツァ）やモグレン（ブドバ）などの有

力クラブに所属して、年間100近くのゲームを消化する。そのうえ協会は学校対抗戦も並行して主催するので、通っている小中学校でも揉《も》まれるのだ」

欧州伝統のクラブ制度に加えて、学校体育でもボールづけになるのだ。しかも退屈なフィジカル鍛練は一切なしで試合ばかり。テクニシャンが生まれるはずだ。

「毎年、6月に欧州のシーズンが終了すると、海外から帰国した選手たちを集めてモンテネグロ・スターズというチームを作っている。我が国大統領が実行委員長となって国内のクラブ選抜と親善試合を行なうんだ。見てくれ、あの写真」

壁に掛かった壮観なモンテネグロ・スターズ集合写真。我らがジェリコ・ペトロビッチもいる。左右にサビチェビッチとミヤトビッチの二大スターのアップ。

考えてみればすごい。チャンピオンズリーグの決勝ゴーラーが2人もいるのだ。

足立区なのに……。

世界に飛躍していったトップ・プレーヤーたちの若き日の伝説は、この狭いオフィスに今も残る。ビエリッツアは言う。

「デーヨ(サビチェビッチ)は14歳からプロだった。デビューして間もなく、胸を借りるはずのズベズダとの親善試合で、ゴールを決めて1—0で勝っちまった。当時から一人でゲームを決められる男だった。

ミヤトビッチはコーム・ポドゴリツァという全く無名のクラブから実力でキャリアアップしていった。今はパスも覚えたが当時はスピードの速い典型的なゴールゲッターだった。

それからペトロビッチ。若い頃はものすごい可能性を感じさせた。ブドゥーチノストにいた頃に、ベオのズベズダとザグレブのディナモがものすごい争奪戦を展開した。結果、奴はザグレブへ行った。当時はユーゴが崩壊するなんて考えてもいなかったんで、クロアチアのクラブに行ったんだ。それがまた変な誤解を生んで苦労したようだがね」

ビエリッツアは脅迫電話のことを言っている（第1章1参照）。

「その後、セビリアへシューケルと一緒に移籍したんだ。同じくらいに評価されていたね」

モンテネグロ・スターズの会話の中に大統領が登場したので私は単刀直入に切り込んだ。

――それほど強い貴協会はセルビア、つまりユーゴスラビア・フドバル協会（ＦＳＪ）からの独立は考えていませんか。

浅黒い精悍《せいかん》な顔立ちの会長はうーんと唸った。

現モンテネグロ共和国大統領のジュカノビッチは35歳。Ｊｒユースで浦和のペトロビッチと同じバスケットボールクラブにいたというこの男、スポーツマンだけあって吉宗《よしむね》暴れん坊将軍の如く市井《しせい》を私服で闊歩《かっぽ》して庶民と触れ合う行動派だ。同時に、連邦とは付かず離れずで巧みに距離を置くヤリ手。コソボの弾圧や虐殺もベオグラードの公的機関紙では必ずデッチ上げと報じられているが、この国の新聞・ベスティ紙ではしばしばセルビア軍の仕業と断定している。

本来、セルビアと宗教も文字言語も一緒のモンテネグロの独立志向はさほど強くない。しかし、最近は経済援助の側面などから、世界の嫌われ者＝セルビアとは分かれた方が良いとの気運も高まっており、腹の中では分離独立をしたくてしようがないのでは、と目されている。ではフットボール協会の姿勢はどうなのだろう。独立した日にはユーゴ代表の戦力ダウンは計りしれない。

「フットボールは国より先に立つことは出来ないので何とも言えないが……。現在FSJは21人の幹部で運営していて、うち14人がセルビア人でモンテネグロは7人の枠をもらっている。それには満足している」FSJの事務総長でUEFAの移動実務を担当しているお馴染《なじ》みのブラトビッチはその一人だ。

古き良き旧ユーゴの民族輪番制だ。かつては民族ごとに権利が保障され、順番で役職についた。コソボのアルバニア人がFSJの会長になった年もあったのだ（余談だが、現在の在日ユーゴ大使もモンテネグロ出身）。

「しかし、一つだけ不満なのはJrユースやユースの代表をセルビア人から選んでゆくのは許せない。この世代での選出の有無はA代表に影響するだろ？　いいか、去年ユーゴカップのU《アンダー》―16大会でうちのツルベナ・ステーナ（赤い石）というチームが、決勝でパルチザン・ベオグラードを破って優勝した。けれど代表に選ばれたのはたったの3

人なんだぞ」

突然、堪《こら》えていたものが噴出して来たかのように、ビエリッツァはポツポツと話し出した。

小さくない政治的事実がこぼれて来た。

モンテネグロのJrユース代表は昨年のコソボ紛争の最中、4度もティラナ（アルバニアの首都）でアルバニア代表と親善試合をしたというのだ。とてもユーゴ代表では考えられない行為。うち（モンテネグロ）は違うよ、という外交的スタンスだ。

クロアチアも独立宣言の前年に単独でアメリカ代表と一戦交えてアピールしている。

「この地域のホンネを垣間見たければ、フットボール協会へ行け」

私の持論である。ということはこれも独立を前提に働きかけている動きなのか？

しかし主要な産業もないこの国、何で食ってゆくつもりなのだ。

その時、オフィスの奥の一枚のポスターが目についた。

砂浜でリフティングするサビチェビッチ。

「それはなあ」目線に気づいたビエリッツァは言う。

「ツーリズム用のコマーシャルだよ。一昨年からブドバでビーチサッカーの大会を、我が協会は開催してる。去年はフランス、ポルトガル、スペインの代表を呼んだ。集客も上々。ユーロビジョンが丘から撮影して放送したぞ。画《え》づらはまるでコパカバーナのようだったな」

狙いはアドリア海を舞台の観光立国か。確かにこの地方はドブロブニク（クロアチア）に並ぶ景勝地。食べ物もワインも旨い。ビエリッツアは私のそんな下世話な記者根性丸出しの勘繰りを知ってか知らずか、にこにことまたもラキアのボトルに手を伸ばした。3杯目を空けると言った。

「少し街を見てみるかね。車で案内して上げよう」

モンテネグロ人のホスピタリティーは果てしなく続くようだ。

ビエリッツアの車に乗って市街地を回る。ベオと比べると小さな田舎町だが、のんびりとした風情で好感がもてる。冬だというのに半袖でも過ごせるという温暖な気候も影響しているのかもしれない。

ミヤトビッチは自分のキャリアの中で一番大きなカルチャー・ショックは「ユーゴからスペインへ移籍した時ではなく、ブドゥーチノストからベオグラードへ移った時だった」と語っている。

年齢的に感受性が強い時期だったというのもあるだろうが、それだけの格差が横たわっていたのも事実だろう。

ペトロビッチが、「シャワーが1個しかないあそこのスタジアムには、モンテネグロ人選手の思い出が沢山詰まっている」と言っていたその名もムラードスティ（青春）の競技場が恐ろしく貧弱で驚いた。芝生はさすがに綺麗《きれい》だが、スタンドには椅子もなく、クラブハウスは日本の中学校の更衣室より狭く汚い。ビッグ2もここからはばたいたの

毎年恒例、モンテネグロ出身選手で構成されるモンテネグロ・スターズ。ページャとデーヨのビッグ２をあしらった記念カレンダーにはペトロビッチ（浦和レッズ）の姿も（左）。モンテネグロ・サッカー協会事務総長、ドゥシコ・ビエリッツア（上）

か。強くなるには環境も重要だが、当然それだけがすべてではない。

　このクラブのサポーターのニックネームは『バルバリ』＝野蛮人。

「ぴったりだね」と思わず洩《も》らしたら、ビエリッツアはそれでもカラカラと豪快に笑った。

　やがて町の外れの小さなアパートの前で土煙を舞い上がらせて車を停《と》めた。

「ここが有名なスポルツカ・ウリッツア（スポーツ通り）だ」

　通りに面したアパートは、元々、テクノヘミヤという会社の寮なのだが、モンテネグロ出身の著名なスポーツ選手が多数住んでいたことからその名がついた。

　サビチェビッチ、ブルノビッチ、レゴビッチ等々。スポーツの『ときわ荘』といったところだろうか。天才肌だからデーヨが赤塚《あかつか》不《ふ》二《じ》夫《お》で、手堅いブルノビッチがさしずめ石《いし》ノ森章太郎《もりしょうたろう》か、などと勝手な想像にふける。ここには今もプロ選手を夢見る若者が住んでいる。ちなみにサビチェビッチは1階の5号室だったという。

歓声が聞こえるので、裏庭へ回ると、おう、やっている。

子供たちがにい、しい、ろう、10人以上はいる。皆、夢中で草サッカーに興じていた。土の上に爪先《つまさき》で引いたサイドライン。ゴールはダンボール箱をちょこんと二つ並べたものだ。

――サビチェビッチがこのアパートにいたことを知っているかい、と怒鳴れば、

「もちろん」とプレーしながら大声を揃《そろ》えた。

さすが、人口60万人の国だけに超有名人も身近なようだ。サビチェビッチは先月、故郷に里帰りした際、古い友人、知人たち全員に800マルク（約4万8000円）ずつの寄付を贈ったのだ。とてつもなく市民からは慕われている。

もっとも私は、ポドゴリッァに入ってから、（決して大げさに言っているのではない）実は俺が奴を育てたんだと豪語する男に5人、俺はデーヨのクーム（仲人）を務めたと名乗る男に3人、あいつは俺の言うことなら何でも聞くよと肩をすくめた男に1人、遭遇している。この小さな国の有名税も楽じゃなさそうだ。

風が出て、夕日が眩《まぶ》しい角度になって来た。東側のチームはやや不利のようだ。

西側のドリブルする少年は煮染《にし》めたようなユベントスのTシャツを身にまとっている。ビアンコ・ネロ（白黒）ならぬネロ・ネロのユニ姿だ。やっぱりみんなうまい。

ビエリッツアは横で「将来、第二、第三のサビチェビッチがポドゴリツァのこの薄暗い裏庭から出るのかもしれない」と、きわめて紋切り型な記事のリードを勝手につけて悦に入っている。果たして、この子たちの将来はユーゴスラビア代表なのか、それとも独立したモンテネグロ代表なのか。願わくば、外圧ではなく彼らの意思で決定できる未来になって欲しい。もちろん、血を流さずに。

「ゴール！」

ネロ・ネロの少年が歓喜のジャンプをし、そのまわりを祝福の子供らがピョンピョンと大喜びで飛び跳ねていた。

5　クロアチア、ザグレブ、「憂国のフーリガン、愛国のテクニシャン」

ふらふらになってザグレブにやって来た。

セルビア北部スレムスカ・ミトロビッツアから乗ったタクシーの運転手は、ベオグラード・ナンバーでのボーダー越えを嫌がり、氷点下15度の真っ暗な深夜国境で降ろされた。指の感覚がなくなり、足先が痛くなった。それでもガードレールを安全靴でガンガン蹴飛ばして、ヒッチハイクでタンクローリーを停めて、何とか明け方クロアチアのスラボンスキ・ブロードに入った。あとは列車で移動。ザグレブ駅前の安宿セントラルで2時間ほど仮眠した後、クロアチア・ザグレブに赴き、広報に頼みこんだ。

「飛び切りイキの良いB・B・Bの奴に会いたい」と。

今回、発作的に知りたくなったのは、クロアチア側から見た90年5月13日のマクシミル暴動の受け取られ方ともうひとつ。超過激で鳴らす彼らB・B・BはW杯にも出場していない日本人ストライカー・三浦知良《みうらかずよし》をどう見ているのか。私自身、別段カズに思いがあるわけではないが、ネオナチとまではいかずとも、血に拘《こだわ》るB・B・Bが、アジア人ということで排他的な目で見ているのではないかと少し心配になったのだ。

「確かにミウラを取ったのは、半分は日本のスポンサーを引くためだとクラブの奴も言ってた。けど、そんなことはどうでもいい」

バイスはそう言うと仕事中なのに煙草《たばこ》に火を点《つ》けて椅子に座りなおした。

「要は奴が使える奴かどうかだ」

怒鳴った口元から同時に紫煙が吐き出された。リーゼントに決めた髪が煙で揺らめく。うるさい。音の洪水が店の天井を一周している。80年代のユーロビートが頭の上でガンガン鳴り響き、時折それに客の騒ぎ声が混じる。クロアチア・ザグレブの本拠地マクシミル・スタジアムからこのドゥブラバック地区のカフェまではトラム（路面電車）で約8分。人生の職場とメシの種の職場は近い方がいい、とバイスはこの飲み屋で働いている。

バイスとはもちろん渾名《あだな》だ。

Ｂ・Ｂ・Ｂはお互いに誰も本名で呼んだりしない。私服警官にマークされてる奴も仲間には多いのだ。

例えばほれ、あそこでビールを啜る店の常連、ピッキーという男はベオグラードに乗り込んで、片っ端からデリエ（レッドスターのサポーター）をぶん殴ってたんだが、以来無頼な生活が染み付いて、今じゃ札付きなのだとバイスは教えてくれた。

しかし、デリエとかバルバリとか母国語でなく、バッド・ブルー・ボーイズと英語で名乗るあたりにクロアチア人の西欧志向が感じられる。

「ミウラのことはよく知らなかったけど、いい根性してるじゃねぇか。ヤパンにいる時より給料だって少なくなったんだろ。お前らにサムライ精神ってのがあるのは知ってるんだ。俺たちはヤパンと大戦中、同志だったんだろ？」

バイスはクロアチア独立国（ＮＤＨ）のことを言っている。日本が満州でやったように、58年前にナチスドイツはこの国に傀儡《かいらい》政権を作った。数十万人ものセルビア人を大量虐殺したのだ。半世紀後、そのドイツがクロアチアの独立を単独承認すると、その民族的トラウマがユーゴ紛争の激化に拍車をかけた。

「またナチと手を結ぶのか！」

セルビア人の憎悪が激烈に蘇《よみがえ》る。

独立をユーゴ連邦軍が武力で阻止しようと軍事介入、応戦するクロアチア側は義勇兵を募った。

バイスはB・B・Bの仲間と即座に志願した。

「俺たちはクソみたいな旧ユーゴ時代、B・B・Bに入ってディナモ・ザグレブ（当時）を応援することで、何とか自分をクロアチア人たらしめていた。B・B・Bであることがクロアチア人の証明だった」

ドゥブラバック地区だけで、3000人ものB・B・Bが志願したのは当然の流れだった。B・B・Bは集合体。区ごとにリーダーがいてそのままB・B・B部隊になった。バイスたちは2年間戦地にいた。その間、ずっとクロアチア部隊の記章とともに二の腕に巻いていたのはB・B・Bの腕章だった。

「リーダーだった俺は、自分のグループを率いて11月に西スラボニアの戦線へ行った。そこで地獄を見た」

自動小銃と手榴弾《しゆりゆうだん》を抱えて村から村へと移動する。昼は銃撃戦で消耗し、夜は奇襲があるので食事も睡眠も取れなかった。92年の1月には目の前で、幼馴染み数人が蜂の巣にされた。同じ時期、妻の兄はダルマツィア戦線で第四師団にいたが、装甲車に轢《ひ》かれて死んだ。仲の良かったバラジュディン地区のメンバーは、ブコバル包囲戦で戦車に撃たれて亡くなった。

「今でもスタジアムでディナモの旗を振ってたあいつらの姿が目に浮かぶ。奴らはディナモとクロアチアのために死んだ。街じゃ無敵の自分だって、前線では怖かったよ。だけどな、ブコバルが陥落したのが、91年の11月17日。俺たちB・B・Bが立ち上がらな

92年秋、連邦軍（セルビア側）との紛争で西スラボニアにクロアチア義勇兵として志願したバイス率いるB.B.B部隊。クロアチア戦争では多くのサポーターたちがそのまま志願兵に変わった

ディナモ・ザグレブの過激サポーター集団、B.B.B（バッド・ブルー・ボーイズ）のリーダー、バイス。小さな息子もすでに応援グッズを与えて英才教育

かったら、ザグレブまで連邦軍は侵攻して来ただろう」

今でも気に食わない奴は遠慮会釈なくぶっ飛ばす、この街で何かあったら俺に言え、とイキがる憂国のフーリガンは少しばかり目頭を押さえた。

目付きにケンはあるが、よくよく見ればちょっといい男だ。

「じゃあ愛国者の君はボバンのようにツジマン大統領を尊敬している？　フットボール・フリークで有名だけど」

私がボロボロになってザグレブに入るたびにメシをたかっている大羽奎介全権大使に聞いた話。大使がこの地に着任した際、挨拶に大統領官邸を訪れると真っ先に言われた言葉が、

「日本もやるじゃないか。チェコに引き分けるとは」だったそうだ。

キリンカップのことを言っているのだと気づくまで、しばらく時間がかかったという。クロアチア大統領フラーニョ・ツジマンは、事あるごとにフットボールを政治に利用して来た。現代表監督のチーロことブラジェビッチ、キャプテンのボバン、このラインは事あるごとに政治的な発言を繰り返して来た。この地域におけるサッカー選手の言葉というものは広告塔などという生易しいものではない。W杯予選で苦戦しながらイビッチやオシムなどの名将を差し置いてチーロがその座に安穏としていられるのは、ツジマンの寵愛《ちょうあい》あればこそだとシュポルツキ・ノーボスティ紙の記者は言っていた。

バイスの顔つきが険しくなった。

「冗談じゃねぇよ。あいつは自由選挙の時に『Ｂ・Ｂ・ＢはＨＤＺ（クロアチア民主同盟）』とか広告出して俺たちを利用しやがった。その上、クラブの名前をディナモからクロアチアに変えやがった。あのクソ野郎だけは絶対に許せねえ」

その名のもとに戦死した同胞もいる伝統ある名前を棄て、そしてチーム名を国名に変えたのでは同じ国のダルマツィア地方の強豪ハイドゥク・スプリットと区別できない、とバイスは本気で怒っていた。

「俺たちはこの間、ツジマンがスタジアムに試合を見に来た時、一斉にケツを出す抗議をしてやった。大統領は確かに俺のケツの穴を見たぜ」

ヘラヘラと笑って中指を立てたのだった。その夜は2時まで話し込んだ。

翌日、仕事の前にＢ・Ｂ・Ｂの溜《たま》り場《ば》に連れて行ってやるという彼の車に同乗した。車中はカーステレオから流れる応援歌が満たしている。どの曲もいまだにディナモ・ザグレブとコールされる。バイスの応援グッズもすべてディナモ時代のものだ。

最高のＢＧＭの中、バイスの『愛』が炸裂《さくれつ》する。

「シューケルは世界一だ。見てて惚《ほ》れ惚《ぼ》れする。ヤルニは突破がスゴイよな。１００メートルを11秒で走る。プロシネチキはプレーもいいけど、人柄も気さくですごくいい奴だ。街で会ってもいつも声をかけてくれる。俺はバーテンの仕事を10年やってる。今の代表全員にビールを注《つ》いだことがあるのが誇りなんだ」

——90年5月13日。君はマクシミルにいた？

「もちろん」

——あれはセルビアでは政治的な暴動だったと言われているけど。

「かもしれない。でも言わせてもらうぜ。セルビア人が被害者面《づら》するのは見当違いだ。俺たちのこの町であいつらが我が物顔で、でかい面をすることが変なんだ。ここは誰の町？　クロアチア人の町だろう」

バイスに質《ただ》したいことが浮かんだ。

——『ユーゴスラビア代表を応援すべきか？』という文章（第2章3参照）をデリエのゾラン・ティミッチという人物が書いたんだけど、それについてどう思う。

何！　デリエ？　セルビア人？

と聞いて不愉快そうな表情を浮かべたが、問うた内容についてはうーんと唸って「まあ、そいつの気持ちもわかるな」と言うではないか。

「俺たちがそうだったように、あいつらもユーゴスラビアって名前にはリアリティーがないんだろう。ゾランって奴は俺たちより可哀相《かわいそう》だ。奴はセルビアを愛してるんだろう。スロベニアやクロアチアと一緒だった頃の名前でなくて、きっとセルビアを応援したいんだろう」

同情すらしてみせた。自分も旧ユーゴ時代の90年イタリア大会、代表にはボクシッチもシューケルもエントリーされていたのに応援する気にはならなかったという。

「着いたぞ。ここが俺らの根城だ」バイスの言葉で車から降りた。

ふと、革ジャン姿の兄《あん》ちゃんがたむろしているそのカフェの看板を目にして凍ってしまった。

「ＯＬＵＪＡ（嵐）」

これはツジマンの号令下、95年8月にクロアチア内自治区クライナからセルビア人を徹底的に追い出した旧ユーゴ最大の「民族浄化」作戦の名前だ。家屋、財産を取り上げ、喉を切るなどの残虐行為でセルビア人２５００人を殺し、約20万人のセルビア人の難民を流出させている。まさに嵐のごとく全てを奪ったクロアチアのこの武力作戦はしかし、軍事指導したアメリカの思惑そのままに西側社会ではほとんどクローズアップされていない。旧ユーゴ国際戦犯法廷はボスニアでムスリム人を虐殺したアルカンを起訴したのとは対照的にこの残虐行為を不問にしている。

この店の名は偶然なのか。

いやしかし、いくら何でも他民族排斥の軍事作戦名を堂々と看板に掲げるだろうか。

「何言ってる。もちろん、その意味でつけた。カッコいいだろ？　安心しろ、ミウラも俺たちの大切な選手、応援歌だって作ってやるぜ……」

憎悪はまだ涸《か》れていない。ユーロ２０００予選のユーゴ対クロアチア戦、互いにホームでは相手のサポーターを入れないという取り決めに改めて納得しつつ、私はドアを押した。

内部はボスニアまで領土拡大を狙った大クロアチア主義の権化のような店だった。

暗い店内にはマリファナの煙が充満し、ボックス席には強いバーボンを呷るフーリガンどもが溢れていた。カウンターの壁をB・B・Bのパネルが埋めつくしている。

『旗を振り街を練り歩くB・B・B』

『フィールドから貴賓席へ向けて下半身を剝《む》き出して乱舞するB・B・B』

『スタジアムでタイヤを燃やすB・B・B』

スツールの椅子に滑り込んで私はウオッカを注文する。強い酒でも飲まねばやっていられない気がした。

日本では欧州コンプレックス丸出しのサッカー評論家がよく言う。

「Jリーグは厳しさが足りない。ヨーロッパでは試合に負けると、どんなスター選手も怖くて表を歩けないのです。サポーターが敗戦や二部落ちを暖かく迎えるなどという態度が、日本サッカーの強化を遅らせているのです」

欧州のサポーターの過激さを何の猜疑心《さいぎしん》もなく持ち上げる発想の何と貧困なことか。

社会的に抑圧されてきた若者たちの捌《は》け口《ぐち》として存在するフットボールが確かにある。

しかし、それは果たして幸福なことだろうか。

サッカー『文化』という言葉を口にするのなら、例えば敗者への礼をも重んずる日本人固有のメンタリティーに合った応援があってもおかしくはない。そもそも選手にからむようなやさぐれたニイちゃんを持ち上げてどうする。

旧ユーゴでは自民族の意識発揚のための代理戦争としてのフットボールがあった。

B.B.Bの溜り場、バー・OLUJA（嵐）。由来はセルビア人に対する民族浄化の作戦名

スタジアムに観戦に来たツジマン大統領にストリップで抗議するB.B.Bの写真パネル。ツジマンは旧ユーゴ連邦から独立したクロアチアの名を宣伝するため、歴史あるクラブ名をディナモからクロアチア・ザグレブへと変えた。さらにはB.B.Bを選挙に利用したため彼らの反感を買い、過激な攻撃にあった

それは『文化』というよりも民族問題と密接に絡んだ業のようなものだ。「全民衆防衛制度」のおかげで、すべての青年男子が武器の扱いを知っている。だからサポーターが民兵になることは何の造作もないことだ。造作もなく民兵になるということは、造作なく死んでゆくということだ。バイスたちが暴れる背景には彼らしかわからぬ哀《かな》しさが綿々と流れている。

「サッカー選手個人たちには憎しみはない。ピクシーかい？　俺はクロアチア人だけどあいつは素晴らしい選手だと認めている。ああ、本当だ。サビチェビッチも伝説のスゴイ奴だ。フランス人はジダンを誉《ほ》めてるけど、奴はアルジェリア人じゃねぇか」

警察の手入れにもめげず、バー「ＯＬＵＪＡ」は明け方まで営業している。

酔っ払った女のＢ・Ｂ・Ｂが男の尻を触りだし、奥では正体不明のカード博打《ばくち》も始まった。今日も長い夜になりそうな気配が伝わって来た。

連続二日酔いの3日目の朝、再びマクシミル・スタジアムに赴いた。駐車場入り口にはＢ・Ｂ・Ｂの慰霊碑がある。

「Hvala B.B.B」（ありがとう、バッド・ブルー・ボーイズ）

祖国防衛戦争に志願し、戦死していった彼らに対する感謝の言葉が刻み込まれていた。

強面《こわもて》の守衛が睨《にら》みを利かすレッドスターのマラカナと違って、ここは妙齢の女性が受付でにこやかに応対してくれる。プラーヴィたちのアイルランド戦（ユーロ2000予選）の延期についてクロアチアの各選手が発表したコメントがあった。同じ予選８組であることから当然、彼らも無関心ではいられないが、それぞれの政治的立場が随所に垣《かい》間《ま》見《み》えて興味深い。
シューケル「アイルランドでもユーゴでもない第三国でやればいい。その場合は引き分けだといいね」
ボバン「ベルギーとオランダへ行くにはすごい苦難が待ち構えている。だからユーゴスラビアが来ないのは喜ばしいことだ。しかし、なぜ選手が苦しむんだ。まあ、でも時として政治はスポーツよりも重いものだ」
アサノビッチ「誰が悪いかは自明のことだ。ミロシェビッチ（大統領）に決まっている」
ブゲルネツ「政治支配者がやったことをフットボール・プレーヤーが払うことはない。ただ、ユーゴスラビアが国連から制裁を受けても驚くには値しないだろうね」
ツジマン大統領のおぼえめでたいボバンの発言は、相変わらずという感じがする。彼は引退後、スポーツ大臣への道が約束されているらしい。なぜかリベラルなプロシネチキの発言がない。
オフィスを出て、スタジアム脇のカフェに入ると、意外な人物がいた。
W杯予選アジア・オセアニア・プレーオフで活躍したオーストラリア代表９番マルコ・ビドゥガが悠々とコーヒーを飲んでいたのだ。

１９０センチ90キロの巨体に似合わぬ華麗なるテクニシャンは、サッカー途上国オーストラリアをバルセロナ五輪4位、ワールドユース連続ベスト4に引き上げた立役者だ。国内では弱冠18歳で得点王、ＭＶＰを獲得、95年にはジュビロ磐田《いわた》の親善試合にメルボルン・ナイツの一員として来日し、３―０の全得点に絡む大活躍をしている。掃《は》き溜《だ》めに鶴というか、天水桶《てんすいおけ》に竜というか、パワースタイルのオーストラリアの中において、突出したスキルを誇るビドゥガ。それもそのはずで、実はクロアチア人移民二世だった。ビドゥガの父は17歳の時に社会主義政権に追われ、ザダル（クロアチアのアドリア海に面した都市）から着のみ着のままでメルボルンへ亡命している。スラボニア出身の妻との間に彼が生まれた。だからファーストネームは正確には英語名のマークではなくマルコだ。

ＡＣミラン、レアル・マドリードなどビッグクラブからの高額のオファーを受けながら、両親の祖国クロアチアでのプレーを望み、97年からザグレブでプレーしている男。

そのビドゥガが今、目の前にいる。少し話を聞かせてくれないかと向かいの席に座った。ごつい身体《からだ》を丸めながら、にこやかにＯＫという返事が返ってきた。

「日本には良い印象しかないんだ。実は12歳の時に大阪にホームステイしていたことがある。人間がすごく親切で正直で嬉《うれ》しかったね」

私は知らなかったが、ビドゥガはサッカー世界少年大会にメルボルン選抜のメンバーとして来日していた（結果はビドゥガの活躍で3位）。その大阪のホストファミリーは、果たしてビドゥガが実はクロアチアの血を引く者と知っていただろうか。これはクロアチア人のためのクラブでした」

「私は6歳の時からメルボルン・ナイツに所属していました。これはクロアチア人のためのクラブでした」

ブラジルのパルメイラスがイタリア移民によって作られたのと同様に、オーストラリアのシドニー・ユナイテッドやメルボルン・ナイツは、クロアチア移民で構成されている。興味深いのは旧ユーゴ崩壊前に設立されているにもかかわらず、ユーゴ人のクラブではなくあくまでもクロアチア人のクラブとして存在していたことだった。

「クロアチア戦争中ですか？　メルボルンでも多くのクロアチア人が独立のためのデモンストレーションに参加していました。私はオーストラリアのテレビでツジマン大統領を観《み》て感激したものです。彼こそがクロアチア民族の救世主だと確信したのです」

――あなたがビッグクラブからの好条件のオファーを蹴ってクロアチア・ザグレブに入団を決めたのはやはり両親の影響ですか。

「一番大きいのはツジマン大統領に誘われたことです。私は世界で一番彼を尊敬していたので即座に決断しました」

95年、メルボルンまで出向いたツジマンはビドゥガをわざわざ食事に招いた。

「すでに君がオーストラリア代表でプレーしていて我がナショナルチームに加わることは不可能なことはわかっている。どうだね、クラブチーム、クロアチア・ザグレブでプレーしてくれないだろうか」

ビドゥガが感激したのは言うまでもない。テストマッチでチンチンにやられたジュビロ磐田のハンス・オフトも、ジャパンマネーを武器に誘いに来たが、ビドゥガの気持ちはひとつだった。ザグレブへ。

「クロアチアの救世主から誘われるという名誉を無下に出来るはずがありません」

私は90年5月13日の事件について知っているか聞いた。遠くオーストラリアにいた二世のビドゥガの耳にも、果たして入っていたのか、入っていたならどのように。

「もちろん、良く知っています。私は15歳でした。あの事件を評価します。あの事件以来、クロアチアは正しい国旗を揚げて試合が出来るようになったのです」

クロアチアは90年10月17日、独立宣言を待たずして単独でアメリカと親善試合を行なっている。選手は寄せ集めで、とても代表チームと言える編成ではなかったが、ここに既成事実がひとつ作られた。2—1で勝利した、その時の記念プレートがわれわれのいるカフェの壁に掛けられている。

——オーストラリアからザグレブに来て何か不自由な点はない？

「言葉も全く不自由しませんね。私の家族は家の中ではクロアチア語しか話していませんでしたから。こちらへ来てモチベーションが一気に上がりました」

セルボ・クロアチア語（セルビア語とクロアチア語は同じ言語だが表記上キリル文字とラテン文字に分かれている。異なる語彙もあるが発話上は方言程度の差しかない）と言わずにクロアチア語と言う。連邦崩壊前もユーゴスラビア人は海外に移民したとたん

ツジマン大統領自らの誘いでオーストラリアからの帰還を決めて、ザグレブでプレーするマルコ・ビドゥガ。マクシミル・スタジアムで

きわめて自然にセルビア人に、スロベニア人に、クロアチア人に戻っていった。社会主義のタガが外れるや、元来違った民族を一つの枠に入れていた無理が一気に弾《はじ》けたのも当然か。

常に国籍を民族に重ねあわせる日本人には理解しづらいメンタリティーだろう。

「そうです。国籍などというものは紙の上のものです。私はオーストラリアにいた時も、今もずっとクロアチア人です。ユーゴスラビアと呼ばれていたのは祖国に対する侮辱でした」

現在、クロアチアでは海外同胞に対して帰還運動が進められている。ユーゴ人でなくクロアチア人として祖国へ帰国しよう。そして新しい国作りに参加しよう。ビドゥガはサッカー選手としてまさにその気持ちを体現している。

しかし、W杯3位という好結果は新たな国威発揚を引き出していた。ウスタシャの再評価やムスリム勢力への発砲事件も地方では耳にした。願わくばセルビアの影に隠されて表面化していなかったこの国の窮屈な民族主義が、再び奇妙な形で台頭しないことを願いたい。ビドゥガの顔を見ながら、私は「OLUJA」のショックがまだ抜け切れていない自分に気づいていた。

6 スロベニア、「ジャパニーズ・バルカン、ゴリッツァの求道者」

バルカン半島を回ろうと決めてから、ぜひとも行こうと決めた旧ユーゴの国があった。スロベニアだ。プラーヴィたちとはちょっと縁遠くなるが、ここには私が日本人で一番好きなストライカー森山泰行《もりやまやすゆき》がプレーしているクラブ、ヒット・ゴリッツァがある。

ジュビロの中山が3回蹴って1回決めるFWなら、森山は4回蹴ったら3回決める。グランパス在籍時代における森山のスーパーサブとしての存在感は圧倒的なものがあった。出場時間で割ったゴール決定率はJリーグ一を誇り、負けていても彼が出てくれば絶対に引っ繰り返せると名古屋のサポーターたちは信じて疑わなかった。その森山が「このまま日本の甘えた環境でプレーしていても意味がない」と引き止めるクラブを振り切り、築き上げた境遇すべてを投げ捨ててこのスロベニアへ渡った。ゴリッツァが提示した給料は20万円。グランパス時代の20分の1だが、それでも「こうなる必然が自分にはある」と言い切り、退路を断っての行動だった。よくあるスポンサー付きの移籍でもない。

私はこの自我の固まりのような男が旧ユーゴの国のクラブを選んだのは偶然でなく、何やら神の意思が働いたような気がしてならなかった。

知将ベンゲルは「譲り合う精神。良く言えば謙虚、悪く言えば他人任せの日本人選手の中で、モリヤマはすべてを自分で決着つけようとする。まるでヨーロッパ人のようだ」と讃《たた》えたが、私はその欧州の中でも民族、言語、宗教が入り交じり、秩序も価値観も混沌《こんとん》とうごめくバルカン半島で生きる人々の有り様にこそ、モリヤマの生きざまはなぞらえられるのではないか、日系バルカン人モリヤマと名づけてひとり悦に入っていたものだ。低迷していたグランパスを1年で躍進させ、日本代表監督候補として最も人気が高かった当のベンゲルに対しても、「僕はムカつくとベンゲルにもツバを飛ばしていましたから」と屈託なく笑っていた男。

森山に会いに行こう。日系バルカン人は、その風景の中でスロベニアのサッカーをどう見ているのだろうか。

首都リュブリャナで拾ったタクシーは走り続ける。そろそろ2時間は経《た》つ。

ドライバーも退屈して来たのか、やたらと話しかけて来る。

「なあ、ベオグラードじゃあ、平均給与は今いくらくらいなんだ？」

スロベニアは旧ユーゴ連邦で最も経済レベルが高かった国。セルビアから来たと聞いて、ちょっとした優越感からそんなことを聞いてくる。運転手の言うことに誇張がなければおそらくここはベオの8倍だ。

実はこのドライバー、スロベニアが独立宣言をした当時、共和国軍隊に徴兵されていたという。

「いよいよ独立だってんで喜んだのも束《つか》の間《ま》、いきなり戦車が入って来やがった。俺もまさか頼もしい同志だと思ってた連邦軍に銃を向けるとは思わなかったぜ」

『独立』を巡って同じ権力機構の中にあったユーゴ連邦軍（阻止）とスロベニア共和国軍（独立）が銃を向け合う矛盾。しかも、連邦軍の中にはスロベニア出身の幼馴染みの兵隊もいた。

戦闘中に口頭で独立の意義を伝えると、「それはそうだな」とあっさり投降して、一緒に連邦軍との戦いに参戦するという者が続出したという。

アルプスの峰に連なる曲がりくねった山道を抜け、プレベイユの街中に入るとやがて歓声が耳に入って来た。と同時にスタジアムが見えて来た。否、それはスタジアムと呼ぶには憚《はばか》られる光景だった。旧ユーゴでは最も経済的に豊かだった共和国の一部リーグ、さぞや立派な施設が、と期待していた私の予想はあっさり覆された。

コロタン対ヒット・ゴリッツアのフィールドは、四方を山々に囲まれた平地に芝を張り、均《な》らしただけのもの。グラウンドの北と東の土手を削って客席代わりに使用している。

観衆はどう多めに見積もっても500人いるか、いないか。空の青さが目に沁《し》みるバルカン半島のあまりに牧歌的な風景。ホームのコロタンも12チーム中8位のレッキとした中堅クラブなのだが……。

ここは90年イタリア大会スペイン戦で、絶妙のバックヘッドでストイコビッチに伝説のゴールのお膳立てをしたスレチュコ・カタネッチを生んだ国。しかし、ユーゴやクロアチアに比べると、ことフットボールを取り巻く環境は劣っているようだ。

1000トラール（約800円）の入場料を払って席を探す。

ヒットのサポーターの応援席はゴール裏の一角。一応は欧州スタイルなのか、剝き出しになった赤土に杭《くい》を打ちそこを金網で囲ってある。言葉は悪いが、約30人のサポーターたちが入っているその空間は、まるで屋根のない鳥小屋だ。施設待遇がこんなにも劣悪だとは……。

しかし、飽食日本人の身勝手な比較などどこ吹く風で、ゴリッツアからやって来た集団『ゴリシキ・ブリニッツエ』の面々は絶え間なく太鼓を鳴らし、コールを送り続ける。『ゴリッツアの花壇』というおよそサポーターのニックネームらしくない洒落《しゃれ》た名前の由来は、ゴリッツア市のシンボル、花紋章に起因する。まさに老若男女入り乱れての熱のこもった応援だ。スロベニアのサポーターが熱いのには定評がある。

20年ほど前にオリンピア・リュブリャナがディナモ・ザグレブと試合を行なったとき

のこと。クロアチア人サポーターたちが「Naprijed（頑張れ）Dinamo（ディナモ）Hajduk（ハイドゥク）」という地元の2大クラブを応援する横断幕を掲げた。

スロベニア人たちはこれを見て激怒したのだ。

「NDHとは何ごとだ！」

彼らはナチの傀儡国クロアチア独立国（Nezavisna Država Hrvatska）と同じ頭文字に刺激されてフィールドに乱入。ゲームを没収試合にしてしまった。豊臣秀頼《とよとみひでより》の『国家《こっか》安康《あんこう》』の釣り鐘に食ってかかった徳川家康《とくがわいえやす》の言い掛かりに似てなくもない。

そのスロベニア人たちが背番号30にボールが渡るや絶叫した。

「モリヤマー！」

声援に鼓舞されたかのような、精力的な森山の動きが目に飛び込んで来た。トップに張っていたグランパス時代に比べて、横への激しい動きが印象的だ。コンビを組むFWニクチェビッチをサポートしつつ、自らもゴールを狙う。彼は今、セカンド・ストライカーだ。3時半のキックオフから20分を経過した頃にはユニフォームはすでに泥まみれ、その献身ぶりはさらに際立つ。ユーゴのような華麗さも、クロアチアのような堅実さもない。しかし、当たりの強さが何とも凄まじい。

今の段階で、ヒット・ゴリッツアはマリブル、オリンピアに次いでリーグ戦3位。8位のコロタンに、順当ならばそれほど手こずるはずはないのだが、パスが回り出すと当たりに来る相手のペースにずるずると合わさってしまった。ゴリッツアは崩す形を作る以前にロングボールの蹴り合いに終始する。

そして後半65分。セルビア人の監督はついに森山の交替を指示、背番号30は淡々とベンチに退いた。試合はその後、さらに大きく荒れた。悪質なファウルが続くが、ゲームはなかなか途切れない。倒れたプレーヤーが次々とタンカで運ばれていく。０―０のまま終了のホイッスル。

サポーターたちは挨拶に来た選手たちを拍手で迎え、紙テープを飛ばした。よく見ると、それはスーパーマーケットのレシートの束だった。

横一列に並び、両手を上げた選手を見渡す。が、すでにそこにはニコリッチ（ＭＦ、セルビア人）、べカノビッチ（ＤＦ、マケドニア人）に続いて入団した、３人目の外国人選手の姿はなかった。敢えて声をかけに向かうことはしなかった。

思った以上の落差に愕然《がくぜん》としているだろうか……。

「なぜ、海外に出たのかはよく聞かれるんですが、一言でいうのは難しいんです。ただ、Ｊでやっていればそこそこに高額の給料、いい車。途中出場するだけで歓声が起こる。それはとても幸福なことなんだろうけど、そのまま満足してしまうのが怖かった。一度、しがらみを捨てて、自分が本当に何をしたいのかを見つめなおしたんです」

翌日ゴリッツアのオフィスで会った森山は、意外なほど清々《すがすが》しく潑剌《はつらつ》とした表情を浮かべていた。１７１センチの身体からは、弾むような精気が感じられる。それでいて語り口には気負いも昂《たか》ぶりもない。しがらみを捨てた森山に見えて来たのは代表監督に評価されてナショナルチームに選ばれるとか、Jリーグで得点王になることではなかった。浮かんできたのは「サッカー選手として、絶対的に自分の納得するプレーをただただ追求していきたい」気持ちだったという。森山は海外に出たことの具体的な最終目的を、ビッグクラブへのステップアップとも言わない。

「そういうのもありましたが、最近は結果だけじゃないんです。要は、何が得られるかなんです。僕はいま29歳ですが、自分のプレーを追求してこのまま世界中のクラブを回りたい。欧州、南米、いつかは日本。そして最後はシンガポール・リーグあたりで燃えつきたいですね」

他の日本人の海外進出と決定的に違う動機がここにある。他人の評価を気にしない。常に矜持《きょうじ》を持ち続ける。バルカンの雰囲気がこれほどマッチする日本人ストライカーは、彼を措《お》いてほかないだろう。きわめて自然に、私はユーゴの選手と話しているような気になっていた。

「サッカーは金じゃない」と彼らは言う。もちろん手垢《てあか》のついた言葉だ。J2に降格した日本の選手でも言いそうだ。しかし、いつ何時、国が破綻するかわからぬユーゴの人間にとっては、洒落でなく、プロサッカー選手は昔のように決してペイの良い職業ではなくなって来ている。金儲けならほかの仕事で外国で出稼ぎに行った方がよほど良い。それでも球を蹴る。

森山も、またひたすらサッカーへの真っ白い情熱を燃やすべく、裸でスロベニアにいる。

「実力的にこっちの選手と同じでも、日本にいるだけで結構な給料をもらっていたことに改めて気づいた。これこそ望むところですよ」

クラブが手配した彼のアパートの洗濯機は故障したまま。汚れ物はすべて手洗いの日々だという。彼はまたサッカー選手としてスロベニアのスタイルを冷静に分析して見せた。

「観てもらってわかったと思いますけど、スロベニアは当たりがハンパじゃないサッカーです。審判もめったにカードを出さないですね。逆に言えばピクシーやクロアチアの選手はこの激しさの中であのテクニックを鍛えたんでしょうね。うまいはずですよ」

いったんアパートに戻りますという森山と、夕食をともにする約束をして別れた。

時間潰しに駅まで歩いた。

綺麗な街だった。広葉樹並木が道の両脇に並び、白い建物が多いせいか澄んだ空気の中でその緑が映えている。ボーダーの街、ノバ・ゴリッツアの駅の目の前、50メートル先はイタリア国境のフェンスが続いている。

「この塀を越えればイタリアか」

求道者然とした森山は、セリエAへのステップアップに本当に興味はないのだろうか。道が開けてオファーが来ても、使われ方、サッカースタイル等、本意でないことをやる男にも思えない。

その時、ふとある考えが浮かんだ。

「これは面白いんじゃないか」私は自分のアイデアにしばし酔った。

まだ本人にも話さずにおこうと決めてタクシーを拾った。

その晩は森山夫人ともども、貝料理を肴《さかな》にワインをガンガン空けた。夫婦揃っての愛読書が『ミュータント・メッセージ』だと聞いてなるほどと思った。オーストラリア先住民の精神世界について書かれたこのベストセラーは、既成の欧米的文明価値観を引っ繰り返す爽快さを孕《はら》んでいる。彼らが惹《ひ》かれたのも、よくわかった。

スロベニアから離れてしばらく、私はベオグラードでしばしの工作をして森山の代理人I氏にコンタクトをとった。この業界ではやり手で通っているI氏は普段は極めて温厚、背広姿で礼儀正しく、腰も低くて気遣いも素晴らしい。しかし、一度ユニフォームに着替えて草サッカーに馳《は》せ参じるや、何かに取り憑《つ》かれたように180度人格が変わる。その熱いプレーぶりは全く別人で、興奮すると「敵」は言うにおよばず、「味方」も殴る男として有名である。サッカーが好きでたまらぬ男。それがI氏。

私は森山のレッドスター入りを考えたのだ。日系バルカン人を本当にズベズダに入れてしまう。スロベニアから西（イタリア）に行くと見せかけて東（ユーゴスラビア）なんて、誰も考えつかないことをやるなんて森山らしくていいじゃないか。何より、ベオにには森山と仲の良かったビニッチがいる。

もしかしたら、森山が入ることで日本のテレビ中継が決まるかもしれない。ならば愛するユーゴ・リーグが東京で観られるのだ。当然、日本人のユーゴに対する関心も高まる。

フットボール・ジャンキーのI氏も興奮して大乗り気だった。

「面白いっすね。興味大ありですよ。すぐにテープとプロフィールを準備します」

I氏も独自のユーゴ人脈ルートからアプローチを重ねた結果、ストイコビッチもズベズダの関係者に森山をベタボメしていたことがわかった。

私はドラガン・ジャイッチ会長に面会を申し込み、関連資料を携えてマラカナ・スタジアムにあるズベズダのオフィスに向かった。

ジャイッチは森山のJリーグでのゴールシーンを集めたVTRテープを観て、興奮気味だった。

「この難しい体勢からよく叩き込めるもんだ。並みの集中力じゃないな。このモリヤマという選手は」

ユーゴスラビア・サッカー史上最高の選手から発せられた最大の賛辞だった。

「ベンゲルの下でピクシーと2《ツー》トップを組んでいた？　なるほど、これだね、このパスへの反応の速さ」

ビデオは柏《かしわ》レイソル戦でのゴールを映している。後ろを向いてもらって、反転して振り向きざまに右足で決めたやつだ。私は一気に畳みかけた。

——どうですか。ズベズダとして契約する気は。

「このプレーが間違いなく出来るのならぜひ欲しい。ただもう君も知ってのとおり、クラブはシーズンに入っている。もう少し時間をくれないか」

それはそうだった。ヒット・ゴリッツアもまだ公式戦を行なっている。

「そのモリヤマの代理人の日本のコンタクト先を、ぜひ教えてくれないか」ジャイッチは長身を折り曲げながら、I氏の名刺を書類に写し込んでいた。

この好感触は、順序さえ間違えなければ入団できる雰囲気を確かに醸し出している。ビニッチもバシリイェヴィチも、モリヤマが来るのなら最大限の協力を惜しまないと言ってくれている。

早速、I氏と森山に報告。

「おそらくテストは必要だが、こちらの関係者は皆、ウエルカムの姿勢。特にJリーグでプレーしたユーゴ選手がきわめて好意的に動いてくれている」

後はシーズン終了後のジャイッチからの連絡を待つことにする。

私は有頂天だった。森山がユーゴでプレーするならデリエの連中、ミレ爺さんにも教えてやろう。親日家の彼らはきっと精一杯応援してくれることだろう。

後はゆっくりとジャイッチとI氏との直接のやりとりを見守っていけばいい。スロベニアに行ったかいがあった。さあ、次はベオを離れて、どこに行こうか。

この後、サッカーどころではない、すべてが打ち壊される最悪の悲劇が降りかかるとも知らず、この時の私は学術交流さえ拒否されているユーゴがこれで日本に近くなると信じて、高揚する気持ちで燥《はしや》いでいたのだった。

7　マケドニア、テトボ、「複雑な国のシンプルなストライカー」

１９９９年が明けると再びコソボに来た。1月14日の東方正教の正月をコソボのセルビア人たちとともに祝おうと思ったのだ。いつもはこわごわとプリシュティナで暮らしているマイノリティーのセルビア人たちも、この時ばかりは開放的になって電飾の飾られた街中へ繰り出してきた。大晦日《おおみそか》の1月13日、セルビア演歌がガンガンにかかるホテル・グランドの地下のディスコは若い連中によって埋めつくされていた。私は浮かれ踊る彼らに向かって思わず感嘆の声を上げた。

「コソボにこんなにも大勢のセルビア人がいたとは。一体どこに隠れてやがったんだ」

新年のカウントダウンが始まると、神と精霊と子を表わす正教三本指十字サインをかざして大合唱が始まった。クラッカーが鳴らされ、抱き合う。べオでもこれほどとは思われぬ彼らの仰々しい燥ぎっぷりは、今一度《ひとたび》の祭りが終われば、また苦しい日常に戻ってゆくことを自覚しているからなのだろう。いい正月だった。

一夜明けて、今度はアルバニア人の友達に会おうと久しぶりにレストラン・ハニに顔を出したら、ソコリに出くわした。

「迫害を続けるセルビア人とはどんなに待遇が良くてもやってゆけない」と啖呵《たんか》を切ってユーゴスラビア・リーグでのプレーを拒否した男。コソボ出身のアルバニア人選手を組織して、ユーゴ国内で独自にコソボ代表チームを作ったあのビリィビリィ・ソコリ氏。嬉しいニュースを持っていた。サッカー・トレーナーとして失業していたソコリに、指導者としてのオファーが舞い込み、就職が決まったというのだ。

翌朝、早速職場について行くことにした。

朝早くホテル・グランドまで迎えに来てくれたソコリのワゴン車は南へとひた走った。雪がまだ残る平原はどこまでも景色が変わらず、暖房のせいもあってつらつらと眠くなる。1時間も走っただろうか。ふと気がつけば国境だった。何と就職先は、コソボ同様にアルバニア人問題で揺れ始めたマケドニアにあったのだ。

人口の8割をアルバニア人が占める街、テトボ市。そこのFKシェケンディアという名のクラブの監督に就任したのだ。オーナーはレストランを経営するアルバニア人。民族情勢がすぐさまフットボールの世界に反映されるのがこの地域なのだが、ソコリのリクルートはまさに典型的な事例と言えるだろう。

現地に着いて驚いた。ここはもはやマケドニアでない。市内の標識表記はすべてアルバニア語。レストランにもアルバニア語のメニューしかない。市場には連立与党のアルバニア民主党の党旗が敢然と翻っている。そして壁と言わず、ガードレールと言わず、町中の至る所にUÇK（KLA＝コソボ解放軍）の落書きが施されている。

マケドニア人たちがコソボ情勢に戦々恐々としている理由がよくわかった。コソボが武力独立などしようものなら、すでに全人口の４分の１というこの国のアルバニア人たちも呼応するだろう。もし武器を取り、内戦が勃発しようものなら、近隣も巻き込んでコソボとのボーダーがなくなり、マケドニアというこの国は存在すらしなくなってしまうのではないか。

そもそも、ダルコ・パンチェフというかつてトヨタカップを制したレッドスターのＦＷを輩出したこの国は、周辺民族が混住する複雑きわまる地域である。ブルガリアの史料では「マケドニア人という民族は存在しない。あそこにいるのは南ブルガリア人だ」と書かれ、同様にセルビアの史料には「南セルビア人」とある。マケドニアという国名も旧ユーゴ連邦からの独立時に、ギリシアから「本来我が国の地域名ではないか」と使用について猛反対されている。

セルビア人たちはよく口にする。

「マケドニア語は存在するが、マケドニア人は存在しない。チトーの時代に認められるまで奴らはセルビア人だったのだ」

ただでさえ民族アイデンティティーに神経質にこだわるマケドニア人にとって、街で見かけるＫＬＡの落書きは洒落にならない恐怖だろう。私はスコピエ出身のマケドニア人学生に、テトボはとても怖い都市だと吹き込まれていた。

「アルバニア人だらけなんだ。あんな所、俺たちは怖くて行けないよ」

しかし、そのアルバニア人と行動しているとこれほど居心地の良い街はないように思える。コソボほど緊張していない。ティラナ（アルバニアの首都）ほど貧しくない。今更ながら民族によって都市の見方が180度違うのだ、民族の数だけ大義があるのだ、と改めて考える。

その複雑な国マケドニアでソコリは全選手がアルバニア人というFKシェケンディアの指揮を執ることになった。

張り切りようも相当なものだ。ロッカールームではアルバニア語で監督の訓示が続いている。

「いいか、冬場のこの時期こそ大切なのだ。来季こそ一部に昇格するためにフィジカルを徹底的に鍛えるのだ」

ある者は長椅子に腰掛け、ある者はロッカーに寄りかかり、40人近いアルバニア人選手たちが神妙に聞き入っている。コソボから腕利きの監督が来たというので皆、緊張しているようだ。20分にもわたる訓示がやっと終わると、早速、雪の残るグラウンドへ飛び出した。オフシーズンということもあり、始まったトレーニングはランニング主体のフィジカルなものが多かったが、1時間程経過して身体が温まったと見るや、いきなりボールを使い出した。

練習を見守りながらソコリと私は立ち話をする。

——飛び出して来たユーゴスラビア・リーグについてのノスタルジーはない？

マケドニアのテトボ市。至る所にUÇKの落書きが見える

「よくオルガナイズされたいいリーグだったし、私にとってはそこにいることがまさに名誉であった時期もあった。何度も言うが、私はセルビア人選手ともとても仲がよかった。リュブリャナのオリンピアから来たブヨビッチ、ボイボディナのパンテリッチ、サラエボから来たパシッチ。皆仲間だったしそのプレーを見て尊敬していたものだ」

——そういえばピクシー、ストイコビッチとプレーしたことはある？

「残念なことに一緒にしたことはなかったが、彼のプレーする試合には注目していた。ミロシェビッチが政権についた頃、彼はそれを支持していたように思う。でも、素晴らしい選手であることに変わりはない」

——コソボのアルバニア人サッカー選手たちは今、どうしてるの。トルコやマケドニアのクラブと契約して行った選手も大勢いると聞いたけど。

「確かに、多くはここマケドニア、そして一部はトルコ、外国にプレーの場を求めて行くコソボ出身のアルバニア人選手も多くいる。ただ情況が情況なので、往年の名プレーヤーだったヴォークリーやコズニクのようなクオリティーの高い選手を送り出すにはいたっていないんだ」

ソコリはコソボでのボランティア指導も継続して行なっている。先日、デュコリコという名もないコソボのクラブチームを率いて、手弁当でブルガリアに遠征に行ったのだ。

今後の予定は、と続けて聞こうとしたら、脱兎《だっと》の如く飛び出してボールを使って自らが手本を示し出した。

マケドニア・リーグは一部に14チーム。二部リーグは東西二つに分かれて16チームずつが登録されている。ＦＫシェケンディアは名門ながら現在は二部のウエスタンリーグに所属している。ソコリも選手たちも一部昇格への熱意は並々ならぬものがある。私はお喋《しゃべ》りが過ぎたかな、と反省し練習の見学に専念する。

泥濘《ぬか》るんだグラウンド。気温6度。スタジアムを覆うように聳《そび》える山脈から冷気が押し寄せる。しかし、寒さにめげることなく選手たちはリフティング、ドリブル、三角パスと続けてゆく。日本人の私を見るや、ナカタと声をかける者もいる。

30人程の選手が入り乱れて動く中、ガタガタ震えていた私の眼は自然とタッチの柔らかい一人のプレーヤーに注がれていった。アウトでインサイドで時にヒールで包み込むような球捌《たまさば》きは、これぞ旧ユーゴの伝統と思わせるものだった。

張り切ったソコリがミニゲームまで行なわせた長い長い練習が終わると私は彼に声をかけた。

チャティー・ポスマーニと名乗った彼は現在29歳、民族籍はもちろんアルバニアだが、生まれはクロアチアのシイサックだと言う。なるほど、少々レベルの低いマケドニアのクラブでは目立つはずである。

「両親はマケドニア生まれのアルバニア人で、その後、クロアチアへ行ったのです。私はペトリニャという街のムラードスト（若者）というクラブでキャリアを始めました。同世代にはシューケルやボバンがいました。ユースチームではシュティマッツとプロシネチキと一緒でした」

——では、87年に旧ユーゴが世界制覇したチリでのワールドユースのメンバーには？

「残念ながら一次候補にはノミネートされていたんですが、ケガで棒に振りました」

本当に残念そうな表情をする。91年にクロアチアの民族主義が高まると異民族の彼の家族は生活がしづらくなり、追われるように同胞の多いこの街に移り住んだ。昨年まではオーストリア・リーグのクンラでプレーしていた。

「ユーゴもクロアチアもアルバニア人の選手は与えられるチャンスが少ないのです。だから外国に行きたかった。クロアチアから出た理由の一つに私がアルバニア人ということで、プレーヤーとして公平に能力を見てもらえなかったのです。しかしマケドニアはとてもやりやすい。オーナーも選手もすべて同胞という我がチームほどではないにせよ、バルダルやビタミンカという有力クラブをはじめ、リーグ全14クラブに必ずアルバニア人選手は半数近くいるのです」

——FKシェケンディアは全員がアルバニア人選手ですが、マケドニアにはそういうクラブは珍しくないですか。

「珍しくありません」

ストルーガ、ティバンなどテトボほどでないにせよアルバニア人の多い都市はまだある。それらのクラブ、そして超名門バルダル・スコピエも現在13名のアルバニア人選手がいると言われる。私はコソボのアルバニア人との違いはないかと思い、聞いた。

——コソボのアルバニア人は迫害を受けていると言われるけれど、この国ではどう。

「最近、選挙が行なわれて新しい大統領が選出されたばかりです。与党にはアルバニア人も加わって改善しようという動きがあります。全く何が待ち受けているかわかりませんが、悲観的な情況ではありません」生まれ育って転々としたけど、この国が一番住みやすいよ、そんな感じだった。

——では、クロアチア生まれのアルバニア人として現在マケドニアでプレーしているあなたは、代表となるにはどこの国から出るつもりなのか。

「マケドニア代表を目指しています。今はここの人間だから。プレー同様シンプルなのが一番です」

アルバニア語、セルボ・クロアチア語、マケドニア語を話せるストライカーはそう言い切った。ユーゴ代表を拒否するコソボのアルバニア人とマケドニア代表を目指すテトボのアルバニア人との違い。この落差はどこから出てくるのか。緩やかな自治と政治参加を認めればこそ、民族融和もしやすいのだろうか。もちろん、ポスマーニがすべてのマケドニアのアルバニア人の意識を代弁しているわけではないが……。そんな感慨を知るよしもなくポスマーニは私にさっと右手を上げると、スタジアムのロッカーへ駆け出した。ソコリの訓示がまた始まるのだという。

日がとっぷりと暮れた。ソコリの車に乗って帰宅。今度はマケドニアからコソボへ。またも国境越えをする。

「この曲を知っているか」車内でカセットをかける。『白い帽子の輝き』。イスラム教徒が被《かぶ》るシプタル帽をモチーフにした、まさにアルバニア人の誇りの歌。

ソコリの意識がまたコソボに戻ってゆく。「考えてもみて欲しい。コソボの約2万人のプレーヤーがスタジアムを使えずに、フットボールが出来ないのは残念だと思わないか？　コソボが独立するか、共和国の立場に落ち着くのか、今のままなのか……」

溜《た》め息《いき》をつくと彼はまた続けた。

「空爆を待っていると発言しているアルバニア人もいる。しかし私は反対だ。暴力での解決など意味がない」

同じように平和を希求している対立民族がいる。少なからず、セルビア人もアルバニア人もマケドニア人も、殺し合いなどしたくない。他民族を憎みたいとも思っていない。一体何がすれ違っているのか。紛争解決の糸口には何が必要なのか。すでにサッカー選手の手には負えない情況にあることには変わりない。

8 コソボ、プリシュティナ、「ピッツエリアの10番」

くすんだガラス扉を開けて地下に降りると、もう一つ引き戸があった。それを潜《くぐ》ると右手に木製のカウンター、その奥にはドイツ製の大きな竈《かまど》がある。この竈で男は毎日ピザを焼いている。多い時で1日30枚、少ない時は1日5枚ぐらい。時勢が時勢だけに店はあまり流行《はや》ってはいない。

男は毎日夕方になるとエプロンを脱ぎ捨ててジャージに着替える。

2キロ程離れた団地の前の広場までランニングすると、肩から下げてきた網からサッカーボールを取り出し、黙々とドリブルを始める。デコボコの土の上ではボールも微妙なイレギュラーを繰り返すが、男は苛立《いらだ》つこともなくその都度、柔軟な足首で球体を囲い込んで離さない。

時には団地の壁に向かってシュート練習をする。ボーンという跳ね返る音が男の孤独感をより高めてゆく。

「いつ試合が出来るのか、いやそもそも11人のメンバーが集まることが出来るのかもわからない。こうなったことを決して後悔はしていないが、正直、展望はない。しかし、トレーニングだけは日課にしている。これを続けることでかろうじて自分が何者であるかを信じることが出来るんだ」

男はユーゴ代表Aマッチ出場キャップ20を数える現役プロサッカー選手だった。特に故障もしていない。順調にキャリアを進めれば、海外のビッグクラブで今頃は高額の収入を得て自適の生活を送っているはずだった。それが今、ピッツエリアで生計を立てながら、使えるグラウンドもなく一人黙して練習している。苦難の境遇に身を置かざるを得ないのは、自らの民族のプライドと意地だった。

男は、アルバニア人で構成された幻のコソボ代表チームの10番、キャプテンである。

男＝アフリム・トビャルラーニは1967年、コソボ自治州プリシュティナで生まれた。子供の頃からボール遊びが好きだったが、厳格な父親がなかなかサッカーをやることを許してくれなかった。FKプリシュティナのJrユースで活躍し出してからようやく理解を示してくれた。ストライカーとしての才能を見出《みいだ》されたトビャルラーニは、17歳でFKプリシュティナとプロ契約を交わした。力をつけたトビャルラーニは1984年から86年の3年間にわたり、サッカー王国・旧ユーゴのユース代表に選ばれた。

「あの頃は群雄割拠だった。デヤン・サビチェビッチ（モンテネグロ）、ゴヌマ・レゴビッチ（セルビア）、アンテ・ミシャ（クロアチア）、アンドレア・シュティッチ（クロアチア）、すごく優秀な選手が沢山いた。代表合宿ではそんな連中とプレーして、自分がまた伸びていっているのが自覚出来たよ。ユーゴスラビア代表の一員として戦って印象に残っているのはイタリア。組織立ってて、すごく手強《てごわ》かった」

――ほかに選手では誰が印象に残った？

「カジラギだね。あとはドイツのザマーかな」

旧ユーゴが世界制覇をしたチリのWユース大会のメンバーにも選出されていたが、5カ月の差で年齢制限に引っかかることがわかって残念ながら辞退させられている。

「あと5カ月遅く生まれていれば、と悔やんだものだよ」

確かにWユースで名を残しておけば、また違った半生だったのかもしれない。

トビャルラーニの実力については、コソボ出身のサッカー関係者たち全員が手放しで絶賛する。

現在クロアチア・ザグレブに所属し、三浦知良を押し退《の》けてFWのポジションに座ったコソボ出身のアルディアン・コズニクは、

「トビャルラーニは俺よりも頭ひとつ抜けた素晴らしい才能の持ち主だった。彼の前じゃ、俺なんか子供みたいなもんだったよ」

コソボ代表チーム監督、ソコリは、

「奴はもっと若い時期に海外に出ていった方が良かった。同世代のスターになった連中

と比べても遜色のなかったあのプレーヤーが、何も出来ずに年齢的に衰えてゆくのは可哀相でしようがない」

私は1989年にユーゴ国内で発行されたスポーツ新聞にトビャルラーニの名前を見つけた。

それはユーゴ連邦内の注目すべき若手サッカー選手の特集記事だった。

サビチェビッチとムラデノビッチ（元ガンバ大阪）の名前に並んで、彼の名前がビッグ3《スリー》に挙げられている。このままゆけばヴォークリー二世になるだろうと称賛されていた。

ファデル・ヴォークリーは1958年にコソボで生まれたアルバニア人。FKプリシュティナからパルチザン、ニーシュとキャリアを積んで80年代のユーゴスラビア代表のセンター・フォワード、キャプテンとして活躍している。ちなみにヴォークリーを抜擢《ばってき》したのは、モンテネグロ人監督で現FSJ（ユーゴスラビア・フドバル協会）会長のミリヤン・ミラニッチである。ヴォークリーとミラニッチは実の親子のように仲が良かったのだ。

きわめて順調だったトビャルラーニのサッカー人生に大きな影が射したのは、やはり1990年だった。

コソボの自治権剝奪に伴い、他の公的諸機関同様、1937年に設立されたコソボ・フットボール協会が閉鎖されることになったのだ。当然、選手たちは猛反発をした。

「イタリアW杯があった90年は忘れることが出来ない。それはわれわれアルバニア人選手がユーゴ・リーグを去った年なのだ」

ユーゴ国内でプレー（もちろん大半はコソボだが）していたほとんどのアルバニア選手たちはリーグ戦への出場をボイコットし、クラブからの脱退という行動に出た。

その抗議行動を受けて、セルビア当局は市営のスタジアムなどの使用を禁止した。

――ユーゴ・リーグを去ることを決めるにあたって、かなり悩まなかった？

「もちろん。私にとってそういう判断を下すのは難しかった。その決定の後に、こういう影響が出る（スタジアム使用禁止）とわかっていたのなら、もっと考えたかもしれない。しかし、当時は、時代の流れからいっても、そういう決定をせざるを得ない情況だったんだよ」

民族の誇りの前には全く悩まなかった、とは言わない。この回答から私はトビャルラーニのサッカー選手としての真摯なホンネを見たような気がした。

「あの頃からセルビア人やモンテネグロ人の選手と、どうつきあっていいのかわからなくなってきた」自らの意思による脱退とはいえ、それまでしこりがなかった民族感情には大きな傷跡がついてしまった。

91年には脱退した彼らを受け入れようと、ビリィビリィ・ソコリたちが中心になってコソボ・リーグ構想が巻き起こった（第1章3参照）。この構想はアルバニア人の支持を受け、瞬く間にプリシュティナ、ジャコビッツア、ペーチ、プリズレンと、コソボ全土に広がった。

使用禁止のためスタジアムは使えない。ゆえに原っぱで、川原で、材木置場でリーグ戦が始まったのだ。

こうして新生コソボ・フットボール協会が設立された。潰されたコソボ協会が少数民族のためにも門戸が開かれていたのに対し、新しい協会はアルバニア人のためだけに存在するものだった。ミロシェビッチによる自治権の剝奪は（セルビア側の言い分はあるにせよ）、結果的にコソボの民族主義を煽《あお》ることになったことがこの事実からも証明される。

かつてプレカジ、ヴォークリーらアルバニア有名選手をも抱え、育て上げたＦＳＪだったが、政治の介入によりついに一人もいなくなってしまった。輪番制の時代にはＦＳＪの会長をコソボのアルバニア人が務めた時期もあったというのに。

トビャルラーニもユーゴスラビアのＦＫプリシュティナからコソボ・リーグのＦＫプリシュティナに移った。

「ＦＫプリシュティナには愛着はあったよ。しかし、私も民族の一員だから、アルバニア人が一人も見に来ないスタジアムでメンバーとしてプレーすることを受け入れることは出来なかった」

サポーターもまたコソボ・リーグを熱狂的に支持した。当然ながらセルビアの当局はこの動きを許さない。

コソボ・リーグ二部のある試合、サポーターたちがエーホー（英雄）とコールした。とたんに警官が雪崩込《なだれこ》んできてゲームは中止になった。理由は宗教を全否定して国土を荒廃させたことで有名なアルバニアの元大統領エンベル・ホッジャの愛称を叫んだからという目茶苦茶なものだった。この時は選手たちがいきなり、裸になるという抗議行動をとった。リイプリャンという村でも理不尽な理由で解散を命ぜられた。これなら草サッカーだ、文句ないだろうと詰め寄ると、試合は続行。意気に感じたサポーターたちも全裸になって応援したという。ユニフォームもズボンもストッキングも身につけない。

トビャルラーニにはその才能ゆえにこういう情況下でもオファーはいくつかあった。

「実は真っ先にノビ・パザールというコソボの北、セルビア南部にある街のクラブからオファーがあったんだ。ここはイスラム教徒の多い街で、心情的にわれわれの民族に近い。しかし、チームがユーゴ・リーグに所属しているということが受け入れられず、断ることにしたんだ」

私はコソボ・リーグが始まった頃の彼のプレーぶりをビデオで見せてもらったが、一言で言って『ウマかった』。山間《やまあい》の学校のグラウンドのような所で（そんな所でもサポーターは鈴なりになっていたが）行なわれていた試合では、30メートルのフリーキックをこともなげに決めていた。スキルは衰えていなかった。

93年にはソコリが招集したコソボ代表チームの初代キャプテンに指名されている。スイスにいる代理人からイタリアやブルガリアのクラブからオファーの来ていることも知らされた。

「93年にイタリアのネビッツァーノというクラブ（セリエＣ）で、６カ月間プレーしたことがあった。そこでは勝敗に関係なく一試合で１２００マルクもらえた」当時のユーゴ・リーグのプロ選手の平均月収が５００マルク（約３万円）であることを考えるとたいへんな金額である。

「しかし、愛するチームがあるのに外国でプレーをするということは結局、金を目的に外に出ていくことではないかと思い悩んだんだよ。結局、当時の自分は家族と離れたり、生まれた街を出たりすることが辛かった。またコソボに戻って来てしまった。

それともう一つ。今思えば大きな間違いだったが、私は楽観していて、コソボの情況はやがてすぐ政治的解決を迎えるだろう、武力闘争や戦争などは決して起こらないだろうと考えていたんだ」

しかし、意外なことにＫＬＡ（コソボ解放軍）が台頭し情況は悪化していった。

「１９９８年の1月6日に、アデミ・アシャルというＫＬＡの指揮官の家がセルビア治安部隊に攻撃され、彼の妹２人が殺された記事を読んで、戦争は確かに起こっているんだと認識したよ」

共和国大統領『コソボのガンジー』こと非暴力主義のイブラヒム・ルゴバを支持するプリシュティナの民間人とＫＬＡの間にはほとんど交流はない。トビャルラーニも同様だった。彼は97年度のコソボ最優秀スポーツ選手に選定されてルゴバ大統領から表彰を受けている。KLAの武装蜂起など遠いアルバニア国境付近での事件だと思っていた。

しかし、戦況は刻一刻と悪くなっていった。98年4月には戦場が拡大したことでアウエーの試合への移動が困難になり、ついにコソボ・リーグは全く再開のメドが立たぬ中断となってしまった。

98年の8月17日には、コソボ代表チームがトルコのナショナルチームと親善試合を行なう計画があった。オスマン・トルコ以来の良好な民族意識の表われだったのだろうか。国外から帰ってきた同胞選手たちとドラクダンで10日間のキャンプを張った。コズニクはいなかったが、ディナモ・ザグレブを経由してブンデスリーガ・1860ミュンヘンで活躍するベスニク・ハシが参加した。自分はユーゴ代表よりコソボ代表という意思表示をドイツ国内で宣言したものだ。

しかし、この試合も流れた。理由はコソボ側が試合前にコソボの国旗掲揚と国歌斉唱に拘《こだわ》ったためだ。それをすれば独立国として認めることになる。さすがにトルコがUEFAに気兼ねして自粛したのだった。プレーが全く出来ない。その日からトビャルラーニは副業でピザを焼きながら、一人ぼっちのトレーニングを開始することになった。

不思議なことにコソボのアルバニア人は、本国のアルバニア人よりも運動能力が優れているようだ。サッカーに限らない。旧ユーゴスラビア時代、ボクシングのヨーロッパ・チャンピオンだったモハメド・ボグイエルツ、ロス五輪のレスリング金メダリスト、シャバン・トウステナなどを輩出している。ユーゴスラビアという国名の陰で見逃されていた事実である。

コソボのスポーツ選手はすでに、ユーゴの名のもとでプレーすることを拒否している。そのことの是非はともかくとして、素晴らしい才能を持ちながら発揮する機会なく潰《つい》えてゆくのであれば世界のスポーツ界にとっても大きな損失である。


練習を終えたトビャルラーニは店に戻った。私はせっかくなのでピザを注文する。トビャルラーニは慣れた手つきで粉を捏《こ》ね、竈に薪《まき》を放り込んだ。

テーブルの上には、トビャルラーニの半生にわたるサッカープレーヤーの記憶の品々が置かれている。旧ユーゴ時代の共和国・自治州対抗戦で出場した時の写真。フランスとの国際試合に代表選出された時のＦＳＪからの招集レター。

やがて香ばしい匂いがして焼き上がった。

食べてみたら薄手の生地の本格派、歯応えはクリスピーで火の通り加減も絶妙だ。

「料理がうまいね」と言ってからこの誉め方はまずかったかなという考えが頭をよぎった。しかし、トビャルラーニは頓着なく「そう、誉めてもらえて嬉しいね」と笑った。

「焦ってみてもしようがない。今はサッカーのうまいピザ屋のオヤジだけれど、ピザも焼けるプロサッカー選手にいつか戻るよ」

――最終的な目標はやっぱり、コソボ代表にキャプテンとしてのＷ杯出場？

「それは私の生涯の夢だ。しかし、もう選手としては年齢《とし》を取ってしまったと自分でも思う。現実的な話、せめて監督として出場できたらと考えている。将来は、外国でコーチライセンスを取って、地元で若い選手たちを指導したい。サッカー人生を送っていく上で必要なことを教えて上げたいね」

——それは政治的な判断の仕方も含めてということ？

彼にとってはきつい質問になってしまった。けれど、トビャルラーニはやはり、うん、と素直に頷《うなず》いた。

「私はスポーツ選手だし、元々政治には全く関心がなかった。でも時として政治に関わらなくてはならないこともあることを知ったのだよ」

重い言葉だった。そして真剣な面持ちで私に言うのだった。

「あなたからもKLAのことを聞いておきたいね」KLAは別の人間だという意識が彼の中にはある。

私は前日に再びKLAの『解放区』へ入り、グラブニク地区の司令部に行っていた。今回はKLAの政治指導者アデム・デマチの事務所を探し出し、『解放区』へのビザを取得していたのだ。ビザがなければ同胞のアルバニア人も『解放区』に入ることは出来ない。アデム・デマチは独立を掲げることにより28年間獄中に入っていたことから、コソボの「マンデラ」とも呼ばれる。私はそれとは別に、彼の愛人の数が半端ではないことから、コソボの「突破者《とつぱもの》」と勝手に名づけていた。

司令部は対峙《たいじ》するセルビア軍の戦車砲が肉眼で確認出来る近距離にあり、戦闘は日常化していた。ドンパチが始まり逃げた。この日、初めて私はセルビア軍を怖い、と感じた。

『解放区』で会ったゲリラ兵士は完璧にルゴバの非暴力路線を否定していた。

「哲学者の紙の上での学問や交渉ごとには全く興味はない。武力のみでしかわれわれは救われないのだ」

トビャルラーニは、これからはそんなKLAとの関係性まで視野に入れてプレーヤー人生を歩まねばならないのか。スポーツマンがもはやそこまでも考えなくてはならないとすれば、余りに酷《こく》で悲しいことだ。

厨房《ちゆうぼう》の奥の部屋からトビャルラーニの愛児が顔を出した。

ヴェトン。3歳。あまりの愛くるしさに女の子かと思っていたら、男だった。

テーブルの上に広げたFKプリシュティナのポスターを覗《のぞ》き込んだ。

「パパだけがボールといる」

見れば集合写真のトビャルラーニの足元にボールが置かれている。

「血なのかもしれないが、この子はほかにどんな玩具《おもちや》を与えてもすぐに飽きてサッカーボールに触れたがるんだ」

コソボがどうなるにせよ、子供には全く罪がない。ヴェトンがきちんとトラップを覚える頃には、スポーツだけに集中できる社会になっているだろうか。

「私はサッカーを愛してる。民族も愛してる。こういう人生を選択して歩んだことも間違いなかった。どんな形であれ、どんな環境でもこれからも生涯サッカーに関わってゆくだろう」

自分の意志で突き進んだ道に悔いは本当にないようだ。

——近々、同期のサビチェビッチと会うかもしれないよ。彼に言いたいことはない？

「へっ、サビチェビッチか……クソッ。大金持ちならサッカーがしたくても、自由も何も持っていない人たちを助けろ」厳しい言葉のあとに目を瞑《つむ》った。

「でも、もちろん、彼がこの後の人生で幸せにあることを祈っているよ」

民族で人を切ったりしない。私はこの男に尊敬の念を抱き始めていた。

私はコソボから一歩も出る気がないトビャルラーニのために何か出来ないか考えた。

ひとつ浮かんだ。

——もしもこれから近い将来、ザグレブに行くことがあったら絶対にクロアチア・ザグレブのコズニクを訪ねるよ。その時にあなたからのビデオメッセージを彼に届けたい。だから何かカメラの前で彼に向かって喋ってよ。

私はハンディーカムを回した。トビャルラーニは最初はかなり照れていたが、懐かしい旧友への語りに、意を決したように口を開いた。

「俺とお前が、初めてユーゴ代表候補になってベオへ呼ばれて行ったときのことを覚えているか？　あの時、お前は本当に田舎者で買物ひとつ出来ず、で、全部俺が教えてやったじゃないか。今、クロアチアで結構いい暮らしをしてるんだろ？　たまには俺らに

ピッツエリアの10番アフリム・トビャルラーニと店名の入った彼の名刺。プレーする場を失おうとも悔いてはいない

非合法コソボ・リーグのグラウンド。いかなる劣悪な環境の中でも彼らは誇りを捨てないでプレーする

向かって寄付をしやがれ。俺はコソボを動かないからな。それから家族を大事にしろよ」

年齢的にはトビャルラーニの方が上なので偉そうだが、語り口はまるで本当にそこにコズニクがいるかのように温かだった。必ず見せるよ、と私は堅く約束した。

気持ちのいい夜だった。

私はこのコソボの旅を終えたら日本へ帰国しようと決めていた。中止になって気を揉んでいたプラーヴィたちのアイルランド戦も無事に11月に行なわれ、ミヤトビッチのゴールで勝っている。

コソボはこのままゆっくりとセルビアとアルバニアの当事者同士の和平交渉が重ねられて平和になるだろう。もう思い残すことはなく、後はプラーヴィのユーロ2000の予選ごとに追っかけて行こうと考えていた。

ところが、意に反してとんでもない事件が待ち受けていた。

1月17日。私はピッツエリアでトビャルラーニを待っていた。

前の日、彼が明日はFKプリシュティナ（もちろんアルバニア人の方）のユースの子供たちと合同で練習をするということを聞いたのだ。ひとりぼっちではないトレーニングをするトビャルラーニを取材出来るとあって私は嬉しかった。ところが、現われたトビャルラーニはいつものジャージ姿ではなかった。

グラブニク地区のKLA（コソボ解放軍）兵士

「今日は練習はしない」消沈した面持ちだった。

「なぜだ？　雨が降っても一日も欠かさなかったあなたたらしくないじゃないか」

「ルゴバが呼びかけている。今日は我が民族は喪に服しなさいと言っているんだ」差し出してきた手にはアルバニア語の新聞＝KOHA DITRE（コハ・ディトレ）があった。

我が目を疑った。何と一面から最終面まで虐殺遺体の写真がコラージュしてあり、新聞タイトルのところには黒い斜線が引かれている。こうして『プリシュティナ郊外ラチャク村でセルビア兵によるアルバニア系一般住民大量虐殺発生』のニュースが飛び込んできた。

「セルビア軍に武器も持たない一般の市民が40人も殺されたんだ。朝からラジオでもずーっと言っている。『コソボ共和国』大統領イブラヒム・ルゴバが、今日をアルバニア国民の服喪の日としたんだ。練習が出来ないのは残念だけど。犠牲になった人たちのことを考えると仕方のないことだ」

トビャルラーニは哀しげに首を振った。

私は心臓をわし摑みにされたような気分だ。彼はいつものように寡黙で特別感情的に憤るということをしない。しかし、これでまた彼の中でセルビア人に対する憎悪がふっと高まったのではないかと思うと、そのやるせなさで胸が潰されそうだった。

それにしてももしかし、ユーゴスラビア、そしてユーゴスラビア・サッカーを愛する者としては信じたくない一報であり、また信じられないタイミングだった。昨年11月、コソボ紛争解決のためのOSCE（全欧安全監視機構）が入ったばかりの、なぜこんな時期に？ ボスニア内戦時のように外交下手《べた》のユーゴ政府がまたもフレームアップされたのではないか？ 本当に住民か？ 戦闘員じゃないのか？

西側検証団がすぐに調査に動いているという。報告次第では再び軍事介入、文化・スポーツ制裁が科せられるのではないか？

ともかく現場へ。

私はトビャルラーニと別れて駆け出した。全く何てことが起こったんだ。悔しさで全身が震えていた。

9　ラチャク村へ

すでにホテル・グランドから40分は走っただろうか。先刻から慌ただしく逃げてくる対向車には頻繁にすれ違うが、我が白いセダンが疾走する車線には前後に何の影もない。あたかも帰省ラッシュに逆走するオノボリさんのファミリーカーのようだ。行く手のラチャク村が戦場であるということを改めて思い知る。

「あと500マルクあればなあ……」

あれば装甲車顔負けの防弾ボディーのレンタカーが借りられたのだ。

「これじゃ、カラシニコフでも南部銃でも、撃たれりゃ一発で貫通だ」

車窓ごしに外を眺めながら私は敢えて自嘲したが、気を紛らわそうとしたのはそのせいではない。もしかしたらこれから直接耳目にするものが、認めたくない『事実』であるやもしれないことへの憂鬱さからだった。

断続的に銃撃戦が起こる戦地に向かうには、いささか心もとない装備で急いだ。

やがて道の両脇に戦車を配したユーゴスラビア連邦軍兵士の一団が視界に入って来る。横目でそれをやり過ごしてしばらく行くと、右前方に問題の建物が見えて来た。晴れ渡った1月の青い空にそびえる白い円形の柱。虐殺遺体が収容されているというジャミア（ムスリムの寺院）だった。

車を停めると、初老の男が飛び出てきた。聖職者《イマーム》だという。神経過敏になっていたが、プレスだと告げてIDを見せると納得し、自ら扉を開けて先導して中に招き入れた。

四方のガラス窓から差し込む日光でジャミアの内部は想像以上に明るく、木の床は安全靴で踏み込むとキイと鳴った。

俯《うつむ》いていた私は顔を上げ目を凝らした。次の瞬間、頭をすべて東に向けて安置された遺体の群れが浮かび上がって来た。45体が3列に並べられている。整然とした中に何か調和を欠いている印象を持ったのは、それぞれが死後硬直のため、腕や足が不自然に捻《ねじ》れているからだった。衣服にはさほど変色していない血糊《ちのり》がそのまま付着しており、その生々しさを物語っている。

私は近寄って一体一体を確認する。

女性がいた。

子供がいた。

服装におかしなところはない。

首のない遺体があった。目玉の刳《く》り貫《ぬ》かれた遺体があった。顔の表皮が剝がされた遺体があった。そして若い男性の骸《むくろ》に目が行った時、身体が凍った。

耳の下に銃口を押しつけて、引き金を引いた痕がある。明らかに戦闘ではなく処刑によるものではないか……。

突然、ドカーンという凄まじい爆音が鼓膜をゆさぶった。

ラチャク村での集団「虐殺」事件を報せるコハ紙。黒線がタイトルに重ねられた

迫撃砲だ！　壁がビリビリと震える。

ドカーン、ドカーン、２発、３発。徐々に近くなる。ジャミアに向けて撃って来ているのは明白だった。４発目にはついに衝撃で天井から塵《ちり》が舞って来た。

ドアを開けて逃げた。

防弾チョッキの重さを苦にしつつ、車まで全力で走った。かつて１５００メートルを４分で走った私の足は不様にも悲鳴を上げたが、スナイパーに狙われぬように屈《かが》んだ姿勢のままシートに身を滑らせて、車をダッシュさせた。

直後、入って来た連邦軍によって遺体は撤収されて行った。

翌日、ＫＬＡのスポークスマンが遺体のうち12体はＫＬＡの者、つまり戦闘員であったことを認めている。処刑された遺体はＫＬＡの者だったのだろうか。

大本営発表のユーゴ国営放送（RTS）のみならずフランス・フィガロ紙も、虐殺はKLAの偽装だとの可能性に言及している。出来ることなら私もそれを信じたかった。しかし、ではあそこにあった子供の遺体は誰に殺されたのだろうか。

謎は謎のままだが、この事件をきっかけにコソボのムードは一層緊迫してきた。

プリシュティナではアルバニア系住民の家々には黒い布が掲げられた。セルビア人たちは表に出て来ない。コソボを発《た》つ日、私はバスターミナルで一人のセルビア人青年と友人になった。10代後半の、まだあどけなさの残る彼はベオグラード出身。徴兵でたった今、コソボに来たのだという。

「日本人なのにユーゴのサッカーが好きなの、それは嬉しいね」

ラチャク村の虐殺についてどう思うか聞いた。

「テレビを見なかったのかい。あれはデッチ上げだよ。麻薬に狂ったアルバニアのテロリストたちが、内ゲバで殺した者に一般住民の服を着せたんだ」

我が軍隊が女、子供を殺すなんて考えられないよ、と無邪気に首を振る。

「うちの家族はコソボへ僕が行くことを本当に心配していたんだ。それより、知ってる？　サビチェビッチがズベズダに戻って来たのを」

ACミランを出たサビチェビッチがベオグラードに帰って来ていたのだ。

「ここでの治安維持の仕事を勤め上げたら、ベオに帰ってまたマラカナへ応援に行く。それまでは誇りを持って兵役をやるさ」

現場を直視してきた者の義務として伝えた——もちろん、虐殺している現場を見たわけではないからそれについては何も言えない。ただ、これだけは言える。服を着替えさせられた、というのはないと思う。

バスに乗り込むと今度は老婦人が話しかけてきた。

「日本の方、どこまで行くの。ケーキを焼いたから食べなさい」

彼女にも虐殺について聞く。

「私たちみたいな友達を大切にする民族が、人殺しをするなんてありえないわよ。ボスニアの時みたいにまた悪い人が裏で作っているのよ」

あるいはそうかもしれない。しかし、こんなにノホホンとしていていいのか。私は不安でしようがなかった。この事件を契機に、何かとんでもないことが起こるのではないか。そんな気がしていた。すでにEU諸国からの圧力干渉が始まったと聞く。

セルビア共和国内では非常時体制下を口実に、独立中立系メディアのほとんどが潰されてしまった。もはやあの人なつこい親切な国民のほとんどが、公正な報道に触れることが出来ない。

「皆、何かが起こるぞ！」叫びたくなるほどに、むくむくと鎌首をもたげた不安で胸が一杯になった。

顔を伏せた。

ユーゴスラビアのフットボールに惚れこんだ者として、どうかもうこの国に不幸がこれ以上訪れることのないように。

バスは急な勾配を下って行く。

不規則な振動に身を揺られながら、私はただひたすらその漠とした危惧に向かって念じ続けていた。

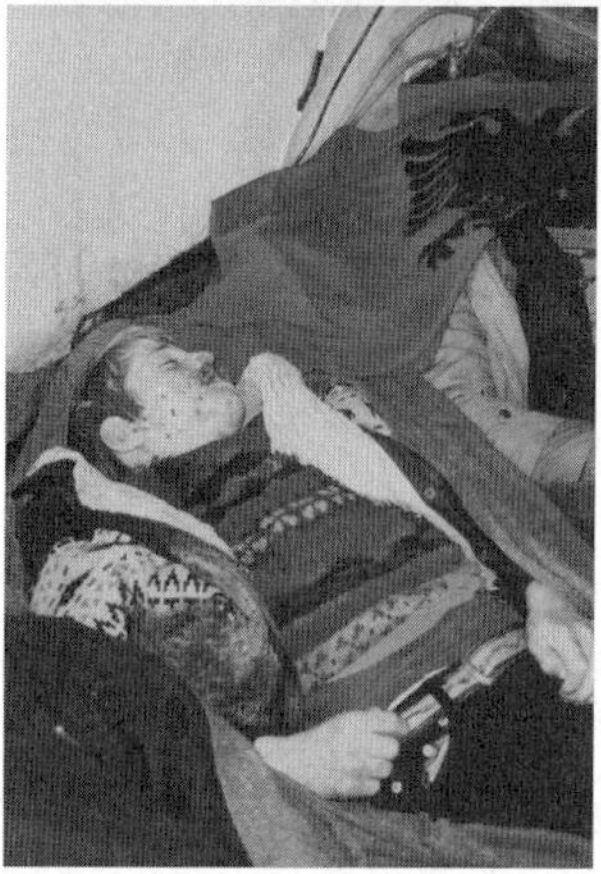

南部ラチャク村で発見されたアルバニア
系住民の遺体45体が置かれた現場。撮影
中に一斉砲撃が始まった

第3章

[矜持]

1　凶報

1999年3月24日。

その夜、私は新宿2丁目にいた。

NATO軍はすでにユーゴスラビア全土に対する空爆を決定していた。

私は全く信じられぬ思いだった。

ラチャク村で目《ま》のあたりにした「虐殺」疑惑事件から2カ月余り。コソボ和平をめぐるパリ・ランブイエでのユーゴ政府とアルバニア系住民との和平交渉が決裂するまで、あっと言う間だった。果たして、こうも簡単に絶対的な武力制裁が決定されて良いものなのか。いまだに信じられなかった。

空爆開始においてクリントン大統領は、「コソボの罪なき人々を殺人鬼ミロシェビッチの手から守るため、われわれが躊躇《ちゆうちよ》することは許されない。（空爆は）悲劇を終わらせるための道義的義務だ」と演説していた。

コソボの現場を昨夏から2カ月おきに渡り歩いた者としては、『冗談じゃねーよ。サカりまくりのクソ白豚が』というのが正直な感想だ。

私は99年Jリーグ開幕戦終了後、瑞穂《みずほ》競技場のミックスルームでストイコビッチ夫人のスネジャナに呼び止められた。

「どうしてあなたはアルバニア側の報道ばかりするのですか」

私が映像リポートしたNHKのコソボの番組のことを言っていた。当然ラチャク村の映像を使った。完全に疑惑の消えぬ事件のコメントに対する彼女の怒りはもっともだった。何よりプラーヴィ取材では散々世話になっていた彼女の言葉だけに堪《こた》えた。

しかし、ストイコビッチ可愛《かわい》さでセルビア寄りの報道をすることは、意地でもしたくなかった。セルビア政府にすれば、少数者である自民族保護のための政策でも、受ける側にとっては紛れもない「弾圧」である。実際に苦しみに喘《あえ》いでいる人間が確かにいた。「個」に関して言えばそれはチェチェンや東ティモールに比べれば、などという相対化出来るものでは決してない。その人間の人生はその人にとってのすべてであるはずだ。

そしてもうひとつ、ユーゴ・サッカーを愛する者としての確信があった。すなわち「政治とスポーツは別」であると信じる者の意地でもあった。

ピクシー取材拒否も覚悟しながら、コソボで行なわれている事実は事実として取材して来たままを署名で書き、顔出しで喋《しやべ》った。

だからこそ、クリントンの言うあたかもコソボで日常的に虐殺が横行しているかのようなミエミエの喧伝《けんでん》には吐き気すら覚えた。戦闘地域は別として、慌ただしくも、落ち着きがなくも、しかし、セルビア人もアルバニア人も住み分けがされて淡々と生活を営む町並みが目に浮かんだ。

コソボでは双方の民族から、出所のよくわからぬ虐殺遺体の写真を、それこそ嘔吐《おうと》するまで見せつけられたが、都市部における一方的な「虐殺」事件など、疑惑のラチャク村以外では見たことも聞いたこともなかった。当のアルバニア人、コソボ代表監督ソコリが言っていた言葉を思い出す。

「われわれがひどい目に遭ってるからって、空爆なんてのはナンセンスだ。バルカンの問題は住んでない人間にはわからんよ」

1発でも爆弾が落ちれば、セルビア人たちの反アルバニア感情に火がつくのは明白だった。

その夜、私は新宿2丁目にいた。

プラーヴィたちは、3日後には因縁の相手にして最大の強敵、クロアチアとの一戦(ユーロ2000予選)をベオグラードで行なう予定だった。

不思議なことに、空爆が決定してもUEFA(欧州サッカー連盟)はベオグラードでのこの試合の延期をいつまで経《た》っても決定しなかった。とにかく取材する気でいた私は明日の12時にはお馴染《なじ》みのアエロフロート航空機に乗り込まなくてはならない。同時に一縷《いちる》の望みを試合が中止になっていないというこの事実に掛けていた。

NATOスポークスマンの言うとおり軍事施設のみへの攻撃、つまりは大した空襲ではないのではないか。楽観的、というよりはそう信じたかった自分がいた。家にいても落ち着かない。気を紛らわすには喧騒《けんそう》が一番だ。取材の準備もそこそこに、街に出ていた。

店の名は2丁目のJとしておこう。

しばし不安を忘れようとオカマの英《ヒデ》ちゃんに勧められるまま、ウイスキーの杯を重ねていた。

英ちゃんは名門順天堂《じゅんてんどう》大学体育学部の出身だ。在学中はバレー部のレギュラーセッターとして、幾度か日本代表候補に呼ばれている。卒業後、Vリーグにも誘われていたが、〝本当の生活〟に入った。実家の両親にはまだカミングアウトしておらず、日曜日にやっている地元のバレークラブの指導で食っていることになっている。

「体育学部の寮なんて当然、男ばっかりでしょう。皆は色気なくて臭くていやだって言ってたのにアタシは正反対。パラダイスよ。大浴場なんて興奮しちゃって前隠すのに苦労したわよ」

――どんなのが好みなの。

「マッチョはダメなのよ。撫《な》で肩《がた》でのっぺりした顔。サッカー選手なら前園《まえぞの》とか濃い顔はダメ、相馬《そうま》とか名波《ななみ》よね」

――名波は後輩だしね。

「アラ、順大なの？」

——そうだよ、森山の2つ下だよ。

「森山って？」

——何で同窓を知らないんだよ。グランパスのスーパーサブだった森山だよ。

「スーパーさぶって何よ。スーパーなオカマ？」

——その雑誌まだ売ってるのか。

「出てるわよ。相変わらずの赤フン、これ一本の表紙で」

耽美《たんび》な空気を切り裂くように、携帯が鳴ったのはその時だった。

インターネットで情報を得た友人だった。「たった今、試合中止が決まりましたよ。UEFAは夏頃に延期と言っていますが、まだ日程は決まっていません」

さぶも赤フンも森山のレッドスター入りも吹っ飛んだ。

私の意識の中で『空爆』が初めて現実的な悲劇としてペロリと醜い顔を出した。

本当なのか。

あの街に、あの人々に。本当に爆弾が投下されるのか!?

ミレ爺《じい》さんの、トマシェフの、ミリッツアの顔が浮かんだ。彼ら、彼女らが、一体何をしたのか。

許しがたい激情が全身を迸《ほとばし》っていた。

私が逃避するようにオカマバーで飲んでいた同じ日。ほぼ同じ時刻。当然ながら、プラーヴィたちは冷徹な現実に直面していた。

ストイコビッチ率いるユーゴスラビア代表チームは、セルビア北部の街ボイボディナでキャンプを張っていた。

凶報はまたもミラニッチ会長から発表された。

「クロアチア戦の延期が決まった」

それは意味した。

空爆が確実に来ることを。

NATOの最新鋭兵器が飛来することを。

自分たちを殺しに来ることを。

選手たちは海外からの報道で事態の深刻さを薄々は理解し、覚悟はしていた。試合の中止や延期は慣れっこになっていた。しかし、第二次大戦後世代の彼らが見せたその時の動揺は凄《すさ》まじいものだった。大声で喚《わめ》く者もいれば、押し黙り頭を抱えて蹲《うずくま》る者もいる。やたらに饒舌《じょうぜつ》になって室内を歩き回る者もいる。

あのいつもジョークを忘れぬ陽気なプラーヴィたちの姿はそこにはなかった。大きな理由は戦時体験のなさというもの以上に『なぜ、そんな目にわれわれは遭わされなければならないのか』という、全く理不尽な暴力が眼前に突きつけられたことに対するくやしさとやり場のない怒りだった。

コソボという地域の特殊性から言えば、ほとんどの選手が何か特別の理由でもない限り、行くことのない土地である（聖地であるにも拘《かか》わらずだ）。唯一がFKプリシュテイナ（ユーゴ・リーグの）とのアウエーゲームで、こわごわとスタジアムとホテルを往復したぐらいだ。

なのになぜ。

しかし、今は我が身を呪っている時間すらない。とにかく逃げなくてはならない。命そのものが危険なのだ。すでにベオグラード空港は封鎖されている。隣国ハンガリーのブダペストへ向けての選手たちの大脱出が始まった。

この時、ストイコビッチはユーゴに残ろうと考えていた。ニーシュには今も両親が暮らす。知人、友人もこの国から出ることは容易ではない。有名サッカー選手とは言え、自分だけが果たして安全な外国に逃げて良いものか。誇り高きセルビア人として彼は悩んだ。

「プロとして試合に出ることももちろん重要だ。しかし、祖国が空爆されるのなら、そこに生きるセルビア人として被弾しても悔いはなかった」

けれど一本の電話が彼を翻意させた。娘アーニャからだった。

「怯《おび》えた声だった。ニュースに齧《かじ》りついてたと言ってた」日本で両親を心配し続ける残された3人の子供たちはどうなる。クラブとの契約も解除することになってしまう。

魂を引き裂く思いで腰を上げた。妻のスネジャナ、スペイン・サラゴサでプレーするサヴォ・ミロシェビッチと一緒に、協会の用意した車に乗り込んだ。ボーダーが閉鎖され絶望に押しつぶされそうな気持ちのままハンガリー国境を越えた。

れたのはプラーヴィたちが通過してからたったの15分後だった。

しばらく走ると白バイ警官が並走して来た。「停《と》まれ」と居丈高に叫ばれた。

まただ。とストイコビッチは思った。しかもこんな時に。妖精《ピクシー》はさらに暗澹《あんたん》たる気持ちに包まれた。

「BG」、つまりベオグラード・ナンバーの高級車と見るや、ハンガリーの不良警官はハイエナのようにやって来る。経済制裁の時から、彼らはブダペストの空港を使用せざるを得ないセルビア人を常時カモにしている。

「スピード違反。署まで来い」何キロオーバーとも言わない。事実、違反もしていない。明らかにセルビア人の足元を見ている。署まで行っていればフライトの時間に間に合わないことを計算しての行動だ。スネジャナはヒステリックに自分たちの正当性を主張するが、ストイコビッチは悲しいことにこの仕打ちにもうずっと慣れっこになっていた。

300ドル黙って渡した。

「無罪放免だ。行ってよし」

しかし、この口惜しさは一体何だろう。祖国は空爆を受け、今また西側の玄関で辱めを受ける。普段なら通行税だと洒落《しやれ》で割り切って来たものが、その情況ゆえに悲しさがより一層募る。これも自分がセルビア人だからか……。

ブダペストからパリ行きの飛行機に乗り込んだ。すでにイタリア、アビアノ基地からはF18、F117ステルス戦闘機などおよそ100機近くが宣戦布告なしに飛び立っていた。そして、彼とスネジャナがシートに身を沈めていた欧州時間午後8時。最初の爆弾がユーゴスラビアに投下された。

ユーゴビッチはこの時、ウイーンへ向かう車の中から燃え上がるノビ・サドの町の業火を見た。

26日朝。ストイコビッチは成田に到着した。慌ただしくイミグレを通過すると、祈るような気持ちで携帯電話のボタンを押した。昨夜、パリから幾度トライしても、ニーシュの実家への連絡が取れなかったのだ。機内では不安で押し潰されそうだった。

父の声が聞こえてきた。

ようやく繋《つな》がった。全身の力が抜けるようだった。翌日のヴィッセル神戸戦に備え名古屋に向かった。あまりの強行スケジュールから欠場を勧める関係者もいたが、むしろ試合をしなければとても冷静ではいられない精神状態だった。

私はこの夜、グランパスのセルビア人通訳ボジータ・マーリッチに電話を入れていた。

「どうだった。帰国直後のピクシーの様子は」

「本当に元気がないよ。何も喋らない。知っての通り、彼はプレーにおいては戦う男だけれど、普段はとても優しい人間。母国の人間が最新兵器で殺されつつあるなんていうこんな情況は耐えられないと思うよ」

「ボジータの家族は大丈夫?」

「今のところはね。ただ僕の故郷のミトロビッツアも危ないよ。子供たちはシェルターから出られない状態が続いている」

すでに空爆3日目にして、軍服を作っているからというとんでもない理由で、裁縫工場も撃たれている。目標は軍事施設だけではないことに国民は気づいていた。


3月27日、神戸ユニバーシアード記念競技場。

ストイコビッチは明け方4時までまんじりともせず、衛星放送に見入っていたという。ベッドに入っても眠れず、一睡もしていない。脱出劇以降の心身を蝕《むしば》む疲労は当然ながらピークに達している。アップを終えるとチームメイトと言葉を交わさず、ロッカーでひとり膝を抱えて蹲っていた。やがて思いつめた目で立ち上がると、姿を隠した。誰もあえて声をかけない。

そして試合が始まった。

ストイコビッチは凍りついたような表情のままボールを追う。時差ボケ、睡眠不足……。挙げればきりがない最悪のコンディションを撥《は》ね返して戦う。ミスした味方に怒鳴ることもしない。淡々とした所作には悲壮感すら漂っていた。

不思議な光景だった。スタジアムの選手、観客、おそらくすべての人間がストイコビッチの祖国で今、何が起こっているのかを知っている。当たり前だが、それでも試合は粛々と遂行される。ユーゴで何が起こっていても、ストイコビッチにとっての1999

年3月27日15時3分からの90分は、冒されざるサッカーの時間なのだ。

29分、グランパスは平野《ひらの》の左足で先制。

そして、そのプレーヤー人生を常に政治に蹂躙《じゆうりん》されてきたストイコビッチの意志が弾《はじ》けたのは、後半44分だった。右からのロングボールを左ペナルティーエリア前で受けた妖精は、トラップ一発で相手DFを躱《かわ》すとFW福田《ふくだ》への絶妙のラストパスを通した。福田のゴールを見届けた次の瞬間、彼はユニフォームをたくし上げて咆哮《ほうこう》した。Tシャツには試合前にひとりシャワールームで記した文字。

「NATO STOP STRIKES（NATOは空爆を止《や》めよ）」が浮かんでいた。

この時の私の驚きは尋常ではなかった。何度、水を向けても「スポーツと政治は別だから」と頑《かたく》なにポリティカルな発言を避けてきたあの男が……。

否、とすぐに思い直した。もはやこれは政治ですらない。「人を殺すな」というきわめて人道的な叫びではないか。

ベオグラードにもアルバニア人は住む。コソボにもセルビア人はいる。あのちっぽけな国へ当事者でない大国が、国連決議もないままに最新兵器で空の上から一方的に爆弾を投下するのは「戦争」ではない。当のクリントンが糾弾していた「虐殺」そのものではないか。

試合終了後、通常の倍以上の報道陣がストイコビッチを待ち受けた。

携帯電話を耳にあてながらストイコビッチは出て来た。

通信施設が破壊されて有線回線が不足しているため、祖国と自分を結ぶ唯一のホットラインが携帯だった。試合前にも、ハーフタイムにも、彼の携帯は鳴り続けていた。髭《ひげ》を剃《そ》っていない。24日からカミソリをあてるのを止めていたのだ。

「僕はミサイルじゃ戦えない。だけど、NATOへの抗議の姿勢はいつまでも続けてゆく」目線は宙を漂い、呟《つぶや》くように喋る彼の顔からは表情というものが消えていた。

代表質問が終わり、彼はバスに向かって歩きだした。私は『ぶら下がり』で聞く。

「ピクシー、よく集中できたね」

「集中？」

ストイコビッチは表情を変えずに言った。「プレー中もずっと祖国のことを考えていたよ」


この日、Jリーグで活躍する4人のユーゴスラビアの選手たちは、文字通りのイナット（意地）を見せつけた。前夜、母国への連絡に忙殺されて熟睡出来たものは一人もいなかった。しかし、その全員が得点に絡んだのだ。

ペトロビッチ（浦和レッズ）は後半54分、味方FKを頭で合わせて同点弾を決めた。ドロブニャク（ガンバ大阪）は79分に實好《さねよし》のパスを受けて2点目を流し込んだ。

妻子が2日間もシェルターに閉じ込められてそのまま音信不通だったマスロバル（アビスパ福岡）にいたっては、1ゴール1アシストの大活躍だった。これがプロだ、とマスロバルは記者たちに言った。サポーターたちが「われわれは平和を愛する。がんばれマスロバル」との横断幕を掲げてくれた。活躍は感謝の気持ちを表わしたい一念からだった。

ペトロビッチは得点後、ストイコビッチ同様にメッセージを書き込んだTシャツを曝《さら》した。

胸に「AMERICA NATO KILLERS」背中に「KOSOVO YUGOSLAVIA NATO」この時、彼が発信したメッセージは一見シンプルだが、背景を知る者にとって、きわめて意味の深いものだった。

ペトロは前々から「ミロシェビッチ（大統領）がコソボを手放すのなら、俺は即刻ユーゴスラビアのパスポートを破り捨ててやる」と熱く語っていた。

実は彼の弟ネボイシャ・ペトロビッチはアルバニア人女性と結婚しているのだ。もちろん、ペトロは義理の妹ともきわめて仲がいい。甥《おい》や姪《めい》はハーフになる。こんなケースはユーゴではいくらでもある。そもそも自己申告で決まるユーゴの民族籍である。一方的に外国人がそれに対して善悪をつけることなど、到底不可能な地域なのだ。ペトロはだから、NATOがやっているのは人殺し以外の何ものでもないと書き、コソボはNATOのモノでなく、ユーゴスラビアのすべての民族のモノだと記した。

「普段、僕は点を取るタイプじゃないけど、ゴールしてこれだけは伝えたかったんだ」

しかし、この行為にイエローカードが突きつけられた。

主審はＮＡＴＯ加盟国の人間だった。当然、反発を食らう。日本人には見えないが、Ｊリーグにおける外国人同士の好悪の感情は、水面下できわめて露骨に表わされる。以降、完全にマークされた。ずっと凝視され続け、全く意味のないところで2枚目を出された。フィールドからの抹消。あの明るいペトロが憔悴《しょうすい》しきってロッカーに閉じこもってしまった。

27日はサッカーに限らず外国でプレーするセルビア人スポーツマンにとっては特別な日だった。空爆の司令元アメリカのプロバスケットボール・リーグ、ＮＢＡのサクラメント・キングスでプレーするブラデ・ディバッツは今季自己最多の18点、7リバウンドを挙げてその力を見せつけた。ディバッツもいまだ家族と連絡が取れていない状態だった。

逆境に見せた彼らの誇りの力だった。

空爆が開始されると外国で暮らすセルビア人へのハラスメントも始まった。名古屋市・八事《やごと》のストイコビッチの家のファクスが不吉なメッセージを受信したのは神戸戦の翌日だった。家族は最初、日本語で書かれていたその文字の意味がわからなかった。

日本人スタッフに見せると顔色が変わった。発信元データが消されていたその紙には「ストイコビッチ、正義の空爆に抗議などするな。お前を絶対に殺してやる」と記されていたのだ。

どのようにしてファクス番号を調べられたのかは謎だった。

「一応、警察に届けた。殺すんならどーぞと思った。ただ、警察が読んだ感想ではその漢字の書き方は日本人や中国人じゃないと言うんだ」

見えない所で、在日外国人同士のプレッシャーは確実に作動しているようだった。

一方、NATO加盟国（つまり西ヨーロッパのほとんどの国）でプレーするユーゴスラビアの選手たちは、空爆に対する抗議として出場ボイコットという手段を選択していた。

このアイデアはストイコビッチ、サビチェビッチ、ミヤトビッチというFSJ（ユーゴスラビア・フドバル協会）ロビーにパネルが飾られているビッグ3《スリー》によるものだった。当のFSJはボイコットは選手の仕事を奪うことになり、またプレーを離れることで代表でのゲーム勘が鈍ることを懸念して止《とど》めたが、選手のほとんどは同意し実行した。スペインでは提唱者のミヤトビッチ（レアル・マドリード）を始め、ヨカノビッチ（デポルティボ・ラ・コルーニャ）、ナジ（オビエド）、ヨバン・スタンコビッチ（マジョルカ）、ジュキッチ（バレンシア）、ジュロビッチ（ビーゴ）、ミロシェビッチ（サラゴサ）の各選手が出場を拒否した。このうち、ジュロビッチは当のコソボの出身だ。

提唱者の孤高のストライカー・ミヤトビッチは空爆開始直後、ユーゴスラビア国旗を身にまとってマドリードのアメリカ大使館へ抗議に行っている。レアル・マドリードは試合をボイコットしたとして、彼に対し500万ペセタ（約3600万円）という前代未聞の罰金を科した。しかし、ミヤトビッチはそれでもガンとして出場要請に首を縦に振らなかった。

この時期、ベオグラードにいるサビチェビッチはミヤトビッチに対して、ボイコットの意義を讃《たた》え励ます手紙を送っていたことを明らかにしている。『デアー、ページャ』と冒頭に記されたその内容は以下の通りだった。

『親愛なるページャ。人生で最も素晴らしいゴール（ボイコットのこと）を決めましたね。世界に対して欧州一のストライカーであるあなたがどんな人間なのか、そしてどうして戦ったのかを報《しら》せることができたと私は思うのです。氾濫《はんらん》する（ユーゴ・バッシングの）情報の中でわれわれがどれだけ苦しんでいるか、伝えるべきなのです。たった3万ドル（360万円の罰金のこと）でわれわれの国や愛国心が守られるのであれば、何と安い買物なのでしょう。出来得ればわれわれの決意の強さを知らしめるために、ボイコットをあなたが続けることを祈ります』

文面から悲痛な叫びが聞こえる。

生まれてからすぐにボールを蹴り始め、サッカー選手であることに誇りを持ち続けているモンテネグロ人の彼らが、何より好きな試合に出場しないことで空爆の不当性を主張しようとしているのだ。サビチェビッチはさらに、平均的ユーゴ人の10年分の年収にあたる500万ペセタを払ってでもやる価値があるのだと慨世の言を吐いている。以後もミヤトビッチは主張を続けたが、レアルのサンス会長からこれ以上のボイコットに対しては、半年から2年という長期出場停止のペナルティーを科すと通達された。悩んだ末、ミヤトビッチは4月11日のセルタ戦から復帰するという苦渋の決断を下した。

母国で暮らすプラーヴィたちの家族もまた、彼らを支えるために戦っていた。すでにミリタリー施設の枠を越え、どこに落とされるかわからぬこの空爆は夜に行なわれる。

ミヤトビッチの父親は、息子に心配させぬように深夜0時から朝の8時まで、2時間おきにスペインに電話をかけて来ていた。ミヤトビッチは夜半中、その電話で気持ちを落ち着かせ、朝9時になれば何事もないように練習に飛び出していく。彼はハードな日常の中、当たり前のようにコンディションを保たねばならなかった。ストイコビッチの父親も、ニーシュの街がガレキに変わっても息子に対しては被害を一切口にしなかった。


スペイン以外でもユーゴ人選手の抗議行動は活発化していった。

イタリアのセリエAでは、ミハイロビッチ（ラツィオ）が行動を起こした。

「プレーヤーである以上、自分はボイコットはしないが、この空爆は明らかに不当だ。私はミロシェビッチ大統領を断固支持する」

イタリア首相に面会を求めて会いに行き、空爆停止を求めるという直接的な政治行動に出た。

そして同僚の若手デヤン・スタンコビッチ。「自分はこれからも一切政治についてはコメントしない」とジュネーブで私に宣言していた彼も、『PEACE NO WAR』と記したTシャツを着込んで試合に臨んでいる。彼にとっても政治以前の問題なのだ。

アメリカとともに空爆を最も強硬に推進したブレア首相のイギリス。そのプレミアリーグにはクリスタル・パレスの中盤を支えるアレキサンドル・クリッチがいた。彼は自らが出場したゲームのハーフタイムに、耳を塞ぎたくなるようなセルビア民族への中傷ヤジが渦巻く中、『STOP NATO BOMBING』のプラカードを掲げてゆっくりピッチを行進したのである。

国歌を歌わない、あのプラーヴィたちが世界中で一斉に抗議行動に向けて立ち上がっていった。

フランス・リーグ、ディビジオン1では祖国防衛のためにクラブを退団し、軍に志願するという選手まで現われた。メッツでプレーしていたヴラダン・ルキッチだった。

「コソボの国境を変えることができるのは、われわれユーゴ国民が独自の意思で決めたときだけのはずだ。私は退団する。今の私の義務はシェルターの中で震える子供たちを助けることだ」フランスでの安定した生活、豊かな報酬を袖にし、軍服に袖を通すため祖国に帰還していった。

同じフランス・リーグ、ローザンヌでの日本戦にエントリーしていたボルドーのニーシャ・サベリッチも、帰国をクラブに願い出ていた。サベリッチはモンテネグロ共和国出身。乗り込んだ飛行機が故郷ポドゴリツァの空港に、ようやく着陸したその時だった。凄まじい爆発音が鼓膜を揺さぶった。危機一髪だった。彼が故郷に戻ったのはまさに、ポドゴリツァ空港が撃たれた日だった。セルビアのみならず、モンテネグロも攻撃対象になっていることを、改めて突き付けられたのだ。

ＮＡＴＯ加盟国内でもアメリカとイギリス以外は、空爆に対して消極的あるいは批判的であったためか、概《おおむ》ねどの国もユーゴ選手たちの空爆への抗議行動には寛容な姿勢を示していた。世界で最も保守的だった国、それは紛れもなく日本だった。Ｊリーグの４人の選手たちはサッカー協会から、今後競技場内での政治的メッセージの発信を堅く禁じられた。

空の上から爆弾を落とす殺戮《さつりく》行為にＮＯと言うことの一体どこが、政治的なのだろうか。そしてさらにいかなる理由によるものなのか、Ｊリーグは死者に対する慈しみの印、喪章の着用さえも許可しなかった。意味も考えずにＦＩＦＡ（国際サッカー連盟）の通達にただただ盲従《もうじゅう》するあたり、まるで小渕《おぶち》首相が「空爆に理解を示す」と発言した日本政府の風見鶏《かざみどり》外交がそのままシンクロしているようだった。ペトロビッチは心底悔しがった。

「決してポリティカルな意味じゃないよ。セルビア人も、アルバニア人も、モンテネグロ人も、トルコ人も、ロマ（ジプシー）も関係なく空爆によって犠牲になったすべての民族に対する追悼の意味だったのにわかってもらえなかった。僕はＪリーグでプレーしている。だから決定には従うよ。しかし理解してもらえない、そのことが残念でならない」

この時期、ユーゴスラビア人サッカー選手たちは孤立した祖国の代表として、海外で話が出来た唯一のスポークスマンだったと言っていい。クロアチア、スロベニアの選手たちと異なり、普段は一切政治的発言をして来なかった不器用な彼らは、事あるごとに声を上げ、発言の機会を求めた。日本ではストイコビッチがついに禁を破り、文藝春秋《ぶんげいしゅんじゅう》のロングインタビューに答えた。ペトロビッチはTBSへの出演を快く受けた。

そのことに対する意味を問えば、彼らは口を揃《そろ》えて語った。

「われわれはサッカー選手だ。だから今までは口をずっと噤《つぐ》んできた。しかしあまりに一方的な報道が目に余る。CNNもBBCもアメリカの主張しか伝えない。われわれが語ることで少しでも公正な目で祖国を見て欲しいのだ」彼らは決してユーゴ政府の広報官になろうとしたのではない。動かしたのはあくまでも「事実」を伝えて欲しいとの切なる願いだった。

実際、空爆開始後の欧米メディアの報道では、空爆を正当化するための『セルビア悪玉論』が跋扈《ばっこ》し、呆《あき》れ返るようなプロパガンダがいくつもなされていた。そもそもこの空爆は「コソボ和平合意文書をユーゴスラビアが拒んだため」に行なわれたものだが、あたかも「今まさに起きているアルバニア系住民虐殺からの保護のため」に執行しているかのように、巧みに世論誘導がされていった。情報操作によるすり替えは見事に成功しているようだった。

歪曲《わいきょく》された報道は、私が直接体験した限りの確認でもかなりの数に上った。代表的なものが、「ランブイエでの和平交渉に参加したアルバニア人指導者たちがセルビア兵に全員銃殺された」との報道。

私の知る限りセルビア人官憲たちのコソボにおける対応は表向き尊大である反面、「腫れ物」に触るかのように慎重であり、むしろ一旦虚勢が剝がれると臆病な印象すら受けるものだった。すぐさま処刑など出来るものではないだろうと不審に思っていた。案の定、指導者たちは数日後、コソボ、マケドニア、アルバニアにそれぞれ姿を現わした。

そしてこの1年、ユーゴ・サッカーを追いまくった私を最も呆れさせたのが次の報道だった。〝プリシュティナのサッカースタジアムに10万人のアルバニア系住民を監禁、レイプするための強制収容所が作られた〟。あの8000人も収容できれば御の字のFKプリシュティナのスタジアムを、一体どう作り変えることが出来るのか。第一スタジアムにはアルバニア人（決して少数ではないコソボの独立を望まないアルバニア人）のスタッフも働いているのだ。

慌てて取材に行った特派員がいたらしいが、そこにいたのは驚いた顔の警備員だけだったという。折しもロンドンでBBC女性キャスターが殺害される事件が発生。すぐさま「イギリス在住のセルビア人の仕業」との憶測ニュースが一方的に流された。これなども意図的なものを（事実違っていたわけだが）感ぜずにはいられなかった。

日本のメディアの報道も決して例外ではなかった。

「『ユーゴ空爆』これは米露の代理戦争です」、とユーゴ市民の悲劇を東西問題に変換してしまう見解を発表したある軍事評論家がいた。また某放送局には「現在、コソボではセルビア兵によってアルバニア人が人間の楯《たて》とされているのです」、とスタジオからしたり顔でNATO発表をそのまま垂れ流す国際部記者がいた。軍の発表である以上、当然意識的に操作が働いているとも考えずにそのままだ。

裏を取らずともこれらの見出しや発言は、日々発表されてゆく。空爆を正当化せんがための「悪者」イメージは傍目《はため》から見ていても、徐々に確実に情報の受け手に刷り込まれていった。歯痒《はがゆ》いばかりだった。

絶対的な悪者は生まれない。絶対的な悪者は作られるのだ。

私は空爆が開始されるや、即座に福岡に名古屋に浦和に飛んだ。在日ユーゴ人Jリーガーたちは、果たしてこの危機をどのように見ているのか。

「誤ったことをなぜ、堂々と報道するのか」と真っ先にメディアの問題を指摘したのはマスロバルだった。長身のMFはプレー同様、秀抜な知性の持ち主だった。

「私は何もユーゴ政府側の発表だけを鵜呑《うの》みにしているわけではありません。インターネットや現地への電話を頻繁に使って、ユーゴの中からも外からも均等に情報を得て判断しています。『プリズレン近郊で避難していたアルバニア系住民が空爆された事件』『コソボ内移動中の列車の爆破事件』ともにセルビア側によるものだと断定報道されました。しかし、いずれもNATO軍による誤爆であったことが後に確認されています。アルバニア人女性に対するレイプや男性の処刑も、証拠もないままに、ただ一方的に流されている」

やるせない表情が浮かんでいる。

マスロバル自身はモンテネグロのブドバ出身であり、セルビアのミロシェビッチ大統領に対してはこれまで批判的に考えていた人物だ。その彼が今、NATOに対して憤っている。

「今、ユーゴ国内でNATOが行なっている国辱的な宣伝活動を知っていますか？　セルビア語で書いたビラを空から撒《ま》いているのです。『われわれNATO軍は、ユーゴ国民は決して嫌いではありません。あなたたちを愛しています。倒したいのはミロシェビッチだけなのです』と。全くわれわれを侮辱した行為です」

あなたたちは単に独裁者に騙《だま》されている可哀相《かわいそう》な国民だから救ってあげる――この傲慢な態度は許せない、と静かな口調で言う。

「われわれはただの無知でも、騙されているわけでもない。『あなたたちを愛している』？　では橋を破壊し、工場を破壊し、市民を巻添えにしているのは一体誰ですか。空爆で50万人が失業しているのですよ。私の家族は日本のビザを持っていたからブダペスト、ジュネーブ、そして日本と逃れて来られた。しかし、ほかの人々は……。ブドバには軍事施設などないのに、いまだに攻撃を受け続けている」

かつて大統領に批判的だったマスロバルは「今、私はミロシェビッチを全面的に支持する」と言い切った。そして、

「われわれは民族の誇りに決して嘘《うそ》はつかない」

つまり、ミロシェビッチを倒せる権利を有するのは自分たちだけなのだと憤る。その上で、

「アメリカはミロシェビッチを倒したかったのでしょう、しかし空爆によってかえって磐石《ばんじやく》にしてしまったのだ」と自らの心情の変化をも冷静に分析してみせたのだ。

サッカー選手はメディアに向けて話さないことがカッコイイのか。決してそうではない。自らの確固たる意志を、誇りを、自分の言葉で伝える作業のいかに崇高なことか。

ランブイエでの和平交渉の不公正さを唱えたのはストイコビッチだった。

「ランブイエ合意が決裂した。ユーゴスラビア側が交渉を蹴った。と、まるでユーゴが聞き分けのない暴君のように報道される。しかし、その本質的な内容について、一体どこのメディアが伝えてくれたのか」

トヨタスポーツセンターで会ったストイコビッチは、心労からか顔色が良くなかった。

「和平案のひとつ『コソボからのセルビア治安部隊の撤退』を認めたとしよう。残されたセルビア人たちの安全を誰がKLA（コソボ解放軍）から守ってくれるんだ。それから『3年後にコソボの独立を決める住民投票を』という条項は一見、民主的に聞こえるけれど、アルバニア人が9割を超える地域であるだけに結果は火を見るよりも明らかだ。

これは3年後に独立させせろ、という命令にほかならないじゃないか。ミロシェビッチはクリントンに〝独裁者〟のレッテルを貼られているけれど、逆にあの条件を飲むような大統領なら国民が許さないよ」これだけではストイコビッチの主張は、ユーゴにおけるセルビア人の利益だけを固陋《ころう》に守ろうとしているかのように聞こえる。しかしそうではなかった。私の次の質問にこう答えたのだ。

――ピクシーはイブラヒム・ルゴバについてどう思う。

「僕は彼を平和的な指導者として評価するよ。彼の考えこそが重要なのだ」

非暴力でコソボ独立を掲げるコソボのガンジーこと、ルゴバを評価する。決して独立を求めるアルバニア人に対して頑なに交渉を拒否しているわけではない。ルゴバと話し合い、セルビアもアルバニア人と共存してゆく道を模索してゆくべきだと語る。

ところが、ランブイエの交渉において、西側の調整グループは、事もあろうにアルバニア側のテーブルにつかせるべき、本来「コソボの大統領」であったはずのそのルゴバを、急遽《きゆうきよ》副団長に格下げしてしまったのだ。団長に指名したのは何と、当のアメリカの特使ロバート・ゲルバード自身が1年前にテロリスト組織と認定していたKLAの指導者ハシム・タチだった。タチはまだ30歳代前半の若手。92年からドイツに逃げていた非合法活動家であり、現在のコソボの実情については全く無知なはずだった。後にロサンゼルス・タイムス紙がスッパ抜いたが、KLAとCIA（アメリカ中央情報局）との接近がこの短期間の間に急速に進んでいたのだった。

ユーゴ政府にすれば納得できるはずがない。

ストイコビッチは苦笑しながら、象徴的なたとえを出した。

「ランブイエの和平案は、セルビア人なら僕の息子のマルコ（5歳）だって絶対に署名しない」

実はストイコビッチは当時、日本のメディアがどこも知り得ていなかった情報を知っていた。それは後にユーゴスラビア空爆の真相として世に出された付属文書B（通称アネックスB）の存在だった。ユーゴスラビアにすれば挑発的とも取れるような無理難題を突きつけられたランブイエ交渉だったが、それでもユーゴ政府は空爆回避のために合意文書に調印する予定だった。コソボの自治権の拡大を受け入れるつもりだったのだ。

それを拒否したのは、交渉期限切れ18時間前（3月22日午後7時）に、突如アメリカが提示してきたこのアネックスBによるものだった。その内容は〝コソボのみならず、ユーゴスラビア全域でNATO軍が展開・訓練が出来、なおかつ治外法権を認めよ〟という法外な特権要求だった。NATO軍への課税や犯罪訴追をも免除しろというこの条項は、まさにユーゴスラビアの占領地化を意味するものだった。

こんな条件を飲めるはずがない。

空爆終了後、対外的には隠されていたこのアネックスBについて、ようやくその存在が表面化し、ドイツなどはメディアに公開しなかったことを問題視したが、時すでに遅かった。ストイコビッチは空爆開始直前までユーゴ国内にいたために、この情報をユーゴ外務省筋から摑《つか》んでいた。

「騙された」と彼は言う。

「NATOは紛争解決よりもとにかく空爆をしたかったのだ。だから合意されそうになると、とても飲めるはずもない条件を突きつけて破綻させた。最初から戦争が目的でテーブルにつかせたんだよ」

私はこの時、4月3日のグランパス対サンフレッチェ広島《ひろしま》戦を思い出した。前半40分、ストイコビッチは広島の上村《うえむら》と交錯した。それはバウンドしたボールを追った結果の、何事もない接触かのように見えた。

ところが主審はレッドカードを突きつけたのだ。事もあろうに一発退場だ。あの判定には瑞穂にいた誰もが目を疑ったはずだ。田中《たなか》監督（当時）の怒りは凄まじく、制止を振り切ってハーフタイムに控え室に戻ろうとする主審に突進するほどだった。ミックスルームには泣きじゃくるスネジャナがいた。

一度貼られたイメージは終始ついて回る。人にも国にも。サッカーを全く知らないクロアチアの大羽奎介全権大使はベオ（ベオグラード）での勤務時代、日本のビザを取得に来るストイコビッチを知っている。

「いつも日本の雑誌を差し入れてくれる。もの静かな紳士で私はいっぺんにファンになった。精神的なオーラすら感じる。日本で怒りっぽいって？　おい、冗談だろう」

欧州ではカードなどもらったことのない男が、日本では暴れん坊と決めつけられている。私には終始、公正に裁かれないユーゴスラビアとストイコビッチの姿がまさにシンクロして見えた。

　NATOの言う〝正義〟の欺瞞《ぎまん》性についてはペトロビッチも指摘した。

　彼はこの時期、胆石で苦しんでいた。体調を崩していたにもかかわらず言いたいことがあると待ち合わせのカフェに姿を現わした。

「僕の故郷のモンテネグロにもアルバニア避難民が5万人も入っている。でもNATO軍はモンテネグロにも爆弾を落としている。人道的攻撃だと言いながら難民を庇《かば》っている僕たちも攻撃されている。こんな矛盾があるかい。僕の発言なんてアメリカのPRに比べれば小さなことだろう。でも何度でも言う。空爆で困っているのはミロシェビッチじゃない。子供や老人たちだよ」

　モンテネグロからクロアチア、スペイン、オランダと異国を渡り歩き、義妹はアルバニア人。オランダに住む子供たちにはどんな民族にも偏見を持つなと教えるペトロビッチである。その彼が言うアメリカのプロパガンダ・ビジネスは、確かに「セルビア＝悪者」キャンペーンに大きな役割を果たしていた。

　ボスニア紛争時、セルビア、クロアチア、ムスリムの三者が対立し、互いに他民族への残虐行為を行なったが、宣伝戦を制したのはアメリカの大手広告代理店ルーダー・フィン社と契約したクロアチア政府だった。同社がセルビア・バッシング用に採用したコピー「エスニック・クレンジング（民族浄化）」がテレビCFで流され大ヒットしたのだ。虐殺は確かにあったが、「エスニック・クレンジング」はセルビア人の代名詞のようについて回り、以後、残虐行為はセルビア人だけが行なったものとしてイメージづけられていった。このキャッチコピーはアメリカ国内で広告大賞を受賞している。今、コソボでそのコピーはまた有効に息を吹き返している。

ＫＬＡに民間人が殺されていた点ではセルビア人も被害者なのだが、相変わらずそのことには触れられない。

ストイコビッチもペトロビッチもこれらの偏向報道には心底消耗していた。

彼らも決して盲目的にベオからの報道だけを見ていたわけではない。外国にいるという利点を活《い》かして多角的に情報を集めている。とにかく、冷静に祖国で起こっていることを見てくれ、とメディアに向かって叫び続けた。しかし、極東でフットボーラーが出来る活動などタカが知れている。空爆は激しさを増し祖国での大惨事は終わることなく続く。

ベオグラード郊外パンチェボにある、バルカン最大の複合化学コンビナート「ペトロヘミア」が爆撃されたのは4月15日だった。

従業員３０００人、年間１３０万トンもの精製量を誇った石油精製工場を始め、隣接する石油製品および化学肥料工場など、全くの軍事施設でないこれらの建物が撃たれたのは偶然の誤爆ではないかとの当初の期待はすぐに裏切られた。4月18日に何と2度目の空襲。以後3日に1度の割合で猛攻撃を受けたのだ。明らかに決め撃ちだった。

その結果、「『悪魔の化学実験』が行なわれた」（ドブロサブ・ダクロビッチ同工場技術長）。

まず肥料工場で硫安（硫酸アンモニウム）と反応させるために蓄積されていたアンモニアが、空とドナウ河に大量（約9000トン）に流出した。アンモニアは大気に触れると危険物質に転化し、人体に身体不良を起こしやすいと言われている。

事態を重く見たパンチェボ市長は「妊娠初期の女性は出産を諦めた方がよい」とのラジオ放送を直後に行なった。障害を持つ子供を産ませないのかという議論以前に、正教徒であるセルビア女性にとって堕胎は神に背く大罪である。結婚5年目でやっと懐妊したと大喜びしていた市内在住のドラガナ・バショビッチは悩み苦しんだ末、とうとう流産してしまった。大量に流れ出た化学物質はアンモニアだけではない。チッ素を固定化するために貯蔵されていた水銀8トン、ポリエスチンの原料VCM（塩化ビニールモノマー）1200トン、腐食剤3000トン、EDC（二塩化エチレン）1400トンも流出した。

水銀は言わずとしれた水俣《みなまた》病の原因であり、VCMは燃えると1グラムで1万人を殺すという急性毒性のダイオキシンになるため、日本国内では消費者運動団体に生産中止を訴えられているいわくつきのものである。

プラーヴィたちの愛する国土にこれだけの毒物が流れ出た。

「NATOは通常兵器で化学兵器と同じ効果を上げやがった」（ダクロビッチ）。このパンチェボから吐き出された黒煙は数日間消えなかったと言われる。

人々はそれでも希望を捨てなかった。ペトロヘミアの従業員は破壊されたあとも連日工場に出勤し復旧作業に努めた。

同じ頃、ベオグラードでズベズダのマスコット、ミレ・セルビィは幾度も自宅からの避難を勧められていた。77歳。ゴルニョミラノヴァチュカ通りの傾きかけたスラム街で老人の一人暮らし。しかし、彼は一切その勧告を受けつけようとしなかった。

唯一の生きがいであったユーゴスラビア・リーグも中断してしまった。いつどこに落ちるかもわからぬ空爆の最中、死ぬのなら妻子が息を引き取ったこの家で死のうと腹を決めたのだ。

二間しかない狭い部屋の四方の壁すべてには、ひとりぼっちのミレ爺さんが愛《め》でるポスターや写真が隙間なくベタベタと貼りつくされている。壁を埋めているものは、大きく分けると3種類だ。

ひとつはセルビアの民族画。ウスタシャに殺されたアレキサンダル王、コソボの戦いのオビリッチ……。ひとつはヌードグラビア。ミレ爺さんは毎夜、金髪碧眼《へきがん》美女たちに囲まれて眠るのだ。そして愛するズベズダの選手たちとの記念写真。ドラガン・ジャイッチからデヤン・スタンコビッチまで三世代にわたる選手の写真がすべてある。ベオに最初の爆弾が落ちた夜、その部屋でミレ爺さんは1941年に日独伊三国軍事同盟に対する加入反対のデモに参加した若かりし頃の自分を思い出していた。

空爆で破壊されたパンチェボの化学コンビナート跡。水銀、アンモニア、VCMの流出で凄まじい環境汚染がもたらされた

「あの頃のナチ野郎の方がまだ根性があった。科学の力か知らねえが、ＮＡＴＯはてめえの血も流さずに安全な所からしか攻めて来やしねえ」

撃つなら、俺を撃て。年を取っても、これが俺のイナット（意地）だ。空襲警報が鳴ろうとも、ミレ爺さんは家の中に逃げることをしなかった。日がな一日部屋の前にイスを出し、応援に使う大国旗を横に座っている。これがミレ爺さんの抵抗の日課となった。

ベオグラードでは、市民もイナットをみせる。共和国広場では連日、反空爆のコンサートが開かれた。アルカンの妻ツェツアのセルビア演歌、そして極右のロックバンド、リブリャ・チョルバからスラップスティックの演芸集団クグアルスまで、多種多様なバンドが日替わり出演したのだが、特筆すべきは反戦コンサートでフットボールのサポートソングが歌われるという、いかにもユーゴスラビアらしい情況が見られたことだ。

中でも特に団結しようという意味で歌われた象徴的な曲があった。


さあ、今日がその日だ。太陽が彼らを照らしている。

今日はズベズダもパルチザンも試合がない。俺たちを分け隔てる赤のシャツ（ズベズダ）と白黒のシャツ（パルチザン）、そんなものはどうだっていい。

今日は、あの青（プラーヴィ）のためだけに応援するんだ。……その名はユーゴスラビア、ユーゴスラビア！　さあ、ピクシー、デヤン、クラーリ、ミヤト！　俺たちのために踊って欲しい。俺たちは全員君らの味方だ。ユーゴスラビアよ。今、唄《うた》おう、君たちを。


（翻訳・唐沢晃一）


ズベズダもパルチザンもない。「君はデリエ（レッドスターのサポーター）か、それともグロバリ（パルチザンのサポーター）か？」まずこれを問うてから友人になるかを考えると言われるユーゴ人にとって、この言葉は思想も信条も乗り越えてと同義語だ。彼らはプラーヴィに祖国ユーゴスラビアを投影させてこの歌を歌い、団結して国難を乗り切ろうとしていた。

しかし、1日平均462回というNATO軍の爆撃出動回数は減ることはなかった。

4月21日社会党本部ビル、4月22日ミロシェビッチ大統領私邸、そして4月23日にはついに国営放送局まで破壊されるにいたった。

　このことは特に映像世代の子供たちにトラウマ（精神的外傷）を与えたようだった。子供たちなりに空爆を恐れて情報を得ていた唯一のメディアがなくなってしまったのだ。

　空軍基地があるという理由で、3000回近い空襲を受けたバタイニツァ地区に住むメディッチ家の次男ドゥシャンは、パルチザンのJrユースでプレーしていた才能あるプレーヤーだった。彼は昼夜続く爆音に精神的なダメージを受けた。明るく快活だった少年が家で眠れなくなり、家族と離れシェルターに閉じこもってしまった。シェルターとは名ばかりの三十畳ほどの地下倉庫。そこには常時、40人ほどが詰め込まれ、時には立ったまま眠った。困ったのはトイレだった。隣接されたたった一つの簡易便所は、幼児以外は使用を禁じられていた。ドゥシャンはその異臭と暗闇の中で、気を紛らわすためにひたすらリフティングを続けていたという。

　この頃、当然ながらユーゴスラビア・リーグは中断を余儀なくされていたが、FSJのミラニッチ会長は国内のフットボーラーたちに盛んにトレーニングを続けるようにメッセージを送り続けていた。

「有効なんだよ、戦争の恐怖を忘れるためにスポーツは」

　ミラニッチは大戦中にナチスドイツから欧州で唯一自力で祖国解放を勝ち取ったユーゴ・パルチザン部隊の元兵士だった。チトーが組織したこの独立解放組織にミラニッチが入隊したのは彼がまだ14歳の時だった。ピッカバッツ部隊（タバコのフィルターの意味、意訳すればリトルボーイ部隊か）の一員として山中にこもって草の煮汁を啜り、泥にまみれて強力ドイツ師団と戦った彼は、戦闘で2回足を撃たれている。今もその傷は残るが戦後はユーゴを代表するFWになった。そんな会長の呼びかけに呼応して、公式戦は出来ずとも小さなフィールドでプロ選手たちはボールを蹴り続けた。トレーニングの意味もあったが、ユーゴでは野原をサッカー場に変えるだけでそれは喜びを得られる場所に変わるのだ。

「ベオの動物園の虎やライオンが爆撃で自傷行為をし始めた。しかし人間がそうならなかったのはスポーツを持っていたからだ」とミラニッチは主張していたが、実は彼自身もたいへんな最中にいた。愛娘が妊娠していて8月に出産予定だったのだ。間断なく続く爆撃のストレスのために流産しかかり、帝王切開するかどうか悩んでいた。6歳の孫にもストレスは溜まり、精神不安定でよく泣き出したという。ユーゴ現代史の生き字引きでもある彼は、半世紀を経過して再び体験した今回の戦争をきわめてアンフェアーなものと憤っていた。

「前の敵（ナチスドイツ）は見えるほど近くにいた。しかし、今回の敵は姿すら見えない」旧ユーゴスラビア時代、ミラニッチが息子のように可愛がっていた選手がいた。代表監督時代にキャプテンに指名したその男、ファデル・ヴォークリーはコソボ出身のアルバニア人だった。ミラニッチはストイコビッチがまだニーシュで無名だった頃、当時

侵略者による２度の空襲を体験したと語った元パルチザン兵、ミリヤン・ミラニッチFSJ（ユーゴスラビア・フドバル協会）会長

売出し中のプロシネチキよりも「才能はピクシー」と見抜いていたという眼力の持ち主だ。窮屈な民族意識もなく実力主義で選手に接したのだろう。そんな彼にとってみればアルバニア人問題を理由に引き起こされた空爆などは全く理解出来ないものだった。驚くべきことに彼は空爆の1日前にプリシュティナにいた。４００人のアルバニア人に会い、独自にフットボールの分野で、平和への道を見つけようとしていたのだ。

気骨溢《あふ》れる会長が率いたＦＳＪは空爆の最中でも一日も業務を休まなかった。5月に入って水道が止まり、電気も止まった。それでも職員たちは週末もオフィスに出てきた。それはまさに『矜持《きょうじ》』の精神だった。たとえ世界で孤立しようとも自分たちの能力とプライドは毅然《きぜん》として信じている。ミラニッチ以下、ＦＳＪの職員一同はトイレやコンピューターが使用不可能となっても、ユーロ2000予選への出場は必ず実現する、と堅く信じて働いていた。

空爆開始からひと月が経過しようとしていたが、ユーゴスラビア全土にわたる空爆は激しさを増し、被害はより甚大なものになっていった。

4月25日。日本で活躍する4人のJリーガーと清水《しみず》エスパルスのJrユース監督ゼムノビッチは、品川のユーゴスラビア大使館に集結した。ユーゴスラビア難民に対する義援金口座の開設に伴い、そのアピールと空爆に反対を表明する記者会見を行なったのだ。Jリーガーたちは自分たちの発言が耳目を集めてくれればと駆けつけてきた。

ここで彼らが日本のメディアに向けて発言した言葉の内容は、日本語の堪能《たんのう》な二等書記官、スネジャナ・ヤンコビッチが「外務省のわれわれより勉強し、情況がよくわかっている」と舌を巻いたほど緻密なものだった。

全員、身を引き締めるようなスーツ姿で集合した。日本人記者団を前に口火を切ったのはストイコビッチだった。

「歴史上初めてのことが起こっています。現在、どこの国へも侵略を企てたわけでない主権国家（ユーゴスラビア）が空爆の標的になり、全く罪のない市民が日々、命を落としているのです。NATOは『国連』迂回《うかい》政策を取り、国連の意思を完全に無視して今回の行動に出ています。宣戦布告すらしていない奇襲攻撃によるものは、国際法上からも許されるものではありません。もはや国連は紙の上にしか存在しない、そういう現実に世界はあります。すでに機能しているのは国連に代わって世界の指揮を執るという狙いがあったのでしょう。NATOには国連に代わって世界の指揮を執るという狙いがあった大国なのです。しかし、世界平和、民族融和を提唱した国連を創設した有力な国のひとつとして、かつてユーゴスラビアという国があったことを、皆さん、どうか思い起こして下さい。今回の空爆は、双方に何の利益ももたらしていません。私が心から信念として持っているのは、『すべての出来事は、平和的な方法をもって解決できる。すべての出来事は、平和的な方法をもって解決しなくてはならない』、そういうことです」

続いてペトロビッチが発言した。彼の言葉はいつも弱者を思いやり、優しさに溢れている。

「今日、これだけのマスコミの皆さんが来て取材されています。この模様がきちんと放送されることを望みます。もちろん、今回の大惨事で多くのアルバニア人の家族、子供たちが逃げなくてはならないことには、心が痛みます。しかし、歴史を紐解《ひもと》いて下さい。クロアチアやボスニアでセルビア人が避難民となった時、財産をすべて奪われ、親を殺された子供たちが泣きながら逃げて来た時、どのマスコミが今回のアルバニア人難民のように扱ってくれたでしょうか」

ペトロビッチはツジマンが行なったクライナ（クロアチア）からのセルビア人への民族浄化「ＯＬＵＪＡ」作戦の時のことを話している（これがＢ・Ｂ・Ｂのバーの名前に

なっていることはすでに第2章5で述べた）。あの時、世界で、一体、どれだけのメディアがこれに触れてくれたのか。

拙著『誇り』でも触れたが、90年代初頭、崩れたベルリンの壁、ルーマニアのチャウシェスク政権崩壊という一連の社会主義批判の流れで構成されたユーゴ紛争報道は、その複雑な情況にはメスを入れず、視聴者がわかりやすい構図で常に発信された。

三つ巴《どもえ》の戦争の中で、結局何が悪いのかという短絡な解説に走るとき、いまだ社会党が政権を握っているセルビアを悪者にすれば説明しやすい、と同時にその方が売れた。

「そして今も同様です。コソボから同じように流出しているセルビア人難民については全く触れられていない。これほどの報道の扱いの『差』が出て来ている現実を見て下さい。世界には数多くの国がありますが、長期にわたる経済制裁に加えて、武力攻撃・侵略、そしてメディアにも見捨てられた国を私は知りません」

次は福岡のマスロバルがマイクを握った。「コソボというのはユーゴスラビアにとって、セルビアにとって、日本でいうところの『京都・奈良』なのです。そのような心の故郷・魂の土地をプレゼントすることが出来るでしょうか」

ミロシェビッチ大統領に批判的だったモンテネグロ人である彼が、平和を愛する者として敢《あ》えてセルビアの立場を代弁していた。そしてCNN報道に対する不満をぶちまけた。

「23日、ついにNATOはベオの国営テレビ局を爆撃してしまいました。とんでもないことです。放送局を破壊したことで市民は一切の危機管理情報を知ることが出来なくなってしまったのです。火事の場所も、被害者の名前も、生き別れた肉親の消息も、避難経路も知ることが出来なくなってしまった。しかし、彼らが言うには国営放送局は『非人道的な抑圧を担う宣伝マシーンだから破壊した』そうです。では逆にCNNは客観的に情報を伝えていますか？　冗談ではありません。彼らの湾岸戦争の時の報道を覚えていませんか」

当時、CNNはイラク兵によってレイプされたと泣きじゃくるクウェートの少女の映像を盛んに使ってイラク攻撃への国際世論を煽《あお》った。ところがこれがヤラセだった。実は彼女はレイプなどされておらず、セリフの書かれたレッキとした芝居だったのだ。このことを例に挙げ、マスロバルは極度に肥大したアメリカ・メディアによるマインドコントロールの危険性を切に訴えようとしていた。

そしてコソボの背景に言及した。

「コソボのアルバニア人たちは、かつて連邦政府からの経済支援をふんだんに受けていました。だからこそコソボはアルバニア本国より数倍豊かではありませんか。自らの言葉を話す自由、経済活動、学問も保障されていました。少数民族政策ではユーゴスラビアは世界一だったのです。しかしそれを良いことに彼らは偏狭な民族教育を始めた。現在の体制については税金を払わない。ユーゴスラビアへの諸権利も勝手にボイコットしているにもかかわらず、追い出されたというのはフェアーではないでしょう」

コソボのアルバニア人たちの諸権利の剝奪情況だけを見れば、日本政府の在日韓国・朝鮮人に対する扱いと大差ない。いや、納税の義務を課しつつも選挙権すら与えない日本の方がよほど非人道的であると言っているのだろうかと勝手に聞いて私はヒヤリとした。

記者の中から質問が投じられた。

「ただ今、皆さんからアメリカやNATOの批判を伺ったわけですが、では現在のミロシェビッチ大統領の判断をそのまま支持するのでしょうか」

これ以上ない愚問だった。

ストイコビッチがすかさず言った。

「重要なのはカタストロフィーから祖国を守るために、全国民が一致団結しなければばならないということです」

日頃『プレー中に切れやすい』という批判を甘んじて受けている妖精《ピクシー》が、イラダチを隠しながら続ける。

「ミロシェビッチ大統領の勝手な指揮の下に国民が辛苦を味わっていると思ったら大間違いです。現在の大統領の声はセルビア人の声です。ランブイエで大統領が調印しなかったのは、大統領が個人的にしなかったのではなく、私たち国民が絶対にサインすることを許さなかったのです。それが真実です」

ストイコビッチはこの時、こう言いたかったのだ。

「付属文書B（アネックスB）のことを、ランブイエ合意破局の真実をどうか誰か伝えてくれ！　空爆はNATO軍の占領を拒否したために行なわれたのだ」と。

ペトロビッチがマイクを引き継いだ。

「アメリカはたった一人の人間（ミロシェビッチ大統領）に対しての攻撃のように見せていますが、とんでもありません。ユーゴスラビアに対しては空爆前にも8年に及ぶ長く苦しい経済制裁がありました。そんな中、早く経済制裁を解除すべきだという国も出始めていました。しかし、アメリカとの関係の中で、自分たちの立場や利益を考えてユーゴへの制裁解除を言えない国が多いのです。NATOは4、5日も爆撃すれば、ユーゴは……大統領は和平案に調印するだろうと計算していたのでしょう。しかし、現実はその全く逆です。すでに一般市民にまで被害が及んでいるこんな紛争・攻撃になると予想が出来ていれば、ヨーロッパの国々の対応は違っていたはずです」

この時偶然に、本当に偶然に一人の記者の携帯電話が鳴った。その曲が『It's a Small World』だったのは何とも皮肉だった。

違う質問が違う記者から飛んだ。

「情報が偏っていることはあるかもしれません。ですが、コソボでセルビアによる民族浄化が行なわれているかどうかを確かめる術《すべ》もありません。その件に関して、どうお考えですか」

これにはドロブニャクが答えた。フランス・リーグ得点王は端的に言った。

「（国家的に）民族浄化を行なっているのはまず私たちでなく、NATOであり、アメリカではないでしょうか？　彼らはただユーゴに軍事基地を作りたいのです」あとを引き取るようにペトロビッチが言った。

「私からも言わせて下さい。空爆を恐れての避難を、なぜすぐに虐殺と結びつけるのですか。先日、トラクターへの『誤爆』があって80名以上のアルバニア人が亡くなったという発表がありました。そんな土地にどうやって留《とど》まることができますか。プリシュティナやジャコビッツアからの爆撃の悲報を聞けば誰だって逃げ出したくなる。アルバニア系住民だって空爆で殺されているんです。しかし、アメリカは『勇敢な住民が、セルビアと交戦して戦死した』と大々的に報道し、『彼は勇敢だ。なぜこの彼が死ななくてはならなかったのか？』と全世界に報せているのです」

　最後の言葉がペトロビッチらしかった。

「アルバニア人も空爆で殺されているのです。このことを忘れないで下さい。一刻も早くこの戦争が終了し、真実が何だったかを客観的に全世界に伝えられる日を心より、待ち望んでいます」

　民族浄化に関して言えば、空爆はセルビア民兵たちのコソボ入りのきっかけを作ってしまった。私は現地入りした友人のジャーナリストから「報復にアルカンの虎部隊が入ったらしい」との情報を得ていた。後に自ら現場を歩いて検証したが、南部の街ジャコビッツアのセミアックラーニ通りに入ったのが5月の中旬、アルバニア人女性ナセダ

（40歳）の家庭に押し入り、母親と子供を連れ出し、ネックレス、指輪などの貴金属を切り取った上で殺し、家に火を放った。

NATOの行ないはまるでマッチポンプだった。空爆開始で民族間憎悪を後戻り出来ぬまでに沸騰させ、紛争の激化を煽り、それを押し止めるにはまた空爆しかないと喚く……。

この日、集まったJリーガーたちは気負い込んだ口調でもなければ、熱く反米感情を垂れ流すのでもない。今までの溜まっていた気持ち、堪えていた言葉をここぞと吐き出している。そんな感じだった。しかし、質疑のやり取りがどこかずれているような会見だった。

記者団の中に「空爆は悪」、しかし「ミロシェビッチも悪」という喧嘩《けんか》両成敗的な雰囲気が漂っているようだった。最後の質問になった。

「祖国にいる家族に対してどんな心配をされていますか。またシーズンが終わったらすぐに帰るのでしょうか」

「昨日、私はパープルサンガ戦で京都にいました」

ストイコビッチが無表情のまま声を出した。「そこから安否を確認するために母に電話をしました。しかし途中で中断せざるを得ませんでした。なぜなら鮮烈な爆撃音が受話器から飛び出してきたのです」

誰もが息を飲んだ。

「彼らは、地下倉庫で生活をしています。こんな惨事を耳にして、母の話を聞いた後でどうしたら気持ち良く試合が出来るでしょうか。もちろん、帰りたいという気持ちもありますが、空港は閉鎖され、交通路が遮断されており、帰るに帰れない。そんな情況です」

4月5日にはストイコビッチが育ったニーシュ近郊アレクシナツの住宅街にロケット砲が撃ち込まれ、民間人12人が殺されている。NATOは『誤爆』を繰り返した。当初は釈明を繰り返していたが、この頃には「攻撃に誤爆はつき物だ。悪いのは残虐行為を止めないミロシェビッチ大統領だ」との開き直ったすり替えを始めていた。戦闘機のパイロットは肉眼で撃つわけではない。湾岸戦争時、ピンポイント爆撃をテレビ中継中に披露していたハイレベル技術が頻繁に誤作動するわけもなく、住民の恐怖感を煽る意図的な無差別爆撃であることは明白だった。

事実この頃、クラーク最高司令官が「撃つ1秒前に存在に気づいたので間に合わなかった」とテレビで誤爆理由を説明していた列車爆撃確認ビデオが、実は3倍速のスピードで放映されていたことが、後になって暴露された。

そんな中で生活を送る市民は、いつ当たるともしれない死の抽選番号を持たされているようなものだ。そして遠い異国に身を置き、帰国することもままならず、そんな家族の安否を常に気遣うプレーヤーたちの精神状態と言ったら……。

Jリーガーたちの会見は終了したが、義援金口座開設の紹介の時、ペトロビッチがま

99年4月、空爆に対する抗議アピールのために、ユーゴ大使館に集まったJリーガーたち

た発言した。ボスニア紛争以来続く援助の不公平さについての訴えだった。

「今、様々な金銭的、物的、精神的支援がコソボに向けて行なわれています。ひとつ言いたいのは、アルバニア人の子供も、セルビア人の子供も、同じ子供たちではないですか？　紛争を始めたのは大人です。なぜ、アルバニア人の子供たちだけに支援が行って、セルビアの子供には行きわたらないのでしょうか？　そんなことは断じて許されないことです。お願いします。日本は非常に豊かな国です。これから、バルカンに多くの支援が送られると思います。その中で、どうか、アルバニア人だけではなく、セルビア人にも子供がいるということを、きちんと考え、感じていただきたいと思います」

集会は終わった。

数人のサポーターたちがストイコビッチを

取り巻いた。意を決したように通訳を介して一人が聞いた。

「ピクシー、自分たちで何か協力出来ることはないかい」

記念撮影やサインに気さくに応えながらストイコビッチは小さく笑った。

「スタジアムに来てくれて俺たちを応援してくれるだけでいい」

日本のメディアに向かって話すだけ話した。自分たちはサッカー選手だ。あとはプレーに集中するしかない。そんな表情だった。

この時、ストイコビッチはすでにスポーツ制裁の覚悟を決めたような言葉をもらしている。

「これでまた国際試合から抹消されるかもしれない。でもたとえ僕たちは存在を否定されても、いつの日か必ず戻って来る。その時、僕はもう現役を退いているかもしれない。でもユーゴのサッカーは不滅だよ」

大使館からの散会後、Jリーガーたちはユーゴ人水入らずでレストランで会食を持った。気の置けない仲間同士のリラックスした会になる予定だったが、ひとつの諍《いさか》いが起きた。同席したA選手の妻の父が高齢にもかかわらず非常事態ということで軍に徴兵されたのだ。心配でたまらない彼女はB選手の妻に当たった。

「あなたはいいわね」

彼女の両親はすでに他界していた。

「何ていう言い草なの！」

危うく摑み合いの喧嘩になるところだった。凄まじいストレスは仲の良かった数少ない在日のユーゴ人たちの人間関係すら蝕んでいた。

Jリーガーたちがトレーニングの合間に必死の思いで学習し、データを調べ上げ、記者たちを前に語った集会だった。しかし取り上げてくれたメディアはほんの一握り、テレビにおいてはせいぜいがストイコビッチの一コメントだけをストレートニュースで流した程度に終わった。

「ユーゴ人がユーゴスラビア空爆反対の発言をするのは、当たり前過ぎてニュースにならない」私がかけ合ったある新聞社のデスクはそう冷たく言い放ったのだった。

私は無力感に苛《さいな》まれていた。コソボの友人には電話が繫がらず、ベオへも不通の状態が続いた。アルバニア人のファトスにもソコリにもトビャルラーニにも、セルビア人のミレ爺さんにもゾラン少年にも連絡が取れなかった。

毎夜、酒を飲んではやたらと荒れていた。クリントンがテレビで「ミロシェビッチは20世紀最後の独裁者だ」という言葉を吐けば、「お前もチンケな扇動家じゃねーか」と毒づき、「非人道的残虐行為をやめさせねば」と言えば、「200年前にアメリカ先住民を無差別殺戮したてめえらに言われたくはねえ！」とツバを飛ばした。

私は一方的攻撃を繰り返す最新鋭米軍機を見る度に、アメリカ西海岸に住むポモ族やナバホ族の友人たちから知らされた白人の行なった「インディアン狩り」の恐ろしさを思い出していた。

5月16日。私はユーゴ空爆反対デモを主催した。

赤坂《あかさか》署に示威行動の届け出を出して以来、自宅には公安の嫌がらせと盗聴が続いた。その度、私はイライラの捌《は》け口《ぐち》を見つけたように、相手に向かって怒鳴りまくった。

デモの参加者はやはり少なかった。在日ユーゴ人、中国人を含めて約200人ほどだ。走り回って世論の中で感じたのは「ユーゴスラビア空爆に反対すること＝アルバニア人への虐殺を容認すること」との、全くわけのわからない短絡ロジックが巧妙に構築されつつあったことだ。これがソフト・マインドコントロールってやつか。

アルバニア人であろうが、セルビア人であろうが、民族の記号で括《くく》られて虫ケラのように殺されていい人間など存在しないはずだ。要は「殺すな！」ということだ。「人権は主権よりも尊重される」と相変わらずクリントンは言う。戦争が最大の人権侵害であることに気づかぬ振りをして。

同じ頃、ベオグラードではドラシュコビッチ・セルビア再生党党首が「もはやわれわれは国際社会の中で完全に孤立した。われわれの理解者は世界の極右と極左の勢力の中にしか存在しなくなってしまった」と発言した。

一面は確かに。この日、集まった檜町《ひのきちょう》公園の我が「同志」には一水会《いっすいかい》、赤軍《せきぐん》派のメンバーの姿があった。党派の人間も見える。しかし、日頃、政治活動などと無縁に見える人々も多々集まった。ユーゴサッカー・フリークたちも駆けつけたのだった。嬉《うれ》しかった。

まだスポーツ制裁は科されていない。プラーヴィたちのユーロ2000への道はある。フットボールがユーゴスラビアの唯一の希望であるのだから……。

是が非でも勝ち残って欲しい。アメリカ大使館前で警察と揉《も》み合いながら私は強く強くそう思っていた。

2　矜持の国へ

6月3日。私はアイルランド、ダブリン空港に降り立った。

空爆が続行される中、プラーヴィたちのユーロ2000への戦いは続く。私の旅も続いていた。

これから5日のアイルランド戦を取材した後、テッサロニキへ移動して8日のマルタ戦を追う。その後、空爆下のベオグラードへ入ろうと考えていた。果たしてユーゴスラビアは今どうなっているのか。ノービザで入れた空爆開始前と違い、現在の入国は至難の業《わざ》と言われていた。6月に入ると特に外国人ジャーナリストについての規制は厳しくなり、ほとんどがシャットアウトされていると聞いていた。

入れる確証はどこにもなかった。しかし行ってみないことには始まらない。ユーゴへの思いだけがただ身体《からだ》を駆り立てていた。

まずは目の前のアイルランド戦だった。11月に順延して行なわれたベオグラード・ホームでの一戦ではエース、ミヤトビッチの一発でこの難敵を退けてはいる。しかしクロアチアを破った潜在能力は侮れないものがあった。

対して我らがプラーヴィは昨年来から続く紛争、空爆騒ぎでいまだ2試合しか消化していないのだ。国内リーグは中断され、海外でプレーする選手にしてもとても集中出来る状態ではないだろう。ボイコットでフィジカルも弱っているはずだ。最悪のコンディションでどう戦ってゆくのか。不安が胸一杯に広がっているのを感じながらタラップを降りた。

イミグレに並んだ。入国審査官は100キロは楽に超す大男だった。

「アイルランドは初めて?」

「うん」

「滞在は?」

「3日ほど」

「目的は?」

「取材」

「何の」

しつこいなあ、と思い始めた。「フットボールだ」

ここで100キロ男の眉間に皺《しわ》が寄った。「フットボール？　何の試合だ」

不吉な予感が頭をもたげた。

「だから、おたくとユーゴスラビアの」

「ああ、あれか」続けて100キロ男は、殴りつけたくなるような笑いを浮かべて言った。

「あれはキャンセルになったぞ」

聞きたくない言葉だった。

「我が政府がユーゴ人にはビザを発給しないと決めたらしいんだ」職業柄かビザという単語に力を込めた説明が頭の上から降ってきた。

ビザを発給しない？

なぜだ！　という思いが強かった。

プラーヴィは今どこにいるんだ。また追い返されたのか。ならば、92年のストックホルム大会の再現か。いよいよ出場権剝奪なのか。ぐるぐる悪い憶測が脳裏を走り回っていた。

5月30日。1週間後に迫った対アイルランド戦への準備に向けてユーゴ代表監督ジバデノビッチは選手たちより一足早くダブリンに入った。ホームで勝ち点を挙げているとはいえ、決して侮ることのできない相手。万全を期すための先乗りだった。

しかし、アイルランド代表のキャンプを視察するうち、レギュラー陣に故障選手が多く出ていることに気づいたという。

「なにしろロイ・キーン（マンチェスター・ユナイテッド、キャプテン）がいないんだ」

予選8組の中で現在、最も充実していると気にかけていた相手は、決して磐石のチーム態勢ではなかった。

異変は『この試合与《くみ》しやすし』と踏んだその翌々日あたりに起こった。FAI（アイルランド・フットボール協会）経由で予約しておいた代表用の練習場、ホテル、バスがキャンセルされているとの情報が入ってきたのだ。ジバデノビッチは訝《いぶか》しがりつつ確認に走った。

同じ頃、ギリシア・テッサロニキでキャンプを張るプラーヴィたちのビザを取得するためにFSJのブラトビッチ事務総長はアテネのアイルランド大使館に日参していた。秘書と幾度もビザ申請のファクスをやり取りしながら、アイルランド本国からのリターンを待っていた。

6月1日、テッサロニキからアテネにプラーヴィたちは集められた。大使館からビザ受領に来るように言われた指定日だった。ところが3時間かけて出向いてみれば「今日は業務を行なっていない」と門前払いを食らったのだ。ブラトビッチはこれは白昼夢かと思ったという。日曜日でも、もちろん就業時間外でもない。翌日（それはダブリンに向けて出発する前日だった）、アイルランド政府からユーゴスラビア代表選手団にはビザを発行しないとの公式発表が出された。入国出来なければ試合は出来ない。順延と決まった。

プラーヴィたちは大きな落胆に包まれた。テッサロニキではすでに2試合練習試合を消化し、それなりに調整も進んでいたのだ。

私は地元のメディア、FAIを当たって、突然のビザ発給拒否の真相を探った。

真相は何もなかった。いや、正当な理由が何もなかったと言い換えよう。

当然だ。ユーゴスラビア代表選手団を入れたからと言ってアイルランドが空爆されるわけでもない。今回は政治がスポーツに介入したのでなかった。一言で言えば、スポーツの立場であるべき者が政治を利用したのだった。

FAIのスポークスマン、ブレンダン・マッケンナは私の質問に対し、政府に対する直接的な働きかけをしたことを一応は否定したが、現段階でユーゴとやるのが得策ではないとの見解を協会全体が持っていたことを認めた。UEFAはさすがにFAIのこの姑息《こそく》な仕打ちにペナルティーとして罰金を科した。しかし空爆のドサクサ紛れにビザ発給拒否という手段で、試合順延の優位性を強引に引き出したその姿勢には、勝ち点の剝奪こそしかるべきではなかったか。罰金、つまり金でポイントが買えるとなれば、それはもうスポーツではない。

「これで故障者の回復に充《あ》てられる。次回ユーゴ戦は万全」とのダブリン地元紙の報道には唖然《あぜん》とするばかりだった。

そう言えば、悪い兆候は日本を発《た》つ前からも確かにあったと思い起こす。FAIから試合会場でのユーゴ国歌の斉唱と国旗の掲揚は自粛するようにとの通達が出されていたのだ。理由は民族感情を刺激するから、という取ってつけたようなものだった。アイルランドにアルバニア人が多数いるはずもなく、モチベーション低下を狙った嫌がらせ以外の何ものでもない。

3日後の対マルタ・ユーロ2000予選は予定どおり行なわれるという。もはやそんなことで大きく安堵《あんど》している自分に気がついて苦笑してしまった。負けてもいいんだ。ただ、普通に試合をさせてくれよ。

6月8日、ギリシア、テッサロニキ。

空爆の打ち続くベオグラードでは当然ながらAマッチはできない。国外で準ホームを探さざるを得なかったFSJが選んだ地。このギリシア第二の地方都市はセルビアと歴史的にも因縁が深い。14世紀ドゥシャン王の時代はギリシアのペロポネソス半島近くまでが、セルビア領。そして第一次大戦時、ブルガリア軍に背後を突かれたセルビア軍はここテッサロニキで連合軍と合流し再起を図ったのだ。今も2000人のセルビア兵戦没者が眠る大きな墓地がある。プラーヴィたちもセルビア語に不自由しないというこの地で再起を期す。対セルビア感情の良い数少ない都市と言えるだろう。ちなみにセルビア人たちは誰もテッサロニキとは言わない。愛情を込めてスラブ名で「ソルン」と呼ぶ。

ソルンの市民感情からしてユーゴ空爆反対の気運は高く、街の広場には「FUCK the USA」等の落書きが目立つ。NATO内部でも、どう考えても理不尽な今回の空爆に対して足並みが揃っていたわけではなかった。ギリシアもそんな穏健派の一つだ。駐留するNATOの軍用車を混乱させるために道路標識を取り替えるという市民のアクションが盛んに行なわれていた。この時期、フットボール界においても象徴的な出来事があった。前日の6月7日。アテネのインターコンチネンタル・ホテルではAEKアテネとパルチザン・ベオグラードとのクラブ提携発表の記者会見が行なわれたのである。

AEKアテネの監督トゥンバコビッチはセルビア人。ストイコビッチによればユーゴからの流出を惜しまれたパルチザン出身のきわめて優秀な指導者だ。その縁もあってか、この2チームは空襲警報が鳴り止まぬ5月のベオグラードでフレンドリーマッチすら行なっている。AEKの選手とサポーターたちはブダペストからバスを延々乗り継いでやって来たという。

会見の席上、AEKアテネの会長は「全世界の国々がユーゴスラビア・サッカーをパージしても、我がクラブは未来永劫《えいごう》にあなたたちの味方である」と高らかに宣言。会場で大きな拍手を浴びた。記者たちも好意的にこの出来事を取り上げていた。私もこの瞬間、パナシナイコスでもオリンピアコスでもない、ギリシア・リーグでの贔屓《ひいき》クラブを勝手に決めたのだった。

翌朝、合宿地ホテル・パノラマへプラーヴィを訪ねた。質素なホテルだった。選手たちは散歩に出かけた後だという。ベランダ脇のイスに腰かけて待った。

今こうしている間にも爆撃は止んではいない。アウエーゲームにおいては、入国すら拒否された。さぞや選手たちは気落ちしているのではないか。エーゲ海が眼下に見渡せるロケーションだが、私には風景を愛でる余裕などなかった。しかし帰って来たストイコビッチの顔を見てようやくホッとした。思った以上に元気そうだったのだ。

――たいへんなことになっちゃったね。

「若い選手が特に気落ちしてたね。無理もないよ。アイルランド、マルタと2試合やるつもりで気持ちを高めていたのに……。知っているかい？」

ここで妖精《ピクシー》は嘆息しながらとんでもないことを教えてくれた。

「入国させなかった上にアイルランドは3―0で不戦勝にして欲しいとUEFAに言ったんだよ」

信じられない主張だった。これが国際スポーツの現状なのか。

とにかく、マルタと試合して続報を待とうとストイコビッチはチームメイトに呼びかけていた。

続々と帰って来た煌《きら》びやかなタレントたちは、いつもどおりの淡々とした面持ちでトレーニングにいそしんでいるようだった。ミヤトビッチは相変わらずひとりぽつねんと孤高の雰囲気を醸し出し、サビチェビッチはジョークを飛ばして周囲を笑わせる。チーム全体が浮き足立つことなく冷静に事態を受け止めている、そんな印象を受けた。

温厚な人柄で慕われるフィジコセラピストのラキことミラン・アランデロビッチはこうも言った。

「自分たちの力でどうにもならないことがこの世の中にはたくさんある。ユーゴのスポーツ選手に限って言えば政治の問題がそれだ。アイルランド戦は延期されたが、出場権を剝奪されたわけではない。そのことに感謝しつつ全力で戦うだけだ」

サビチェビッチはジョーク混じりで躱す。

「慌てないのは92年の悪夢があったお陰だ。何事も経験しておいて損はないということだよ」

今回、「欧州スポーツ界からユーゴスラビアを締め出せ」というEU（欧州連合）からUEFAに向けての圧力は凄まじいものがあった。事実、卓球連盟などはそのプレッシャーに屈するかたちでユーゴ人選手の出場を取り消している。

「UEFAには感謝している」とストイコビッチはしみじみと言った。「『心配するな。私たちはきちんと見ている。必ずプレー出来るようにするから』と言ってくれたんだ」

反面、もちろん不安もつきまとう。「『ただ、7年前のように国連制裁が来たらUEFAとしてもどうしようもない』とも言われた。とにかく今はそういう情況なんだ」

練習、食事、ミーティング……。キャンプ生活の合間を見つけては携帯電話に齧りつき、母国の家族の安否を訊《たず》ねるプラーヴィたち。彼らは現在、目に見えぬ恐ろしい二つの敵と戦っているのだ。言わずとしれた空爆、そしてスポーツ制裁だ。いずれもがいつ我が身の上に降りかかってきてもおかしくはない。「いつか集中力が切れてしまうのが怖いよ」妖精はポツリという感じで最後に言った。チームドクター、ホペイロ、ユーゴスラビア代表チームのスタッフのほとんどは、無給でこの遠征に参加しているという。

午後、A代表マッチに先立ってユーゴ対マルタのU《アンダー》―21の試合があるというので出かけた。会場は同じ市内であるが、どうやら別のスタジアムのようだった。それはホテルから乗ったタクシードライバーが途中、幾度も車を停めて場所を聞かねばならぬほどの小さな競技場であった。

観客は多めに見積もっても300人ほど。ほとんどは関係者だ。貧弱な施設。まばらな観衆。しかし、厳粛な雰囲気を醸し出すに十分の演出が待っていた。両国国歌の斉唱がゲーム前に行なわれたのだ。小学校の運動会で使われるような簡易屋外スピーカーからノイズ混じりのユーゴ国歌が流れてくると思わず胸が熱くなった。

自粛を求めたFAIとは違う。

若い選手も相変わらず国歌を歌わない。しかし勝手な日本人の胸には準ホームとはいえユーゴを尊重してくれるマルタの紳士的対応に感謝の気持ちがこみあげてきた。

午後4時、試合は開始された。

いやもう、開始早々憂鬱を吹き飛ばすような素晴らしいタレントがいた。

その名はアドリアン・ジョカイ。

トップの左脇にポジションを張るこのU—21のキャプテンは、いかにもユーゴ人らしい巧みな足技を披露する。ひとたびボールを受けるや、時に緩やかに、時にしゃくり上げるようにアクセントをつけたドリブルで敵陣に切り込んでゆく。驚嘆するほどの広い視野を持ち、瞬時に味方を見つけるや左右両足から正確なパスを散らしては、ゴール前へ自らも詰めてゆく。ハットトリックの3点目を頭で合わせてとったようにヘッドも強く、何より凄まじい運動量である。

プロシネチキの足技、ミロシェビッチの頭、ペトロビッチの運動量とたとえるのは誉《ほ》め過ぎか。

背負っている番号は当然のようにデセト（10番）だった。1917年のユーゴスラビア・フドバル協会設立以来、過去幾人の天才がこの番号を背負ったことだろうか。デヤン・スタンコビッチとその系譜を争うことは間違いないだろう。所属のクラブは、ポドゴリツァ・ブドゥーチノスト。人口約60万人の共和国、モンテネグロはまた新しい才能を輩出したようだった。ジョカイはすでにスペインからのオファーを直接受けていると も聞いた。これもまた驚異だった。サビチェビッチにしろミヤトビッチにしろ、いかに優秀なプレーヤーでも、モンテネグロ出身の選手はいったんはセルビアのベオグラードのクラブで認められてから海外へ移籍するというパターンが通例だ。レッドスターやパルチザンを経由せずに声がかかっているところからも彼の非凡さを窺《うかが》い知ることができる。

後半、4―0という一方的なスコアで攻めながら、レッドカードをもらって退場者を出してしまうというこれまたユーゴ的な展開を顎に手をあてながら眺めた。

結局6―0で試合終了。圧勝であった。

「国破れてもフドバル在り……だ」

ふと、横を見るとサビチェビッチとミハイロビッチが並んで観戦している。

すでにA代表はホテルから直接試合会場へ向かっているはずだ。

「ゴスポディネ・サビチェビッチ」私は聞いた。

「今晩のゲームはベンチ入りしないのですか？」

「ちょっと疲れてるんでね」

直後、ジバデノビッチ監督に聞いてわかったのだが、サビチェビッチ（当時ズベズダ）はフィジカルは問題なかった。しかし、空爆下での精神的疲労がひどくて休ませたとのことだった。

やはり。

外国人記者に明るい素振りを見せてはいても、夜間空襲に備えて日没とともにシェルターに駆け込む生活はサビチェビッチの神経を確実に蝕んでいたのだ。3月下旬、空爆が始まった頃、ミハイロビッチはローマで「自分は全面的にミロシェビッチ大統領を支

持する」と発言した。NATOの武力攻勢に負けるなとの表明だ。サビチェビッチはベオグラードでこれを伝え聞き、

「あいつはいいよな。国内にいると複雑なんだよ。単純には発言できないんだ」と嘆息を漏らしたという。相当なストレスが溜まっていたのだろう。おそらくアメリカW杯に出場していれば大ブレイクするはずだった左足の天才は、若い選手に混ざってバスに乗り込んで行った。

世代的には彼が一番全盛期をスポイルされたのではないか。94年のチャンピオンズリーグ決勝であのバルセロナをたった一人で打ち負かしたデーヨの背中を見ながら、私はスポーツ制裁の残酷さに思いをはせていた。

欧州の6月は日没が遅い。A代表ユーゴ対マルタ、ユーロ2000予選キックオフの笛が鳴った午後8時は、照明にまだ灯が入っていなかった。

老朽化したテッサロニキ・パオク・スタジアムは満員のマラカナを幾度も見てきた身からすれば、とてつもなくうら悲しい。蔦《つた》のつたうスタンドの入り口でみすぼらしい身なりのロマ（ジプシー）の親子が、廃屋から拾ってきた発泡スチロールの板をクッション用に売っている。それがまたそこそこ売れているというような設備だった。

観衆は1500人ほどだろうか。入場料は日本円にして約500円だった。収入が激減したFSJの財政面での打撃は計り知れない。当然ながら戦時下である母国からのサ

ポーターは一人もいない。旗を振り、口笛を鳴らすのはほとんどギリシア在住のセルビア人たちだ。ピッチに目を落とせば、芝は遠目にも雑な管理が目立ち、剝《む》き出しの土が痛々しい。

しかし、プラーヴィたちにとっては「環境が悪くてモチベーションが……」などと寝《ね》呆《ぼ》けたことを言っている場合ではなかった。真摯にプレーに没頭しなくてはならなかった。

しかし試合開始早々の前半6分、信じられないことが起こった。サリバにサイドを割られてまさかの1点を献上してしまったのだ。

懸念されるメンタル面での不安定さがいきなり顔を出したようだった。久しぶりのAマッチにDFラインは明らかに落ち着きを欠いていた。気を取り直してセンターサークルへ向かうFW陣にベンチから大きな檄《げき》が飛んだ。気を取り直したようにページャが右手を上げてそれに応えた。

無名だったヨバン・スタンコビッチ（マジョルカ）を発掘したジバデノビッチは、実験好きの監督だ。格下相手に試したかったのだろうか。この日はミヤトビッチ、コバチェビッチ、ミロシェビッチの攻撃的3《スリー》トップの布陣を敷いていた。

けれど、ゲームメイクするストイコビッチは半ば意地のようにボールをミヤトビッチにしか出さない。それはまるでエースとキャプテン、モンテネグロとセルビア、今この時の自分たちの絆《きずな》を確かめているようだった。

全くの練習不足だろうが、二人の間のホットラインは着実に成立していた。41分、78分と30メートル級の芸術的なパスが、そこしか抜けないというグラウンダーで交換される。まるで「モンテネグロ、ユーゴから分離」との風評を吹き飛ばすかのように、ストイコビッチからの円形の魂がミヤトビッチの足元にぴたりと届く。

サッカーでロングレンジのグラウンダーのパスほど、「勇気」を感じさせるものはない。ＤＦに足元を線で切られたらおしまいだ。しかし、リスクはあるが決まれば次の展開は早い。それが見事に決まっている。嗚呼《ああ》何とユーゴのサッカーは美しいのかと思う瞬間だ。

落ち着きを取り戻せば、ゲームはやはり一方的だった。ミロシェビッチが続けて決めた。

77分、3―1になった時点でお役御免《ごめん》となったストイコビッチはまばらな観客にそれでも大きく両手を上げて、サポートの感謝を示した。期せずしてピクシー・コールが起こった。本場のそれはグランパスのとは違い「ピクシー、ピクシー、ピクシー」と息継ぎもせずひたすら連呼する。セルビア系ギリシア人たちの小さなコールは、はかなげに薄暮の夜空に吸い込まれていった。

結局、4―1で試合終了。

ミヤトビッチ、ミロシェビッチのキレが良かった。まあ、順当と言えば順当だが……。試合後、物置を改造したような会見場に記者たちはすし詰め状態だった。

タオルを頭に巻いて現われたストイコビッチは、滴り落ちる玉の汗を拭いながら憑《っ》かれたように同じコメントを繰り返す。

「取り巻く情況は相変わらず厳しい。でもわれわれはベストをつくす。われわれはベストをつくす……」

バスを見送ろうと表に出ると、セルビア人の子供たちがワサワサと寄って来た。珍しそうに私を囲んで見上げる。

日本人なのに何でユーゴの試合に来てるんだよ。

私は大げさに答える。

「今ね。日本で一番人気のあるクラブはね。オビリッチなんだよ」

弾けたように笑った。オビリッチは今、アルカンがオーナーということでUEFAから国際試合を禁じられているのだ。

空爆が始まってから、ラツィオのミハイロビッチはミラノで「殺人狂のセルビア人は出ていけ」と怒鳴られたそうだ。

海外に暮らすセルビア人。この生意気な子たちもいわれない差別を受けていないだろうか。

バスに目をやるとストイコビッチと目が合った。手招きするので寄ってゆくと、

「アシタ、4時、フライト、フランクフルト」と単語を繋げた。

腕時計を見る。今、11時だ。彼はこれから一睡もせずにドイツ経由で日本に戻るのだ。

12日の岩手でのナビスコカップ戦に間に合わせるにはそれしかない。中二日でギリシア北部から日本の東北地方への転戦は想像するだけで消耗する。妖精《ピクシー》のW杯予選時同様の地獄の欧日往復生活が再び始まっていた。しかも今回は祖国がとんでもない国家テロに遭っているのだ。

バスが動きだした。

「イデモ、カピテン（行け、キャプテン）！」

私は大きく右手をかざして三本指を立てた。セルビア正教のシンボルでのお見送りだ。ストイコビッチは苦笑しつつ親指だけ立てて返して来た。

「俺はねえ、別に民族主義者じゃないんだよな」

移動する車窓の向こうの笑顔がそう語っているようだった。

プラーヴィを乗せたバスはゆっくりと闇に消えて行く。私は小さくなってゆくテールランプをいつまでも見つめていた。

次の日に私はジュネーブ経由でザグレブに入り1泊。そして翌日11日、ユーゴ国境近くの町スラボンスキ・ブロードの難民キャンプに寄った時のことだった。いよいよ明日は陸路ユーゴ入りだと気負いつつ、NGO事務所のテレビをつけた。そこで2カ月半にわたる空爆がついにこの日停止したことを知ったのだった。

アンカーマンの言葉に被《かぶ》せて、無機質にテロップで出された「戦闘機997機、出撃回数延べ3万5219回」という数字の羅列の向こうに、流された血と荒廃したユーゴの大地がぼんやり透けて見えた。

終わったのか、という安堵の気持ちとこれからどうなるのか、という不安が自分の中で不気味に錯綜《さくそう》していた。

6月12日、偶然にも空爆停止の初日にベオグラード到着。KFOR（コソボ平和維持部隊）の駐留が決まり、目の前をまるで今までの遅れを取り戻すかのように、ロシア軍の戦車部隊がコソボに向かって全速力でカッ飛んでいったところだった。

非常事態体制は解除されておらず、国境越えは相変わらず厳しかった。

「ノビナル（ジャーナリスト）？」

外国人ということで一人バスから引き剥がされて、荷物検査。あとはひたすら入管事務所で待たされた。ベオとの電話のやりとりが続き3時間後、やっとOKが出たのだった。

この日、ベオグラードは曇り。私はどんよりした空気の中で破壊された内務省、連邦警察を見上げていた。見事に建物中央を射抜かれている。クネズ・ミロシュ通りで見覚えがある建物がガレキになっていた。それは昨年、シェシェリにインタビューした場所、急進党本部だった。

神戸の震災の時にも経験していたが、知っている建物、縁のあった建物が無残に消滅したとき、私はそこに纏《まつ》わる記憶までもが否定されたような悲しさに襲われることに改めて気づいた。

　情報を集めてゆくと、軍が運行するコソボ行きのプレスバスが2カ月ぶりに隊列を組んで出るという。世界中のメディアが殺到していた。

　私は少し考えたが、結局別の動きを選択する。今コソボで見られるのは「政治」と「軍」だろう。それはもちろん意味のあることだ。だが、私の仕事ではない。コソボの大情況とアルバニア人難民については、放っておいてもマスのメディアが伝えるだろう。

　私には空爆開始以来、ずっと気にかかっていることがあった。日本で見るかぎりメディアにも扱われず空気のようにその存在すら忘れられているかのような人々。それはコソボに居留しているセルビア人たちだ。

　私はプリシュティナのグラチャニッツァ修道院で昨秋会った人々を、いつも思い出していた。ボスニアやクロアチアから追い出され、この地にしかもはや住めなくなったと嘆いた老婦人たち。多数のアルバニア人が怖いと怯えていた少年。そして私に「あなたは仏教徒だろうけど、ここの作法を教えてあげる」と三本指での十字の切り方を教えてくれた当時83歳だったマリヤ修道女……。

　コソボで絶対的な少数者だったセルビア人の彼、彼女たちは今、どこにいるのか。そしてこの空爆停止でどうなるのか。それこそが真っ先にフォローすべきではないか。

　私は共和国広場の軍のメディアセンターに行ってプレス証を受け取る。ユーゴ国内の外国人移動にはこのプレス証が不可欠の物だ。後にこのプレス証を著作物に得意げにコラージュするジャーナリストがいた。W杯時と同じだ。特権みたいなものがそんなに嬉しいか、とそれを見た私はまたも鼻白んだ。昨年来、ことコソボ紛争現場で日本のパスポートはきわめて安全な「葵《あおい》の御紋」だった。ましてやNATOのピンポイント爆撃が外国プレスのいる場所（意図的に狙った中国大使館は別だが）を撃つはずがない。戦場に来たことで燥《はしや》ぐライターが、日本人にとって最も安全な現場を「決死潜入ルポ」と気取ることでまた自然にユーゴのイメージダウンを植えつけている……。

そんなことを考えながら久しぶりにスカダルリヤ（旧市街）へニクシッチビール恋しさに行った。18世紀から続くこのレストラン街も、長い戦時休業から抜けて今日からやっと開きだしたという。まばらだが、石畳に並べられたテーブルには客の姿もぽつぽつ見えている。口を動かすどの顔からも長い緊張生活から抜け出たという安堵の色が浮かんでいるようだった。名物の楽団の演奏もそろそろ始まるだろう。ただ、発電所の破壊で断続的な停電がまだ続いていた。時折切れる薄暗い電灯の下で私は黙々とビールを飲み、カラジョルジ（揚げソーセージ）を食らった。

久々にMにも会った。ベオグラード大学2年のままベオで燻《くすぶ》っていたMは、空爆が開始されるや、マスコミの花形通訳として引っ張りダコだった。しかし、あの明るかったMはすっかり元気をなくしていた。私の馬鹿話で嘉門洋子《かもんようこ》を嘉門達夫《かもんたつお》の娘とずっと信じていたMが。下ネタが好きで「ええか。西川口には有名プロゴルファーがお忍びで経営しているファッションヘルスがある。その名もタイガー・ウッピュ」というネタに3分近く腹を抱えて笑っていたあのMが、沈痛な面持ちで言った。「アメリカ同様、俺も戦争受益者ですよ」

カネをもらって安全なホテル・ハイアットに住みながら被災情況を機械的に訳す、ユーゴスラビア人の顔が直接見えないそんな仕事に心底疲れているようだった。私はこいつは心底ユーゴを愛してるんだと改めて思いなおしていた。

次の日、バスでニーシュに向かった。

ニーシュを選んだのはストイコビッチの故郷であるこの南部の都市が、コソボからのセルビア難民を多く受け入れていると聞いたからだ。地理的にもコソボから近く、都市の規模としてもセルビアで2番目に大きい。おそらく難民も避難民も真っ先にニーシュを目指したのだろう。

バスで4時間かけて行った。

破壊されていたのはストイコビッチが生まれたという病院、青空市場、タバコ工場、橋、住宅、線路……。市民生活に欠かせぬ建物ばかりだった。病院では被害にあった日に出産した妊婦がいたという。夫は妻子を同時に亡くしたのだ。

見ていて辛《つら》くなったのは建物から爆風で飛び出た品々から、おそらくはもう生きてはいない使用者のかつての生活の営みが想起されることだった。焼け焦げたベッドやソファ、高熱で捻《ねじ》れまがった台車、人形やぬいぐるみ、そして信じられるだろうか黒く炭化してしまったミニバスが、剝き出しのまま放置されていた。

私がニーシュへ行きたいと言ったら、案内をバシリイェヴィチの妻ミリッツアの兄サーシャが引き受けてくれていた。彼はこの地で広告代理店を営んでいる。

「ひどいものだろ」という彼の呟きに言葉を失《な》くした。

続いてラドニチュキ（労働者）・ニーシュ・スタジアムへ向かう。ニックネームがいかにも社会主義というこのクラブはストイコビッチがキャリアを始めた所だ。

ここでは爆弾で直接ケガをした選手がいた。病院が撃たれたその日の攻撃は昼間だった。リーグ戦は中断してもサッカー選手たちはコンディションを保たねばならない。ラドニチュキのプレーヤーたちはトレーニングをしていた。夜間攻撃に慣れていた選手たちは突然の白昼空襲にパニックになった。轟音《ごうおん》が響き、逃げ遅れた一人の選手の後頭部に破片がザックリと突き刺さったという。美しいユーゴ・サッカーを世界遺産というのなら、ここで行なわれたのは明らかな文化破壊だ。

サーシャと街の目抜き通りを歩く。

無傷の建物にも窓ガラスという窓ガラスに、ガムテープが大きくバッテンの形で貼られている。一見して爆風で割れないようにとの工夫であることがわかる。

「あれも早く剝がさないとな。街中ベタベタ貼られた時は子供が怯えてしようがなかった。ところで、あれの名前を何というか知っているか」

あれってその窓のことか？　知るよしもない。私は社会主義スローガン路線で適当に答える。「何だ、愛国の窓？　真実の窓？」

ダサイよ、お前という感じでサーシャは首を振る。

「あれはユーゴが世紀末に開発した新型コンピューターだ。『ウインドウズ99』と呼ばれている」不覚にも笑ってしまった。悲しさからのリバウンドだった。日本で聞けばこんなヘタレなギャグには決して反応しないはずなのに……。

悲劇をいつも笑いに転化してゆくユーゴの人々のメンタリティーは、エミール・クストリッツァ監督の作品によく描かれている。ベオの市民は空爆の最中も勝手な挨拶をはやらしていた。「ドバル・ダーン（こんにちは）」ならぬ「ボンバルダーン（落ちてまっか・筆者訳）」だ。

ニーシュでは顔役のサーシャに市長との会見をセットしてもらった。

40代前半の精悍《せいかん》な顔つきのヨバノビッチ市長は、すでにコソボから3万人以上のセルビア人難民が流出していると言う。

ニーシュの難民キャンプに入れないだろうか、と私は頼み込んだ。万に一つでもマリヤ修道女に会えるかもしれない。

ヨバノビッチは野党の政治家だ。それゆえに被害情況を事実以上に膨らましていたら現場訪問は拒否されるのでは、との私の懸念はすぐに払拭された。若い市長は場所を確認し、気やすく紹介状を書いてくれた。サーシャの車に再び乗り込んだ。

それは市庁から15分ほど走った所だった。官舎、体育館が開放されていた。路上には一見して難民とわかる子供を抱えた家族の姿がすでに見える。

私は紹介状を持ってオフィスに駆け込んだ。ぜひ取材させて欲しい。セルビアの被害情況をリポートするのだ。ところが……。

対応に現われた若い医師たちは「ノビナル（ジャーナリスト）」と聞いて、まるで忌み嫌うように手を振るのだった。最初は意味がわからなかった。もちろん、アポも取らず来たことや難民の生活の場に外国人がいきなり入ることの非礼を詫《わ》びつつ願い出た。しかし、彼が拒否するのはそんな次元のものではなかった。

「とにかく、外国人記者は出てってくれ！　君らの仲間は最低だ。散々取材しておきながらここのキャンプはセルビア人しかいないとわかると礼も言わずに帰っていく。君たちの役目は一体、なんだ！　まったく信頼がおけない。悪い役回りにされるのはもう沢山だ」

私は敵意丸出しの目付きで睨《にら》まれたことが相当堪えていた。「信頼おけない」という不眠不休の心労に加えて、決定的なメディア不信が彼らを支配していた。冷たい言葉もズンと胸に響いていた。

サーシャが粘ってくれようとするが、ここは素直に諦めた。日も傾き出している。ベオグラードに帰ろうと思った。私はセルビア人たちの頑なな心の前に難民取材を諦めていた。市街に戻るとサーシャに礼と別れを告げた。バスも考えたが、また4時間揺られるのは正直辛かった。カネもなかったが、疲れもあり、思い切ってベオ行きのタクシーをチャーターした。シートに身を横たえて眠りに落ちた。

小一時間ほど微睡《まどろ》んだろうか。

クラクションの音で目が覚めた。何気なく窓から外を見て驚いた。タクシーがいつの間にか大渋滞に巻き込まれていたのだ。「難民だ！」思わず声が出た。ほとんどの車が屋根に家財道具を括りつけている。

それはまさにニーシュにいたセルビア避難民たちの移動の群れだった。コソボへの帰還を諦め、私と同じ方向、つまり首都ベオグラードへ向かおうとしているのだった。渋滞をいいことに私は車外に飛び出して話を聞きまくった。

「頼るあてがなくてもテロリストたちに襲われるよりはましだ。コソボ和平と同時に俺たちは見捨てられたんだよ」車外にソファまで括りつけたコバチェビッチという中年男は吐き捨てるように言った。

「いつか、コソボに帰れると信じていたのに……。見てくれこの顔を。ＫＬＡ（コソボ解放軍）に殴られたんだよ」憔悴しきって額の紫色の痣《あざ》を見せたのはドウキッチ、何と2度目の難民生活だという。「1度目はクライナ（クロアチア）からだ」ペトロビッチが言っていたＯＬＵＪＡ作戦の被害者がここにいた。

この空爆停止直後のセルビア難民の大移動をほとんどのメディアは「報復を恐れるセルビア人たちがアルバニア人と入れ替わるようにコソボから脱出し始めた」と伝えていたが、「報復」というには先に手を出したからという前提が成立している。では彼らが一体何かをしたのだろうか。本来、報復の対象であるべきコソボでの掠奪《りゃくだつ》、殺人を繰り返したセルビア民兵は、奪った資産とともにとっくに退却しているだろう。彼らはただ同じ民族というだけで標的にされるのだ。

この時期、国連コソボ暫定統治機構（UNMIK）は、新しい警察機構に、事もあろうにKLA出身者を登用することを発表した。これはあまりに一方的な判断だった。

私はなぜアルバニア、セルビアのそれぞれの文民出身の者を同じ定数で、警察機構に登用しないのか不思議で仕方なかった。空爆の一番の加害国アメリカの人権団体（ヒューマン・ライツ・ウオッチ）のレポートでも、セルビア治安部隊の弾圧とともにKLAによる民間セルビア人への殺傷や掠奪、そしてその資金源が麻薬密売であることが明確に報告されている。約半年あまりで欧米諸国は自らテロリストと規定した集団をコソボで180度転換させてしまったのだ。自分たちを襲っていたテロリストたちが警官になる。コソボからセルビア人たちが恐れて逃げるのも無理はなかった。

山道を歩いている老婆がいた。孫らしい子供を背中にしょっている。声をかけると泣きそうな声で言う。

「私はね。泥水を啜らせても、木の根を食べさせても、この子をコソボで育てたかったんだよ」

マスロバルが言った言葉が思い出された。「コソボは日本で言えば京都・奈良。セルビア人にとっては特別な土地なのだ」

でももうその土地にこの老婆は戻れない。

「コソボに平和が来た」など嘘っぱちだった。

アメリカNATOはコソボでセルビア人への民族浄化をやりとげたのだ。和平合意に妥協する準備があったユーゴ政府に、ストイコビッチが語っていた飲めるはずのないアネックスBをぶつけて交渉を決裂させ、空爆と治安活動で一方的に追い出したのだ。対立民族の片方を追い出せば、それは表面上「平和」になるに決まっている。しかし、地域紛争の解決の仕方がこんなやり方でいいはずがない。

ベオグラードに住んでいる人々でさえ食ってゆくのはたいへんな情況だ。失業率が4割を超えたというのに、コソボから追われた彼らの行く末はどうなるのか。いや、彼らはまだ恵まれているかもしれない。親類、縁者もなくコソボから逃げることすら出来ないセルビア人たちはどうなるのか。

夕焼けで赤く染まった山道にその車の列は果てることなく連なっていた。

3　この一敗

8月18日、ベオグラード、マラカナ・スタジアム。ユーロ2000予選。ユーゴスラビア対クロアチア。

焦《じ》れている5万2000人の観客の目線の先に選手もボールも存在しない。暗闇に芝がポッカリと浮かんでいるだけだった。

ゲームが中断してからもう30分は経っただろうか。充満している黄色い催涙ガスが鼻に来た。咽《む》せるというよりも痛い。確かに涙が出てくる。

0—0で始まった後半早々、スタジアムが突然の停電に陥ったのだ。観客はただ再開を待っていた。放送ブースではクロアチアのアナウンサーが「ご覧ください！　ベオグラードにはガスも水道も、電気もありません」という絶叫を繰り返していた。

空爆停止でホーム・ベオグラードでの開催がようやく可能になっていた。初戦が対クロアチアというのも何という因縁なのだろうか。約5000人近い警官がスタジアムに配備されている。私はデリエのゾランに会えることを楽しみにスタジアム入りした。しかし、それは叶《かな》わなかった。彼は過激サポーターということで警察に試合の前後48時間にわたって拘束されていたのだった。

ユーゴ政府は民衆が1カ所に集まるのを極度に嫌っていた。この試合も反政府集会に転化するのではないか、との懸念からチケットが大量に買い占められるという事件が発生していた。ユーゴとクロアチアの分裂後、初の公式試合ということで政治的側面から注目されたカードだったが、試合内容そのものは寒いものだった。ユーゴはグランパスを優先させたストイコビッチ不在が響き、攻撃は最終ラインからのミハイロビッチのロングボール1本。欧州のリーグはシーズンオフとは言え、フィジカルの弱さが気になっていた。サイドのヨバン・スタンコビッチにいたっては絶不調でヤルニに思うがままに突破されていた。

クロアチアにしても「ここは引き分けでよし」とする雰囲気が見え隠れした。

そんなゲームにさらに水を差すように起きた停電だった。

暗闇の中で私は今朝のBBCニュースを思い出していた。キャスターは言った。

「今日はユーゴスラビアとクロアチアのフットボールの試合がありますね。ユーゴだけには勝って欲しくないですね」サブの女性が相づちを打つ。「そうですね。独裁者ミロシェビッチがまた調子に乗りますからね（笑）」

「ユーゴスラビア＝悪」というのはもはや西欧では前提になっている。

おそらくアンカーマンということで、ニュースについて気の利いたコメントを吐いたつもりなのだろう。それはきっと彼らなりの「正義感」から来ているのであろうことが、私をよりぐったりとさせた。さらに言えば、発言の中から「政治はスポーツとは別」どころか、「政治はスポーツより上」という意識も見える。

約40分の中断を経て試合は再開された。しかし、何ら試合内容に変化はなかった。いや、むしろ集中力を切らせなかったと讃えるべきだろうか。

0―0のまま試合終了。

クロアチアの指揮官ブラジェビッチはユーゴの記者に向かって、

「ホームで引き分けたからといって何をしょぼくれてるんだね。よくやったと思うよ。何しろ世界3位の国に引き分けたんだ」と大見得を切った。

私はクロアチア戦が終わると帰国せずに、そのまま日本のテレビドキュメンタリーの仕事を入れた。このままプラーヴィの残り試合を追うためでもあったが、「ユーゴスラビアに撃ち込まれた劣化ウラン弾を検証したい。空爆される側の視座で番組を作りたい」という訪ねて来た若いディレクターの意志に同調したのだった。

劣化ウラン弾。原発から出た濃縮ウランの廃棄物で作られた国連で使用を禁止されている兵器だ。NATOはこの非人道的武器を約100万発ユーゴスラビアで使用したと言われている。

この撮影期間中に記していた私の日記から、少しばかり抜粋したいと思う。1999年の8月に、ユーゴスラビアとコソボはどんな情況であったのかを知っていただきたい。

8月21日ベオ。コソボへ行ってくれるというドライバーがやっと見つかった。セルビア人にとってあの地はもはや魔境。「カネの問題じゃない、命が惜しいだけだ」と何人にも断られた。勇気あるドライバーは元パルチザン・ベオグラードのMFバネだった。それでもコソボ州境まで行くのが精一杯だ。そこでプリシュティナから呼び寄せたアルバニア人のドライバーとチェンジ。もちろん車も替えなくてはならない。ベオ・ナンバーで入れば即、投石の標的になる。

サッカー界ではついにミヤトビッチが「モンテネグロが独立したら俺はその代表でプレーする」と発言。コソボに誘発されてモンテネグロ情勢も活性化してきた。

8月24日。無事に州境での車のチェンジが成功した。プリシュティナ着。ここはもはやディナール通貨が使用できなくなりつつあることがわかった。通貨はほとんどドイツマルクだ。懐かしのホテル・グランド前にはアメリカ、イギリス、ドイツなどNATO加盟国の旗とアルバニアの旗。領土保全しているはずのユーゴの旗はない。フロントもはやセルビア語は通じない。放射能検知機を持って戦車の残骸を取材して回る。セルビア軍が置いていった地雷が至る所に埋まっている。移動がきわめて不便だ。

8月25日。KFOR（コソボ平和維持部隊）の広報官に会う。NATOの劣化ウラン弾については「使用は知っているが、われわれは特に関知しない」。土壌に溶けこみ、農作物経由で口に入れば人体にきわめて危険なものだ。アルバニア人の人権保護を大義にしたのなら、なぜ撤収作業をしないのか。ここにも空爆の矛盾がある。しかしアルバニア人たちは「米軍を悪く言うな」と耳をふさぐのみ。

8月26日。昼、地雷の爆発音を聞く。夕方コソボからベオへ帰る。再びバネに州境まで来てもらう。アルバニア人のドライバー、ディドリーズとバネが駐留しているアイルランド軍の戦車の前で記念の2《ツー》ショット。友好の印とクルー一同で拍手。

遅れていた市民への年金の支払いがついに止まるという。代わりに使用した電気代で相殺ということになるそうだ。老人にとって現金がないというのは悲痛なことだろう。

8月28日。ベオ郊外のビンチェ放射能研究所でセルビア南部ブヤノバツからユーゴ軍が回収してきた劣化ウラン弾の実物を物撮り。たった1本なのに何と放射能数値は年間7マイクロシーベルトを記録。自然界の100倍の量だ。これが大量にコソボに撒かれているのだ。本来であれば即座に回収しなくては危険だが、KFORは無関心。唯一その作業の可能性のあったユーゴ軍は、もうあの土地から撤退させられてしまった。放射能野放し状態だ。うかつだったが、われわれもその廃棄物置場での取材で全身に放射能を浴びてしまった。

かつて原発から出た放射能核廃棄物はカネを払って捨てていたものだった。それが現在は兵器転用することで軍需産業の利益機会につながる。そして正義の名のもとに他国に撃つ。つまり無料で捨てられる。湾岸戦争のイラクに続いて大量に核を捨てられた国。それがユーゴスラビアだった。この日、ディナールが闇レートでまた下がった。ユーゴをハイパー・インフレが襲っている。皆、狂ったようにマルクを買い始めた。すでにKFOR特需で潤うコソボの方が数倍も豊かだ。

8月31日。破壊されたパンチェボの化学コンビナートへ行く。バルカン最大規模だった同工場は、化学物質を大量に流出させる巨大環境汚染の源と変わり果てていた。アンモニア、水銀、ダイオキシン……。きつい異臭が鼻をついた。同行した藤田祐幸《ふじたゆうこう》慶應義塾大学助教授は、その廃墟《はいきょ》を歩きながら、「死者2500人を出したインド・ボパールの有毒ガス事故に匹敵する世界最大規模の環境破壊だ」と指摘した。だが国連環境調査団はろくに調査せずに帰ったという。

ストイコビッチが練習中にケガ。チームメイトの肘が脇腹に入って骨が折れたという。試合出場は微妙との記事が載る。

9月1日。新聞によれば、ついにユーゴスラビアはGDP（国内総生産）がアルバニアに抜かれたという。公務員の平均月収が500マルク（約3万円）。ヨーロッパで最も貧しい国になってしまった。サッカー面ではU―21代表がアイルランドを下す。「ジヨカイが救った」とある。テッサロニキで見た天才がアウエーで2ゴールを挙げたのだ。

ユーゴが欧州の最貧国になったその9月1日。ダブリンで対アイルランド戦が行なわれた。

6月の延期になった試合がこの日に行なわれたのだ。これもまた辛い展開だった。練習中に肋骨《ろっこつ》を骨折したストイコビッチに代わって、サビチェビッチが10番とキャプテンマークをつけて臨んだが、彼が大ブレーキになったのだ。運動量が全盛期より格段に落ちているのに加え、試合から遠ざかっていたためか、繰り出すパスがまったく味方に合わない。パサーとしても非凡な才能の持ち主であったことを知る者としては痛々しさすら感じていた。逆に故障者を回復させたアイルランドは絶好調だった。53分にキャプテン、ロビー・キーンが先制ゴール、69分にはケネディーに素晴らしいビューティフルゴールを決められた。

二人とも6月にはケガが癒えていなかった選手だった。

プラーヴィは、60分に個人技でタメを作ったミヤトビッチが左から放り込んだアーリークロスに、デヤン・スタンコビッチが頭で合わせた1点のみに終わった。それはユーゴらしい華麗なコンビネーションだったが、これ以外は全く点が入る気がしなかった。

これでユーゴはついに3位に転落。現状では1位抜けどころかプレーオフにも出られない。ユーロ2000出場に限りなく赤に近い黄信号が灯《とも》った。残り3試合を残しても う負けは許されない。

6月にやっていれば……。ほとんどのユーゴスラビア人たちがそう溜め息をついたはずだ。翌日早朝、ベオグラード空港に着いたプラーヴィたちは疲労困憊《こんぱい》の様子だった。空爆停止後も航空機の相互乗り入れが許されておらず、唯一入っているロシアのアエロフロート機を使用せざるを得ないため、何とダブリンから一度ウクライナのミンスクへ飛び、そこからの帰還だったのだ。東京から名古屋へ行くのに大阪を経由するようなものだ。市民のみならず選手を取り巻く環境面も最悪だった。すでにジバデノビッチ監督はチームを去っていた。サウジアラビアのクラブと勝手に契約してしまったのだ。もちろん信頼を裏切られたとしてFSJは憤怒したが、私は一概に責めるのも酷だと思った。

収入が全く見込めないユーゴスラビアの監督よりは、資金豊かな産油国の名門クラブの方に魅力を感じてしまったのだろう。ゼムン市のティロプティクにあるパルチザン・ベオグラードのトレーニングセンターで合宿するプラーヴィたちを訪ねれば、やはりやつれた表情だった。セリエAサンプドリアにスクデット（優勝）をもたらしたボシコフに監督が替わっても、相変わらずチーム戦術練習はほとんどしていなかった。感性のフットボールそのままだ。

破壊されたコソボのプリシュティナ市庁舎内部。行政資料もすべて紙屑に変わった

ガレキと化したプリシュティナの内務省跡。近辺には空爆の被害のみならず、セルビア民兵による放火、掠奪跡も生々しく残る。除去されていない地雷もいまだに数多く埋まっている

壁に貼られたポスター、「イグライモ・フドバル（サッカーをしよう）」が目についた。イグライは「踊れ」も意味する。to play と to dance はセルビア語では同義なのだ。「フットボールを踊ろう」とは何とユーゴ・サッカーを言い得たキャッチだろうか。サビチェビッチはここでの会見で「自分が不調だったのはボールが悪かったのだ」と発言し、記者の失笑を買っていた。

後がない。そのことは選手も記者も、口には出さずとも十分理解しているようだった。プラーヴィたちはこの後、驚異的な粘りを見せ始めた。9月5日のマケドニア戦では久しぶりに戦列に戻ったストイコビッチが2ゴールの大活躍で、3—1と圧勝。ポスマーニはいなかったが、マケドニアには2人のアルバニア人選手がいた。

試合前、そして試合後、ゴラン・ブレコヴィチ作曲の『メセチナ』がスタジアムいっぱいに流れた。勇ましい応援歌ではなく、むしろアンニュイなこの歌詞の曲が毎回ホームでかかるのは現在のユーゴスラビア人の心情を表わしているからだろう。

もはや太陽は消え月も隠れた　俺もお前も存在が消えかけている
ああ　もうすべてはなくなったのだ
すべてが闇に覆われていく

NATOの空爆により同時に破壊されたアルバニア人住居とセルビア軍戦車の残骸

湾岸戦争以来、その放射能後遺障害が問題視されて使用を禁じられていた劣化ウラン弾がコソボに無数に撃ち込まれていた

俺の愛しいお前　俺にはわからないんだ
これから俺たち　どうなるんだろう
今　ただ　皓々《こうこう》と月の明かり　あるのは月の明かり
太陽が照っている　ああ太陽が笑っている
誰も知らない　誰も知らない　未来を誰も知らない
ほら　遠いあの空で光っているあれが何なのか　知っている奴はいない（筆者意訳）

この日、ミレ・セルビィは試合が行なわれたスタジアムがマラカナでなく、パルチザンのホームだということで現場には行かなかった。理由がある。1953年にこのスタジアムでズベズダがパルチザンに1―7に敗れた試合があった。この時応援していたミレ爺さんは心臓発作を起こして3カ月入院しているのだ。以来、鬼門としてこのスタジアムに爺さんは行っていない。

だから爺さんはテレビ観戦した。家の白黒が壊れていたので、隣家の親友宅にお邪魔し、プラーヴィを応援することにした。

ともにユーゴスラビア代表を応援する隣家の親友。それはアルバニア人だった。10年来の親友ナセル。彼は言った。

「コソボで何が起こっているかなんて、ベオにいたらアルバニア人の俺だってわからないよ。知っているのは政治家だけだ。実際俺はコソボのプリシュティナで教育を受けた。

でもミレとは親友だ。俺みたいなアルバニア人はベオにも沢山いる。空爆されたのはセルビア人だけじゃない（笑）。バルカンじゃ誰が何民族なんてよくわからんよ」

ミレ爺さんとナセルは空爆中もずっと助け合っていたという。おそらく旧ユーゴ時代はどこでもこんな光景があったのだろう。U―21のジョカイがアルバニア人だと、この時私は知った。

私は改めて民族主義を煽った者の愚かさを嘆いた。民族主義は政治家にとって不安な時代の票を集める手っ取り早い求心力にはなる。しかしこの安直な方法でのしっぺ返しはすぐにやって来る。それも弱いところから。

この日のストイコビッチの2ゴールは、「ハイデ・ピクシー！」とブラウン管の前で叫び続ける異なる民族の二人の声が運んだような気がしてならなかった。

試合間隔が狭まったのが幸いしているようだった。9月8日。プラーヴィは対マケドニアのアウェー、スコピエでのゲームも4―2でものにした。残り1試合を残してユーゴスラビア、アイルランド、クロアチアがそれぞれ勝ち点差1で並ぶという大混戦になった。

最後の試合にすべてが委ねられる。しかし、またも神の悪戯《いたずら》か。それはプラーヴィたちにとって、世界で最もタフな精神力を求められる相手と戦地だった。

4　マクシミル決戦

それはもうブーイングなどという生易しいものではなかった。怒号、罵声、絶叫が渾然《こんぜん》となって凄まじい勢いで四方から襲いかかって来る。

ユーゴ連邦軍に家族を殺された、家を破壊された、住む場所を追われた、それもたった7年前だ。クロアチア人たちの忌まわしい記憶が、その捌け口をこのスタジアムに求めた。憎悪は脳から肺に入り、再び声帯を震わして外に向かって吐き出される。

「ウビ、ウビ、ウビー、ツィガネ！　ツィガネ！、ツィガネ！」

ジプシー野郎どもを一人残らずぶち殺せ！　ツィガネ＝ジプシー野郎。森山泰行をスロベニアに訪ねた時にも聞いたセルビア人に対する蔑称だ。

「ジプシー野郎、ジプシー野郎！」

その憎悪の音爆弾を全身に浴びながら今、プラーヴィたちが入場して来る。ザグレブにこれ以上ない、「悪者」見参。

10月9日、クロアチア対ユーゴスラビア。マクシミル・スタジアム。出来過ぎだ。ユーロ2000予選第8組の最終戦は、まさに因縁の相手が因縁の場所で相見《あいまみ》えることになった。

試合前だった。ミーティングが終わるとキャプテン＝ストイコビッチはいつもの儀式

「イグライモ・フドバル」は「フットボールをしよう（踊ろう）」の意。ユーゴ市民は、空爆下でもこの合言葉を支えにサッカー（スポーツ）をし続けた

を行なった。監督のボシコフに退出してもらい、ロッカールームで5分間、選手だけの意思統一を行なうのだ。士気を高める言葉を吐こうと、ふと見るとデヤン・スタンコビッチが蒼白《そうはく》な顔で震えていた。そうか最年少のこいつは、ここは初めてなんだと気づいて苦笑する。

「デキ、心配するな」と声をかけた。

同時にまだ今日はマシな方じゃないか、と自分にも言い聞かせた。「昔はもっと凄《すご》かった。スタジアムにはセルビア人の首吊《くびつ》り人形なんて物まで登場していたじゃないか」

とはいうものの、あの90年5月13日以来のマクシミル見参である。事件が起こってから、もう二度とこのスタジアムで試合をすることはないだろうと彼自身が思っていたのも事実だった。若いチームメイトを意識して短いアドバイスを送った。この男は自分がプラーヴイのカリスマであることを十分に自覚している。

「いいか、これからここで起こることはフットボールだけだ。何を言われようとも、起ころうとも集中力を切らすんじゃないぞ！」

記者席にいてもたじろぐほどの殺気はさらに発酵してゆく。約2カ月前にベオでも同じカードは行なわれた。しかし、この時はお約束のウスタシェー・コール（ウスタシャ＝ナチスの手先野郎）はあったものの、フィールドではむしろ友好ムードすら漂っていたというのに……。

試合開始15分前に貴賓席に現われたツジマン大統領の意向なのか、スタジアムが施したゲーム前の演出がクロアチア民族主義を煽る凄まじいものであることに、私はやりきれない違和感を感じていた。中世クロアチアの民謡歌手3組による口パクの軍歌演奏、きわめつきは場内アナウンスだ。

「我らが英雄都市ブコバルから応援にやって来た同胞たちに拍手を！」

ユーゴ連邦軍の総攻撃を受けてガレキの街とされたスラボニアの都市ブコバルから、サポーターを大挙呼び寄せて国威の発揚を図ったのだ。おまけに東側のフェンスには『ブコバル91』と記された大横断幕が掲げられている。これは三浦知良の移籍の噂《うわさ》があったれっきとしたクラブ名であるが、掲げられたその意図は明白だった。

ジプシー野郎どもを殺せ！　殺せ！　殺せ！　4万人の大合唱はなおも続く。

クロアチア人たちにとって、ブコバル戦はセルビアによる侵略戦争以外の何ものでもないかもしれない。しかし、彼らが怒りをぶつける相手は決して、サッカー選手ではないはずだ。

プラーヴィたちはピッチを東に向かって走り出した。当然、ブコバルの文字が視界に飛び込んで来ているだろう。それでも粛々とアップを開始するのが見えた。

ブーイングが最高潮に達したのは、ユーゴスラビア国歌の斉唱時だった。7年前まで歌わされていた『ヘイ・スロヴェーニィ』にクロアチア人は憎悪の限りをぶつける。ツジマンはこの時、起立すらしなかった。

相変わらずプラーヴィたちも歌わないだろうと目を凝らした私は異変に気づいた。ミハイロビッチが歌っているのだ。W杯以降、すべての試合で薄ら笑いさえ浮かべていた男が大口を開けて歌っているのだ。

「イナットだ」

ブコバル出身、母親がクロアチア人のミハイロビッチが今、自分が受けている理不尽な仕打ちに対しての意地を見せている。

私はボロボ・セロのあの壁を思い出した。ミハイロビッチが5歳の時から蹴っていたあの家の白い壁を。

小さく声を出した。

「シニシャ、頑張れ」

試合開始の笛が鳴った。

ユーゴのフォーメーションは4・4・2、クロアチアは3・5・2。この時点で勝ち点はユーゴ16、クロアチア14。2位のアイルランドは15点だが、同じ日に行なわれるマケドニアとの試合に負けることは考えられず、3ポイントを加えると18点。ユーゴもクロアチアも互いに負ければユーロ2000への出場は夢と消える。特にクロアチアは引き分けでは意味がない。

駆け引きのない「勝ち」を賭けたまさに世紀の一戦の幕が開いた。

開始早々、不穏な空気がまたも増幅した。左サイドを駆け上がったアサノビッチをケアーしようと、ミルコビッチが背後から詰めていった。この時マークを嫌がったアサノビッチが後方に振り回した肘がミルコビッチの顔面に入ったのだ。とたんに両チームメンバーが密集、揉み合う事態に陥ってしまった。よりによってB・B・B（バッド・ブルー・ボーイズ）の陣取る北側スタンド前でのトラブルに、早くも発煙筒が次々に投げ込まれ、ユーゴ側のゴールが放火されたように煙る。ストイコビッチが懸命にアサノビッチをなだめている。

怒号はもう殺気をふくんで渦巻き、果たして試合自体が成立するのだろうかとの懸念さえ頭をもたげた。

序盤はこの観衆の後押しに乗ったバトレニたちがボバン、ビリッチ、シミッチ、シュティマッツのレギュラー4人の不在を感じさせずに一方的に攻め立ててゆく。

中盤を支配されているため、ユーゴは最後尾からのロングボールでミヤトビッチを走らせるのみ。

「この大勝負、俺たちはライオンのように戦うぜ」

試合前に聞いたそのミヤトビッチのコメントはダテではなかった。彼は明らかに飛していた。レアル、フィオレンティーナで見せる従来のプレーゾーンを大きく越境し、時に2列目まで戻り、時に右サイドに流れ、縦横無尽にピッチを駆けめぐる。7分にはボールを受けると何とセンターサークル手前で反転してタメをつくり、パスの供給元であるストイコビッチを逆に前線に走らせてピンポイントのパスを送球した。バックスピンをかけられたボールが全力で走るストイコビッチの前方に、頭ごしに送られた。描かれた軌跡の美しさはかつてレッドスター時代に、ACミラン戦で見せたサビチェビッチからストイコビッチへのラストパスを想起させた。DF2人に囲まれながらも身体を張ってトラップしたストイコビッチだったが、トゥドゥールに手を使って引き倒されてしまう。カードは出ない。ここはユーゴにとってこれ以上ないというアウエーなのだ。

角度のないところからの、ミハイロビッチのフリーキック。現状のユーゴにおいて最も得点を予感させるのがこのプラーヴィの至宝、世界№1キッカーの飛び道具だったが、直接ラディッチにキャッチされた。

押されているユーゴにおいてこの日、幸運だったのはGKクラーリが当たっていたことだった。所属のPSVアイントフォーヘンでは先発出場の機会が与えられず、私は試合前に不安を感じていたが、杞憂《きゆう》だった。特に前半、マクシミルにおいて、日本の外務省風に言うなら「危険度5地域」退避勧告ものの北側ゴールマウスにおいて、集中力を切らさず冷静にピンチをしのぐその様は彼の強靭《きょうじん》な精神力を物語っていた。17分のプレーは圧巻だった。ボクシッチのヒールパスに走りこんだアサノビッチからのアーリークロスに合わせたシューケルの弾丸ヘッドに素早く飛び込み、右手一本でゴールから掻《か》き出したのだ。それはユーロ96でクロアチアが世界に見せた流れるように美しい連携プレーだっただけに、クラーリの好守が特に光って見えた。

当初、ユーゴに感情移入していたためスタジアムの異様な雰囲気に気圧《けお》されていた私だったが、知らぬ間に真剣勝負が織りなす好プレーに思わず背筋を伸ばしていた。これは欧州選手権予選の中で最も気持ちが込められた試合内容であるのは間違いないだろう。ストイコビッチがもう一度一緒にやってみたいクロアチアの選手として名前を挙げていたプロシネチキがこの場にいないことを私は残念に思った。突出したスキルがゆえにブラジェビッチ監督に嫌われ、代表から干されたプロシネチキ。W杯でユーゴとクロアチアの代表として2国籍にまたがって唯一得点を挙げたプレーヤー。87年のワールドユース、91年のトヨタカップ、どちらも優勝チームのゲームメーカーとして君臨した旧ユーゴを象徴するようなテクニシャン。彼のプレーをもう一度このユーゴとの試合で見てみたかった。

そんな感傷に浸っていた矢先だった。ストイコビッチが再度プレーしたいと語ったもう一人のクロアチア人選手がユーゴ・ゴールをこじ開けた。

20分、トゥドゥールからのフィードにシューケルが右足のトラップ一発でDFを躱した。それは実況していたセルビア人のアナウンサーも思わず「オドリチュノ（素晴らしい）」と叫んでしまった華麗な動きだった。ドリブルで持ち上がるシューケルの動きに合わせて、背番号11がスペースに走りこむ。マークのジュキッチを振り切り、スルーパスに右アウトサイドを合わせるとボールはクラーリの左手を抜け見事にネットに吸い込まれていった。

アレン・ボクシッチ。

「イェダン―ヌーラ！（１―０）」

マクシミルが歓喜に揺れた。シューケルとボクシッチ。

セルビア人の友人は90年イタリア大会が終わると、次代のユーゴの2《ツー》トップはこの二人だと盛んに吹聴していた。それからよもや分離独立が始まるとは思わずに。

しかし、やはり対戦するには恐ろしい相手だった。

この数分前、スコピエではアイルランドが1点先取したとの情報がもたらされていた。アイルランドがマケドニアに勝ち点3を取りこぼすことは、やはりありえない。やはり勝つしかないのだ。しかし、その先制点はクロアチアにもたらされた。B・B・Bはすでに踊り狂っている。地鳴りのような凄まじい歓びのコールはいつまでも鳴り止まない。

前夜からザグレブは異様な集団エネルギーに包まれていた。

共和国広場ではウスタシャの総統アンテ・パヴェリッチの旗を振る者、ヤセノヴァツ強制収容所のシャキッチ所長の横断幕を掲げる者。空爆賛辞の意味からか星条旗を体に巻いている者さえいた。正教教会へセルビア人を押し込み火を放つなど、ナチスドイツ以上の狂気集団と言われたウスタシャ。斧《おの》やナタで大量虐殺されたクロアチア版のアウシュビッツと評されたヤセノヴァツ。そしてＮＡＴＯの空爆。

どれもがセルビアの民族的な心の傷に塩をすり込むような行為だった。狂気に近いものすら感じさせられた。

ストイコビッチはザグレブ入りすると即座にホテルにチェックインし、部屋に入ると鍵をかけて一歩も外へ出なかったという。

そんな集団エネルギーが点を先に取ったことでさらに爆走している。このマクシミルで逆転することなどとても不可能な所業に思われた。

しかし、意外な展開がこの後、待ち受けていた。リードされると諦めが早い、と酷評されたセルビアとモンテネグロの戦士たちは決して投げ出してはいなかった。1点取られたことが開き直りを生んだのか、ユーゴはしゃにむにボールに絡みだした。そしてその積極性が好機を手繰り寄せた。26分。ゴール約35メートル前方でヨカノビッチがシュートケルに倒された。クロアチアにとっては踏んではいけない地点での地雷だった。蹴るのは当然ミハイロビッチ。セットすると一呼吸おいて走り出した。マクシミルの気を切り裂くように左足を振りぬくと、抉《えぐ》りこむようなドライブが壁を越えてゴールに向かってすっ飛んでいった。が、瞬時にGKラディッチがコースに入って来た。さすがにフランスW杯3位の立役者だった。枠には来たがこれはセーブされる、と私は思った。

と、次の瞬間DFを背負ったミヤトビッチが食らいつくように腰を屈《かが》めて、そのシュートに下から頭で食いついた。バランスを崩しながらも、頭ひとつ分の空気を削り取るかのように、首を懸命に下から振ったのだ。触った！　ドタンバでコースを変えられたボールは慌てて頭上に振り上げたラディッチのパンチングを躱してゴールに飛び込んでいった。

「イェダン──イェダン！（1──1）」

ミハイロビッチのスーパーFKとミヤトビッチのゴールセンスが見事に融合した瞬間だった。

そして誰もが想像だにしなかった逆転劇が起こったのが31分。今度はストイコビッチがアサノビッチのファウルを誘った。位置は26分とほぼ同じ場所。

世界一のフリーキッカー、ミハイロビッチはまたも奇跡を起こした。

魔法の左足に触れられて生命を吹き込まれたボールは1点目と同じように壁を上から巻いて急速に落下した。マークを抜け出して落下点にデヤン・スタンコビッチがするすると入って来た。「ミハとはラツィオでもやっているし、来るコースもわかっていた」

試合前震えていた青年は、そこでまで後ろへのバックヘッドを敢行する。おそらくボールは視界に入っていなかっただろう。

次の瞬間、沸き立っていたマクシミルが突如静寂に包まれた。後頭部に押されたボールは見事にGKの腕をくぐり抜けていったのだ。

しわぶきひとつしない不気味な静けさの中、ミハイロビッチは仰向《あおむ》けに倒れた。チームメイトのダイブを受けながら心の底から嬉しそうだった。ガッツポーズこそ取らなかったが会心の笑顔が覗《のぞ》いていた。思えば掲げられたあのブコバルの横断幕に、最も悔しい思いをしている人間なのだ。

ストイコビッチはプレー前から気遣っていた。「近所に住み、仲が良いと思っていたクロアチアの友人に家を荒され、自分の写真を撃ち抜かれた。しかも彼はハーフだ。精神に深い傷を負わなかったはずがない」

対立民族の狭間《はざま》でボロボロに疲弊させられたミハイロビッチに、神が与えた天命のような活躍だった。予想だにしなかった2―1のリードにユーゴ・ベンチは歓喜した。

このままユーゴ有利に進むかと思われたが、クロアチアはヤワではなかった。前半終了直前、思わぬアクシデントが発生した。

右サイドバックのミルコビッチをヤルニが押したのだ。倒れたミルコビッチに激高したヤルニが覆いかぶさるようにさらに罵声を浴びせた。聞くに耐えないような母親への悪口だった。反射的にミルコビッチは左手でヤルニの股間《こかん》を突いてしまった。27歳の中堅プレーヤーは、まんまとWユース優勝組の術中にはまってしまった。ここぞと七転八倒するヤルニ。主審のガルシア・アランダはこれを見逃さなかった。ミルコビッチの視界いっぱいに赤いカードが広がった。序盤から飛ばしていた右サイドバックは悔恨に顔を歪《ゆが》めたが後の祭りだった。ストイコビッチが心配していた若さが出てしまった。もはや戦場への帰還は許されない。再び歓声と罵声が一気に弾けた。憔悴してピッチを去るミルコビッチに、ジプシー野郎を殺せ、の大合唱が降りかかる。彼はもはや顔を上げられず、ただ歩を進めるしかなかった。しかし、ロッカーに続く通路に消える直前、歯軋《はぎし》りしたくなるような誹謗《ひぼう》のヤジが耳に入った。ミルコビッチの中で決して譲れないものが熱く弾けた。キッと顔を客席に向けると、消える瞬間、彼は怒号渦巻く観客席に向かって高らかにセルビアの象徴、三本指サインを出したのだ。

笛が鳴った。何とか、前半を終えてハーフタイムに戻ってきたプラーヴィたちは一様に驚いた。ロッカールームではミルコビッチがまるで幽鬼のように立ちすくんでいたのだ。

負けたらすべて自分のせいだ、と自責の念に全身を縛られているミルコビッチに向かってストイコビッチは、「難しいけど絶対に勝つから。お前は変な気を起こすな」と肩を抱いた。

ハーフタイム、スタジアムのオーロラビジョンにはこともあろうにブコバル戦の映像が流され、憎悪をさらにかきたてていた。

後半が開始される。気の遠くなるような残り45分間、10人で果たしてあのクロアチアの攻撃を守り切れるだろうか。私の不安はすぐに現実のものとなった。

後半開始早々の47分、手薄になった右サイドをボクシッチにやすやすと破られた。センタリングが上がると、スタニッチにすかさず同点ヘッドを叩《たた》き込まれた。

2―2。頭を抱えるしかなかった。

ここからユーゴの長い長い防戦が始まる。10人になった段階で下がるかと思っていたストイコビッチが、54分までにボリッチと交替しなかったのはやはりその経験を買われてのものだった。「ぼくはこのスタジアムで起こることは、大体わかっていたから……。それに耳を塞ぎ、集中しろと声を嗄《か》らした」

バトレニの容赦ない攻撃が始まる。中央からシューケル、ボクシッチの怒濤《どとう》の侵入。サイドにいたってはもうヤルニ、ルカビナを擁するクロアチアの独壇場だった。突破されてはミハイロビッチ、ジュキッチが身を挺《てい》して跳ね返すという攻防が続く。

ボシコフは73分にミヤトビッチに替えてサビチェビッチを投入した。W杯以降全くいいところのないデーヨへの交替に私は首を傾《かし》げたが、さすがは甲羅を経たベテランだった。ティロプティクの会見ではプライドに拘《こだわ》っていた左足の天才はこの日、華麗さをかなぐり捨てていた。ひたすらキープしてはクリアに逃げるという泥臭いプレーで時間を稼いだ。

もはや一瞬たりとも集中力を切らしたら容易に逆転を許すだろう。けれど、技巧に走り勝敗に淡泊と言われたプラーヴィたちは、悲壮感すら漂う献身的な動きで攻撃の芽を摘んでゆく。

ちょうど85分頃だった。記者席左端のセルビア人記者の一団から歓声が上がった。何事かと彼らの視線の先を追った。オーロラビジョンにマケドニア対アイルランド戦の結果が浮かび上がっていた。1―1！

「えーっ、引き分けたのか！」このまま行けば1位抜けだ。少数のセルビア記者団と日本人約1名は歓喜に身を躍らせた。

しかし、当事者であったユーゴスラビア・ベンチのこの時の動きは、悲壮感を通り越して滑稽さすら漂うものだった。ベンチに下がっていたストイコビッチを含め、彼らはビジョンの数字に気がつくと喝采を叫ぶどころか、懸命に携帯電話でベオグラードのプレスにその真偽を問い合わせたのだ。「僕たちは信じなかった。クロアチアが僕たちを油断させるために、嘘の情報を流したと思ったんだ」

世界中から騙され、裏切られてきたトラウマがこんなところで顔を出していた。

90分、ユーゴ・ベンチからようやくジャージが夜空に舞った。そして93分07秒。サビチェビッチの蹴ったボールがタッチラインを割ったその時。試合終了とユーゴスラビアのユーロ2000出場を告げる笛が高らかに鳴り響いた。

試合終了後、ロッカーはお祭り騒ぎだったという。ミルコビッチはチームメイトから手荒い言葉で慰められていた。

「だから勝つって言っただろう」

歓喜に沸くチームメイトたちを見やりながら、ストイコビッチは親友ボクシッチとユニフォームの交換をしようと思いたった。席を立ち、隣のクロアチア側のロッカールームのドアを開けた。一歩足を入れると突然、死んだように静まり返っていた空気を切り裂いて、冷たい言葉が飛んで来た。

「何をしに来やがった！」いきなり殴りかかってきた人物がいた。

シュティマッツだった。

慌ててボクシッチが間に入ってくれて、事なきを得たという。憎悪はまだ続いていた。果たしてあと何年……。心を痛めながら、プラーヴィの10番とバトレニの11番はようやく交換された。

そんな事件があったことを知るよしもなく、私はセルビア人記者たちと、二重三重に警官にガードされた選手出口にいた。満足そうに引き上げてくるプラーヴィたちを拍手で迎える。デーヨ、ページャ、シニシャ、ヨカネ……。

ナジは「すごく嬉しい。マクシミルでお祝いすることを楽しみにしていたけど、最後はマケドニア人が助けてくれた。多分ぼくたちが一緒だったら世界でトップだったのに」と言い、ドルロビッチは「ザグレブという街がこれからは嬉しい印象として残るよ」と結んだ。最後にやっとストイコビッチが出て来た。握手をしながら「おめでとう」と言うと、案の定「アリガトウゴザイマシタ」と日本語で返してきた。満面に笑みをたたえ、本当に本当に嬉しそうだった。

プラーヴィたちは皆、何度も何度も振り返って親指を立ててバスに乗り込んで行く。彼らはこれから内務省の特殊護衛部隊に守られてベオに向かう。

腹の底からじっくりと感動が湧き起こってきていた。私はW杯が終了してからのこの1年、彼らを取り巻いた様々な出来事を反芻《はんすう》する。

マクシミルを見上げた。そうだ。90年5月13日。このスタジアムからすべては始まったのだ。ユーゴスラビアの崩壊、内戦、制裁、そして空爆。いかなる事態に陥っても彼らは屈しなかった。そして最もシビアな最終戦を最も厳しいアウエーで戦い抜いたのだ。かと言ってそのサッカーは決して即物的ではなくあくまでも美しい。プラーヴィは今、欧州で絶滅しかけている数少ないファンタジスタたちなのだ。良かった。本当に良かった。

エピローグ

「2つのエピローグ」

エピローグI　1999年10月10日　マクシミル・スタジアム

意地と誇りと一部の政治的思惑を賭けた熱い決戦が終わった翌日。

昨日の戦いがまるで幻だったかのように、閑散と冷えた空気を漂わせているマクシミルに再び来た。バルカンをブンブンと飛び回った長い旅路の終わりに、一番会いたかったプレーヤーを捕まえることができたのだ。

「昨日はどこで見ていましたか」

「スタジアムの西側の席で。勝たなきゃいけなかったけど、運がなかったね」

彼は残念そうに少し口を歪《ゆが》めてウエイターにエスプレッソを注文した。私はカプチーノにする。ビドゥガの時にも使ったお馴染《なじ》みのカフェだ。

「Jリーグで活躍するピクシーやマスロバルもあなたのプレーを誉《ほ》めていましたよ」

と言うと、小皺《こじわ》を鼻に寄せて照れた。

「私がコソボの二部リーグで活躍していた頃に、新聞に取り上げられたりしていたのをピクシーが読んだのじゃないだろうか。もっとも、彼は当時、既に偉大なプレーヤーだったけど」

「ピクシーはプリシュティナで兵役を過ごしているんでしたね」

「そんなことを聞いたことがあるかもしれない」

そう言うとアルディアン・コズニクは少しはにかんでコーヒーカップに手を伸ばした。

「日本に帰ったらミウラによろしく言ってくれ。個々の試合は運がなかったけど、あいつはプロの闘志を持った素晴らしい選手だと思う。同じポジションを争い、追う形になってしまったが、私とは親友と言ってもいい関係だったね」

アルバニア人として初めてW杯にエントリーされた（クロアチア代表として）男は今、クロアチア・ザグレブでプレーしていた。

このコソボ出身のアルバニア人プレーヤーに会わずして、絶対に私の旅は終えられなかった。バルカンのフットボーラーから空爆についてのコメントを集める時、私は彼の立場からの軌跡も描かねばならない。

コズニクのキャリアは申し分ない。

1966年にコソボ自治州西南部の都市、ジャコビッツア（アルバニア語の地名ではジャコバ）で生まれた。15歳から地元のクラブFKブラジミールでキャリアを始める。デビュー以来、毎年必ず20ゴール以上挙げる彼の才能に、コソボ最大のクラブFKプリシュティナがオファーを出すのに3年しかかからなかった。18歳、移籍した1年目にいきなり24ゴールを挙げる。本人はさしたる野心もなかったというが、やがてハイドゥク・スプリットからのオファーを受けてこのクロアチアの名門クラブに移籍する。残念ながら優勝した87年のWユースには年齢制限で出場できなかったが、その才能は（旧）ユーゴスラビア全土に知れわたっていった。

インタビュー前、アルディレス（現横浜F・マリノス監督）が率いるクロアチア・ザグレブの練習を見た。プロシネチキを筆頭に繰り広げられるそのスキルフルな『ショー』は南米サッカーを撮り続けてきた長浜《ながはま》カメラマンを「うまいよー、半端じゃなくうまいよー」と、シャッターを押しながら無意識に呟《つぶや》かせるものだった。もちろん、コズニクもスピードある動きでFWとしての才能を見せつけていた。

しかし、彼は言うのだ。

「多分、プリシュティナでプレーしていた頃が私の能力の頂点だったと思う」

コズニクのことは在日ユーゴ人Jリーガー全員が知っていた。マスロバルにいたっては「コズニクはうまい選手だと知っていたけど、アルバニア人とは知らなかった」と言うほどだった。よほどプレーヤーとしての印象が強かったのだろう。そして彼らは誰が何民族などと頓着してプレーしていないことが改めてわかった。

私は核心から聞いた。

「コソボが現在たいへんな情況ですが、あなた自身は昔から『独立』を考えたことがあったのか」

コズニクは言った。

「気にしている人もいたけれど、正直、私はそんなことを考えたこともなかった。ただある一定の年齢になった時、もう少し自由になりたいと思ったことはあったけれど……」

スタジアムでもこの頃、動きがあったという。毎回プリシュティナの試合にはコソボ全体から多くのアルバニア人が集まった。時折混ざるサポーターのコールが、「レパブリカ・コソバ、レパブリカ・コソバ」だったというのだ。自治州ではない、コソボ共和国コール……。

「それはやはり、91年以降のことですか」私は自分の中での年表で辻褄《つじつま》を合わせようとしていることに気づいた。

「91年はもうクロアチアに来ていたので……。ただ、電話で聞けば学校が機能しなかったりとか、民家の中でアルバニア語を教えるとか、職場から追放されたとか……。私には自由があったけど、兄弟や友人はプレーが出来なかったりしたようだ」

私はピッツエリアの10番、トビャルラーニのことを思い出した。

「もちろん、覚えている。彼は私よりも才能があったよ」偶然、この時コズニクの携帯が鳴った。相手が判明するや突然アルバニア語に切り替えて話し出した。彼の妻からだった。

結婚したのは93年にスプリットでだった。妻の家族は85年にコソボのプリズレンからスプリットに出稼ぎに出て来たアルバニア人一家だった。今、コズニクはベンツに乗り、間もなく生まれる第一子を楽しみにザグレブの高級マンションに住んでいる。一方トビャルラーニは空爆中に子連れで避難民になった。最近ようやくプリシュティナに戻って来たが、サッカー人生どころか、今後の生活への展望すら見えてはいない。この差は何だろうと考える。答えは「それがバルカンだから」としか見つからない。

私は、アルバニア人としてクロアチア国籍を取得することに抵抗はなかったのかを問うた。

「私は自分のキャリアを重視した」サラリという感じでコズニクは言ってのけた。

「国籍の話はここ（クロアチア）のサッカー協会（HNS）の方からあった。私のためにもなったし、私の国民のためにもなった」

「クロアチア国民のため？」

「いや、アルバニア人のためだよ。この国でも沢山のアルバニア人がいる。パン屋とか貴金属商とか。彼らも国籍は取っている。サッカーの代表チームでもアルバニア人がいるということは名誉なことだろう」

納得できる話だった。ユーゴにおいてもミロシェビッチ大統領によるセルビアの強権支配がなければ、もっと緩やかにコズニクやトビャルラーニはプラーヴィの一員になっていたのではないかと考えた。

「そうだね。国が崩壊さえしなければ、ひょっとしたらボバンやシューケルたちと一緒にユーゴスラビア代表でプレーしたかもしれない」

アルディアン・コズニク。現在はディナモ・ザグレブでプレーするコソボ生まれのアルバニア人ストライカー

私はフランス大会時にコソボにいて抱いた疑問をぶつけた。

「私はW杯の時、コソボの『コハ・ディトレ紙』であなたの特集記事と写真を見ました。あの記事はコハ紙の記者がフランスまで来たのでしょうか」

あの紛争時期にコソボのアルバニア人がどうやってパリに行けたのだろうかという疑問があったのだ。答えは別の真実も含んで返って来た。

「確かにあの時期、コソボのアルバニア人記者がフランスに来ることは難しかった。だから、フランス在住のアルバニア人が取材してそれをアルバニア経由でコソボへ送ったんだ」

ああ、と思った。

まさに西ヨーロッパ、アルバニア本国、コソボというアルバニア人地下ルートではないか。コズニクに何ら罪はないが、ドイツやイタリアから秘密裏にＫＬＡ（コソボ解放軍）へ送られた武器ルートと符合する。何らかのシグナルを当時からＮＡＴＯ西側諸国は独自にコソボに送っていたのだろうか。最後に最も確かめたかったことをぶつけた。

「空爆は仕方なかったと思いますか」と。

彼自身、ジャコビッツアに残してきた家族と音信不通で気も狂わんばかりの時間を過ごして来たのだ。今でも破壊された電話線は修復しておらず、彼の両親は近くのＮＧＯオフィスの衛星電話（イリジウム）を唯一の通信手段にしている。コズニクは口ごもりながら、

「ヨーロッパだけでなく……。アメリカやアジアまでもコソボの情勢をよく分析したうえでやったことだし……。いい加減な決断ではなかったと思うし……。だから私だけでなく、みんなが知っている……」

今までの明確な口調とはうって変わったように一語、一語を搾り出すように話す。

私は歯切れの悪い答えを聞いているうちに自分は何をやっているのだろう、という気持ちになって来た。私は無意識に彼から「空爆肯定」の意見を聞き出そうとしている。彼が、コソボ出身のアルバニア人だから、か。しかし、コズニクはインタビュー中、一切セルビア人への中傷を言わなかった。

私は自分があれほど嫌っていた「民族の構図」に現実を押し込もうとしているのではないか。恥じた。私は取材を終えた。

トラムの乗り場まで送ってやる、という彼の好意に甘えて愛車のベンツに乗り込んだ。車中、コソボが独立したらコソボ代表でプレーする気はないかと再び聞いた。

ハンドルを握りながらコズニクは言う。「それには、もはや私は年齢《とし》を取りすぎたと思う。コソボに帰る気かい？　正直言ってあまりないいな」

コズニクが使い慣れたセルボ・クロアチア語ではない、新クロアチア語を一所懸命話していたことにこの時、気がついた。

彼はクロアチア人になろうとしているのだ。トビャルラーニとの比較はもはやナンセンスだ。

国境で分けられぬ民、国籍で括《くく》れぬ意思。これがバルカンなのだ、と私はすれ違う車の波を車窓から眺めながら改めて思った。『アンダーグラウンド』のラストシーンが頭に浮かんだ。

“Ova Priča Nema KRAJ”（この物語に終わりなし）

同時に決意していた。

これからもう一度コソボに行こう。

エピローグⅡ　１９９９年11月　東京、ホテルオークラ

ストイコビッチはプレーさながらの軽やかなナイフ捌《さば》きでプレーンオムレツを切り分

けてフォークに引っかけると、これまた手首を優雅に返して口に運んだ。

運動神経の良さは日常の所作にも表われるものだ。肘から先だけを使う無駄のない動きは彼特有の体幹の太さを感じさせた。サッカーを知らぬ人間でも彼の食事の仕方を見るだけで国際的なプレーヤーであることがわかるだろう。

妖精《ピクシー》はコーヒーを飲み干すと無邪気に笑って「シュッパツ、ナンジ?」と聞いてきた。われわれは朝食を取ったあと、東京ドームで行なわれるNBAの開幕戦を観戦に行く。サクラメント・キングスで活躍するセルビア人のセンター、216センチのブラデ・ディバッツを応援しに行くのだ。

「ディバッツはね、彼がベオのパルチザンへ来た時以来の友人だったんだ」

昨日は彼との対談で大いに盛り上がった。ストイコビッチは日本での同胞との再会を心から楽しんだようだった。

ディバッツは92年からNBAの公式プログラムにユーゴスラビア人と記さなくなったという。

「何でクロアチア人やスロベニア人が民族名を名乗って行くのに、俺たちだけが敗戦処理をしなければならないんだと憤った」以降、彼は国籍欄にはセルビアと申告している。国を出る宿命を背負いながらも、常に異国から故郷を思い続けるスラブ人の気持ちを見た思いがした。

ストイコビッチはザグレブでの死闘を、ディバッツにジェスチャー混じりにたっぷりと語って聞かせていたのだった。

「うん。あの試合の興奮はいまだに冷めていないからね。クロアチアは本当にいい選手が揃《そろ》っていて、すばらしいチームだった。勝因を挙げるとすると僕らの方が精神面がタフだったということだろうか。彼らにとっては来年の本戦に出られないことより、ユーゴに負けたことの辛《つら》さの方が大きいだろうね。彼らにとっては国民全体の悲劇的な出来事だった」

プラーヴィのカリスマがあくまでも冷静に情況を見ているのは、ここにいたっても変わらなかった。

「日本人サポーターもユーゴの応援に来てたって？　アブナイ。冗談じゃなくてプラーヴィのレプリカなんか着てたら日本人でも絶対に殴られるよ。クロアチアはやっぱり、政治を絡めてスポーツをしていることが今回も見て取れたね。でも、それは結果的に彼らにとって非常にマイナスに作用すると思うんだけれど……」

妖精は何やら同情の表情すら浮かべていた。

「でも他人事《ひとごと》じゃなくて、プラーヴィは今回もたいへんだったじゃない」

「まあね。92年（ユーロ）、94年（W杯）、96年（ユーロ）と追い出された過去があって、今回の空爆。いつ悪い報《しら》せが飛び込んで来るのか、心配でしようがなかったよ。ただ、政治はともかくとしてスポーツマンであるアイルランド・サッカー協会が、僕らとの対戦を拒否したのは残念だったね。決して善人ぶるわけじゃないけど、逆に僕らが同じ立場だったら、絶対あんなことはしなかったよ。それに彼らだってＩＲＡの問題を抱えているのに」

アイルランドの理不尽な圧力が続いたことに私は次の質問を用意していた。

「ピクシーは神様はいると思うかい」

妖精は即答した。

「いるよ。ザグレブでのクロアチア戦で、アイルランドは94分にシューケルに決勝点を入れられ、マケドニア戦では93分に同点にされた。神様は見ているんだよ。フェアーにやらなかったから、今度はプレーオフに出ろってね」

私はそれからコソボの話をした。

スネジャナはまたも私を叱責する。

「あなたはまたアルバニア人側だけの主張番組を作ったでしょう」

あれは違う。俺は編集には関与してないんだ、と言いたかったが、黙った。

空爆停止後、コソボをテーマにしたテレビ番組が多々作られた。そのほとんどがセルビア民兵による虐殺を伝えていた。それはいい、現場で私もいくつか当事者からの事実を摑《つか》んでいた。しかし、私がきわめて不満であったのはそれらが「空爆開始後」に始まったという事実に一切触れていないのだ。結果、虐殺を止めるために空爆やむなしだったという結論にいたってしまう。私に言わせれば「第二のベトナム戦争」とも言えるあの不当なユーゴ空爆が、ろくな検証もされずに見逃されていくことにやるせない思いが

NATO空爆を明らかな国際法違反であるとしてハーグ法廷に提訴したギリシア人弁護士、トーマ・フィラ氏。後に彼は逮捕されたミロシェビッチ大統領の弁護を引き受けた

あった。実際、ベオグラードではトーマ・フィラという弁護士が国際法廷にNATOの戦争犯罪を訴えていた。マケドニア生まれのギリシア人である彼は決して民族主義的観点からの提訴でなく、非人道的兵器の使用と明らかな国際法違反の観点から義憤に駆られていた。

「トーマ・フィラ？　ああ、彼とは古くからの友人なんだよ」

ストイコビッチが頷《うなず》きながら言ったので、私は改めてこの男のアンテナの広さと情報収集の緻密さに驚いていた。

劣化ウラン弾の現状も地雷原の恐ろしさも、私がコソボで地べたを這《は》うようにして調べたことを知っていた。

「今、コソボではセルビア人女性へのキッドナップ（誘拐拉致）やレイプが行なわれてるのよ」スネジャナが怯《おび》えながら言う。

私がクロアチア戦の後にプリシュティナに入った時だった。ブルガリア人の記者が「今、何時だ?」とセルビア語で町中で聞いただけで殺されるという事件が起こった。コソブスカ・ミトロビッツアでは橋を挟んでアルバニア民族と非アルバニア民族との冷戦が始まっていた。橋の南側からはロマもトルコ人もギリシア人も、もちろんセルビア人も追い出されていた。自由に行き来が出来るのはほかにKFOR(コソボ平和維持部隊)の軍人だけだ。

今、週に20人近いセルビア人が殺されているとは当のUNMIK(国連コソボ暫定統治機構)の職員が言っている。一説では空爆後にコソボで殺されたセルビア人の数は、空爆中のアルバニア人の死者の数をすでに超えたとも言われる。KFORがいるにもかかわらずだ。けれど、もはやコソボ情勢は沈静化したものとしてこんな事実は伝わって来ない。

「クリントンもブレアも今は後悔すべきなんじゃないかな。本当に平和を望んでいるんなら」

神妙な顔でそう言ったストイコビッチを見ながら、ふとこの男がJリーグの判定に過剰に苛立《いらだ》つのは時折下される理不尽なジャッジに、ニュートラルに裁いてもらえないセルビアの運命を重ね合わせているからではないかと思った。

「……そうかも知れない」

いまだにユーゴ保全領土になってはいるが、おそらくもうコソボは返って来ない。

空爆後にアルバニア系住民に破壊されたコソボ・ジャコビッツアにあるセルビア正教教会跡

マスロバルが「セルビア人にとってのコソボは日本人にとっての京都」と語ったが、私は取材を深めてゆく中で、人工的な古都というよりも土地自体に対する信仰心の強さから、むしろ、「コソボは日本人にとっての富士山」ではないかと考えるようになっていた。

もし、富士山に放射能を振《ふ》り撒《ま》く数百万発の劣化ウラン弾が撃ち込まれたら……。彼らの痛切の念は推して知るにあまりある。

ストイコビッチにとってもプリシュティナはプロになって初めての試合をした場所である。左足でゴールを決めてニーシュにストイコビッチあり、を印象づけたのだ。

90年のイタリアＷ杯での鮮烈デビューから10年。プレーヤーのピークと祖国の崩壊が見事に重なってしまった。

それでも彼は言った。

「生まれ変わっても、僕はもう一度セルビア人になりたい」

矜持《きょうじ》の国、いまだ滅びず。

追章1

「ミ・ニスモ・ツルビ」

1　テル・エルストの約束　2000年6月

2000年6月22日。

「最悪のデビューになってしまったね。アジアサーキットの頃から、僕の調子は上向いていたんだ。君も知っているだろう？　昨シーズン、僕がパルチザン・ベオグラードで何点取ったのか？　僕は自分がユーゴ国内で最高の選手だと自負しているんだ。絶対この大会で『世界』にアピールしてやろうと思っていた。でもあんな失敗をしてしまって……。

残念だけど仕方がないよ。こうなったら僕の出場停止が解けるまでチームメイトに勝ち進んでもらうことを祈ってるよ」

4日前のノルウェー戦で欧州選手権史上、最短のレッドカード受理記録（途中出場してからピッチにいたのは35秒）を記録したマテヤ・ケジュマンはそれでも練習後のグラウンドで清涼飲料水を片手に明るい表情で振り返ってくれた。まさにあっと言う間の退場劇、涙を流しながら去っていった姿にさぞや気落ちしているのではと懸念していたが、彼はすでに前向きに気持ちを切り替えていた。

――君は昨年、確かにパルチザンで素晴らしい活躍をしたけど、ユーゴ国内にいたために空爆に遭った。ボールに触るべき世代で悪い影響を受けたと感じることはない？

「去年のあの頃はベオグラードで両親と恋人と一緒にシェルターにいたな。NATOの空爆についてはもう触れたくないけど、絶対にあんなことは二度と起こって欲しくない。でもまあ、コンディションはしっかりと作れたよ。爆弾が落ちる最中もクラブでトレーニングはやっていたし、AEKアテネも親善試合に来てくれたしね」

――レッドカードをもらった夜に同室のサヴォ・ミロシェビッチは何かアドバイスをくれた？

「うん。いつも彼は親切だ。パルチザンでの先輩だしとても尊敬している。すでに今大会で4ゴールを挙げているサヴォに気をつかってもらっているのはとても光栄だね」

――君は来季はどこに行くの？　たくさんのビッグクラブからオファーが来ていて外国でプレーするのは間違いないのだろうけど。

「いろんな話をもらってまさに考えているところ。今、言えるのはイタリア、オランダ、スペイン、フランスのどこかだ。いずれにしても6カ月後にはわかるさ」

民族籍はスロベニアだがユーゴ代表を選んだベオグラード生まれ。気鋭の若手FWのインタビューはここで終えた。最後に何気なく、

――ところでピクシーは誰と同室なの、と聞いた。いつもセットだった親友サビチェビッチがチームには帯同しているものの、彼は、今回選手としてエントリーされていな

い。そこで、カリスマ・キャプテンの今のルームメイトは誰か少々気になっていた。

ケジュマンは宿舎テル・エルストの記憶を少しばかり手繰って、

「ジョロビッチ」と言った。

ゴラン・ジョロビッチか。

スペインはセルタ・デ・ヴィーゴでプレーする30歳のDF。世代的にはページャかユーゴビッチかと考えていた。意外だったが、ふと思い当たった。そうか、彼はコソボの出身だった。ユーゴ空爆が終わってから1年が経過している。私は空爆後のコソボに頻繁に足を運んだ。そこで見たものはセルビア人をはじめとした非アルバニア系住民の置かれた惨状だった。ユーゴ軍が撤退した後、NATOは表向きはKLA（コソボ解放軍）を解散させたが、内実、その出身者を警察行政に登用した。結果、大アルバニア主義の過激集団が今、コソボでは『英雄』として崇《あが》められている。一般アルバニア系住民ではなく、民族主義集団KLAが仕切る治安維持活動で公平な暫定統治など行なえるはずがなく非アルバニア人は迫害の対象になっている。グラチャニッツアの修道院に収容されていたプリズレン出身というセルビア人難民の老婆は「戦争の後、子供のKLAがドイツ軍と一緒にやってきて『すぐさま家を出ていけ』と銃を向けて私たちを追い出した。何も持ち出せなかった。住み慣れて家族の思い出が一杯詰まった私の家。今そこに我が物顔で住んでいるのがKLAよ。一般のアルバニア人は悪いと思わない。けれどKLAがいるんじゃもう戻れない」と泣いていた。現在、約20万人のセルビア人が難民となってコソボを追い出されているが、他に行き場所の無い者はコソボ内に飛び地のように点在するセルビア人地域に固まり、食糧も手に入れることができず日々、テロに怯《おび》えて震えていた。

ＯＳＣＥ（全欧安全監視機構）の『コソボ・マイノリティーレポート』によれば今、コソボでは2日に1人の割合でセルビア人は殺されている。州都プリシュティナにいたセルビア人はそのほとんどが追い出されている。ＦＫプリシュティナ出身のジョロビッチは今、どんな思いでユーロに出場しているのか聞いてみようと考えた。

テル・エルストの宿舎前に戻るとニーシャ・サベリッチ（ボルドー）が外に出てきた。気さくな彼は、

「おっ、お前らか、毎日来てる日本人記者というのは」と声を掛けてきた。

「ジョロビッチにコソボの話を聞くって？　おい、あいつに今の現実を直視させるのはきついだろうよ。俺は民族主義のテンションを上げるようなことは言いたくない。しかし、パリのノートルダム寺院はカトリック教徒の文化の中心だろう。同じようにコソボ・ポーリエの修道院はセルビア人の魂の故郷だ。それがもう無くなってしまったんだからな。彼らのつらさはわからないと。もっとも、だからと言って俺はミロシェビッチ（大統領）なんか絶対に支持しないがね」

――ではジュカノビッチ（モンテネグロ共和国大統領）は支持しますか、とこのモンテネグロ人に問えば、

「ああ、もちろん。彼はスペシャルだ」との答えが返ってきた。サベリッチはモンテネグロの『独立』を党是とする大統領をキャンプ地で公然と支持する。プラーヴィの中での微妙な政治情況を垣間見《かいまみ》た気がした。

いや、まずはコソボだ。首を振った。

入り口でストイコビッチに頼み込んだ。ぜひジョロビッチに会いたい。

彼はなぜジョロビッチなのか、すぐに理解したようだった。宿舎内に招き入れてくれるとここで待て、とソファを指差した。

15分ほど待つとピクシーはジョロビッチを伴って現われた。「こいつはあと3年したら日本へ行くぞ」と言って笑った。

ジョロビッチは日本の記者がなぜ自分のインタビューを取りたいのか計りかねているような顔をしていた。184センチの体軀《たいく》を折り曲げて前に座った。まずは3試合の感想を聞いた。

「1勝1敗1分で決勝トーナメント進出。これは我々の当初の目的であるヨーロッパのベスト8に入れたということで満足しています。チームが立ち直った転機ですか？　スロベニア戦のあとにビデオを見てDFを修正したことです」

ミハイロビッチの退場は痛かったけれど、そこで気を引き締めることができたという。

次に核心を突いた。

――あなたがコソボの州都プリシュティナの出身であることを知っています。空爆当時の情況を伺いたい。

晴れやかに欧州選手権出場の舞台を踏んでいるはずの彼の表情がとたんに硬くなった。

「そうです。セルビア人として私はプリシュティナで生まれ育ちました。今、コソボのことで一つ一つの問題を捉えて民族間の軋轢《あつれき》を煽《あお》ろうとは思いません。ただ、私は4年間スペインに住んでいますが、空爆が行なわれた昨年ほどあの国でプレーすることがつらかった年はなかった。両親は当時プリシュティナに住んでいましたが、いつかけても電話が繋《つな》がらず、気が気ではありませんでした」

——子供の頃はどんな情況でしたか。やはり、危険な対立感情があった？

「学校は確かにアルバニア人とセルビア人別々に通っていたので直接会うことはありませんでしたが、FKプリシュティナにはアルバニア人のチームメイトが何人かいて彼らとは仲が良かったです。一人、ザグレブへ行ってしまった友達がいますが、今でも彼とは会いたいと思う」

——それはアルディアン・コズニクのことですか？

「いや、彼のことではない」

——ではトビャルラーニは知っていますか。

私はピッツエリアで働くコソボの10番の名前を出した。

「もちろん、知っているさ」

そちらこそ何で知ってるんだという顔をした。私は更に背景に迫ろうと思った。

――プリシュティナにいたご両親は今、どうしていますか。

とたんに口を噤《つぐ》んだ。しばし沈黙の後、ジョロビッチは搾り出すような声でこう言った。「両親は空爆直後にベオグラードへトランクひとつで逃げてきました。コソボの土地を捨てざるをえなかった」

何とか言葉にできたのはここまでだった。「もう話したくないな。両親はやっと生き延びられた。忌まわしい経験なんだ」

悪い予感は的中した。

もしかしたら私がニーシュからベオ（ベオグラード）に向かう最中に見たあの大渋滞の中に彼の両親もいたのではないか。おそらくユーロ2000出場選手の中で唯一難民の両親を持つ選手、それがジョロビッチだった。息子が西ヨーロッパ（第3章2参照）で活躍するプロサッカー選手ということで（ジョロビッチは双子で兄のゾランもスペインでプレーしている）ベオグラードで住まいを見つけることができた。それでも両親は今でもコソボへの帰還を夢見ている。しかし、現実的には追われて出て来たダルアニア地区にある家には今、アルバニア人が住んでいる。コソボで最も憎まれているセルビア人であり、ましてや面の割れた有名サッカー選手であるジョロビッチは二度とあの街に戻ることができない。

心の傷に触れてしまったか。押し黙ってしまった彼に向かって私はひとつのアイデアを提案した。

「この後、コソボへ取材に行く。その際にコソボに留《とど》まるセルビア人の子供たちにあなたのサインを届けようと思う」

通信手段も分断されて外部から手紙も届かない、孤立するセルビア人地域の子供たちにとって地元出身のジョロビッチのサインが届いたらどんなに励みになることか。

私は3月に毎日ギリシア軍師団に守られて集団登校するチャグラビッツア地区の子供たちを取材していた。チャグラビッツアへ持って行こうと考えた。この提案はジョロビッチの琴線に見事に触れたようだ。とたんに彼の顔が綻んだ。

「コソボへ持っていってくれるのか？　そいつはいい！」

ではこのノートにと差し出したら、いや、紙なんかじゃなくて自分のユニフォームの方がいいだろうと乗ってきた。背番号3、代表のユニフォームを取りに戻るとマジックで大きく記し始めた。

「何をしているんだ？」

同室のストイコビッチもこのアイデアを聞くと即座に同調した。「オリジナルデス」とノルウェー戦で着用した『お宝』を惜し気もなく差し出した。

さらにはミロシェビッチも所属クラブ、サラゴサのユニフォームをわざわざ持ってきた。大会得点王とキャプテンと地元の英雄のたちまち3着が集まった。

私は加えて子供たちに向けてのビデオメッセージもジョロビッチに提案した。

「このカメラに向かって話すのかい？　いや、私は俳優じゃないから……」

さんざん恥ずかしがっていたが、ハードマークが売り物の大男は、それでもオールバックの髪型を整えるとぽつりぽつりと苦境に置かれる同胞の子供たちに向かって語りだした。「チャグラビッツアの小さな仲間へ。私たちは君たちのことを一時も忘れたことはない。今は苦しくてもいつか必ず助けてあげる。だから挫《くじ》けないで欲しい。たいへんな思いをしている両親を大切にして助けてあげて欲しい。そして」ここで息を吸った。『私たちが私たちであるべきもの』それを守って欲しい」内蔵マイクにジョロビッチの切なる低い声が吸い込まれていった。

別れ際、彼は思い詰めたように言った。

「無事に現地についたらチャグラビッツアの子供たちの様子、それからかつての私の家とその周辺がどうなっているか、それを撮って送ってくれないか」

忘れようとしている、けれど決して忘れられない二度と行けない故郷への想《おも》いだった。スペインのアドレスを差し出してきた。

それを受け取り、ビデオのPAL方式への変換も約束した。

翌6月23日、ブリュッセルから空路ブダペストへ移動。そこから列車でベオグラードへ。

次の日にバスでニーシュに入った。この街を経由してコソボへ入ろうと考えたのだ。カフェでユーロ2000、クォーターファイナル、オランダ対ユーゴスラビアを観《み》た。

アントワープの宿舎テル・エルストで故郷コソボへの想いを語るジョロビッチ

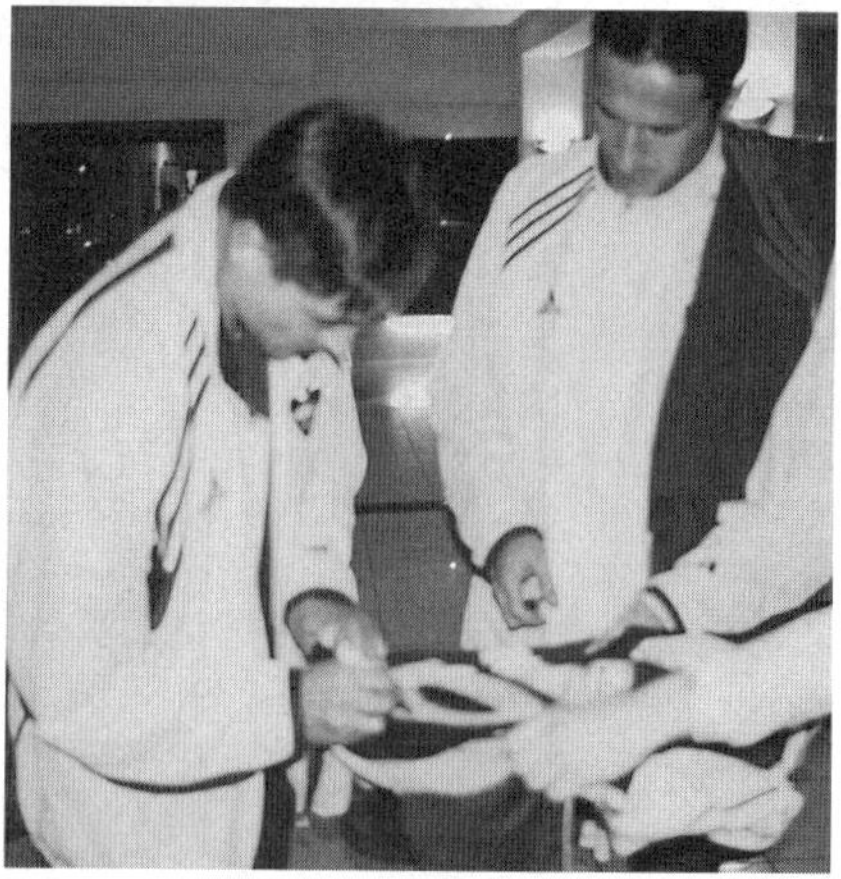

孤立するセルビア人地域の子供たちへ自らのユニフォームを提供しようとのアイデアでオリジナルにサインするジョロビッチとストイコビッチ

6対1。惨憺《さんたん》たる試合内容は一緒に観戦していたセルビア人たちの自虐精神を刺激したようだった。クライフェルトの3点目が決まったあたりから彼らは悲鳴ではなく歓声を上げだした。けれど今のプラーヴィはここまでが限界だろう。フランスW杯から2年。強化施策どころか、空爆で存在すら危ぶまれていたのだ。

給料遅配のために代表監督もなり手がおらず、やっと決まった男は国内リーグを観ることもなく試合直前にだけ帰って来る。合宿もろくに集まれず、戦術はなく、EU（欧州連合）に嫌われているために欧州でテストマッチをしてくれる相手は皆無だ。チームとしてトレーニングを積み、熟成することのできた最後のドリームチーム。それが連邦崩壊前の91年にトヨタカップを制したレッドスターだ。

今は単なるセルビア、モンテネグロ選抜チーム。それでも欧州のベスト8だ。そして勝ち抜いた予選の3試合はどれもジェットコースターに乗せられたかのような波瀾万丈《はらんばんじょう》の内容だった。私はスペイン戦の翌日の記者会見でオランダ人記者がボシコフ監督に向けて半ば呆《あき》れながら言い放った言葉を思い出す。「あなたの国の選手はなぜにいつもスタジアムを劇場に変えてしまうのか」

全くその通りだった。

ニーシュで1泊。翌日プリシュティナへ向かおうと調べたところバスも鉄道も寸断されたままだった。残る手段はタクシーだったが、コソボまで行ってくれるセルビア人ドライバーを探すのに苦労した。ようやく見つけた男は明らかにヤク中だった。手が震え、視点が定まらず、そのくせ調子がいい。

「プリシュティナでも地獄でもどこでも行ってやるよ。マ○コの煙よ」

ドライバー仲間からミソっかす扱いのこのような香ばしい人材しかリスクは冒さない。私はヤク中のヤックくんと命名。

ヤックくんのギヤのいかれた愛車ザスタバで出発。2時間ほどで州境のチェックポイントについた。日の丸をつけた四駆が停まっている。コソボの連絡事務所に向かう日本大使館の車だった。ヤックくんが日本の車か？　と聞くのでそうだと答えると「ちょっと金だけ先に払ってくれないか」擦《かす》れた声で言う。マルクを渡すと休憩しようと誘うので先に表に出た。その瞬間、ヤックくんは車を急発進、180度ターンするとふらふらしながら今来た道を走り去って行く。

呆然《ぼうぜん》と見送った。ラリッた彼にしてもコソボが近くなるにつれてさすがにニーシュ・ナンバーでの州境越えは怖くなったのだろう。日本の車ならこの客は何とかするとの判断か。気持ちはわかる。仕方なく日本大使館の車に近寄ってお願いする。「こんな所でヒッチハイクは非常識です」と叱《しか》られたが、便乗させてくれた。パジェロはヤックくんの車よりむしろ快適。ペトロビッチの愛車だったことをふと思い出した。夕刻プリシュティナに到着。

私は二人のアルバニア人の友人に会いに出かけた。

少年ファトスとトビャルラーニ。彼らは元気だろうか。

Mからの情報で二人とも無事にコソボに暮らしているということは確認していたが、空爆後に会うのは初めてだった。

ファトスはいた。相変わらず左右の眉毛は繋がったままだが、すっかりたくましくなり身長はすでに私を追い越している。

大喜びで再会を祝したが、彼の目の奥に陰のようなものが感じられるのが気になった。以前はただただ陽気な少年だったのに時折沈んだ表情を見せる。

ファトスを伴ってトビャルラーニの店に向かった。彼のピッツエリアに行くのも1年半ぶりだ。セルビア民兵に強奪、放火、荒らされまくった繁華街を見てきただけに心配でならなかった。彼の家が燃やされていたらいくら命が無事でも私は平静を保っていられなかっただろう。

明かりが見えた。営業中だ。

あまりに懐かしい地下への階段を駆けおりた。99年の1月は取材のために毎日ここのピザを食いに通ったものだ。

小麦粉が焦げる匂いが鼻腔《びこう》をくすぐった。コソボ代表のエース、トビャルラーニはあの時と同じようにピザを焼いていた。精悍《せいかん》な顔つきもそのままだった。声を出して喜び合った。

店も破損箇所は無かった。

大きな変化があるとすれば、それはこの店が繁盛しているということだろう。様々な国の言葉が紫煙の中で交錯している。夕食を取りにきたスウェーデン兵、イタリア兵、国連機関の職員、そしてもちろん地元のアルバニア人の団体でテーブルは埋まり、空いているボックスを探すのに苦労するほどだった。元々うまいピザだったのだ。政情が安定すればこの店が流行《はや》るのは目に見えていた。トビャルラーニは仕事の手を休めて私の席についた。

「また生きて会えるとは思えなかった」この男はこんなに明るい表情を持っていたのかと驚くほど快活で能弁になっていた。そのうえ英語がすばらしくうまくなっていた。彼はアルバニア人のものとなったFKプリシュティナに復帰して現役でまたプレーを始めているという。

そしてすぐに気が付いた。セルビア語をもう一切口にしなくなっているということを。

空爆が開始されてから5日目だった。朝、家のドアが乱暴にノックされた。目を覚ましたトビャルラーニは「来たな」と思ったという。玄関を開けると銃を構えたセルビア兵が二人立っていた。

「アルカンの民兵か治安部隊か、それはわからない。はっきりしているのは彼らが5分以内に家を出ていけ、と言ったことだ」

周囲の噂《うわさ》からそろそろ奴らが来る頃だろうと予測していた。息子ヴェトンのための荷物をあらかじめ準備しておいたのが幸いした。手荷物とサッカーボール1個を引き寄せることができた。すぐに3歳の息子の手を引いてプリシュティナ駅に向かわされた。マケドニアに移送される列車に乗るためだ。

「その日の夜の光景は一生忘れられない。追い出された何千人というアルバニア人が駅で夜を明かしたんだ。雨が降っていた。屋根のない構内では老人も子供もただ震えて夜を凌《しの》いでいた。あの時の子供の泣き声が今も耳に残る」

移送先はアルバニア人が人口の9割を占めるマケドニアの都市テトボ（第2章7参照）だった。

テトボでは難民キャンプに入った。空爆が終了してもすぐにはコソボに帰ることができなかった。苦しい生活だったが、嬉《うれ》しい再会もあった。慰問の意味でサッカーの親善試合を、キャンプのチームとFKシェケンディア（第2章7参照）と行なったが、そこにディナモ・ザグレブからコズニクが駆け付けて来たのだ。9年ぶりにトビャルラーニとコズニクは一緒にプレーした。

「あなたとマクシミルで会ったことをコズニクは話してくれたよ。日本人が私たちの取材をするのは面白かったからね。テトボでは同胞アルバニア人に本当にお世話になった。空爆が終わってかなり経《た》ってからこの街に戻って来た。心配していた店はこの通り無事だったし、盗まれた物もなかった」

「でもセルビア人は」突然、ぞっとするような冷たい声でファトスが口を挿《はさ》んだ。

「あいつらは二度と許さない」

彼もまたアルバニアの首都ティラナに難民となって逃げていたのをその時知った。そこで何があったのかは話さない。しかし、そこで縫いつけられた彼の憎悪の深さはゆがんだ表情から痛いほどに伝わって来た。「お前が誰とつきあおうがそれは自由だし、何も言わない。だが、俺たちの前で不愉快なことを言わないで欲しい。空爆がなければお前と生きて会えなかったはずだ」

「悪いのはミロシェビッチかもしれない。でもミロシェビッチを選んだのはセルビア人だろう」

二人の旧友が持つセルビア人への憎しみは空爆前とは比較にならぬほど膨張していた。もはや、後戻りできないほどに。

ファトスにはアネックスB（第3章1参照）のことを話した。ユーゴ政府は譲歩したんだ。いや、信じられないと言う。アメリカには感謝しているんだ、と怒る。「嘘《うそ》じゃない。お前もベオグラードに行ってみろ。いいセルビア人だってたくさんいるんだ」

「ベオへ？　俺が行ったら殺されるに決まっている」

「そんなことは絶対にない」

気の良い高校生だった頃、ファトスのこんな恐ろしい顔は見たことがなかった。空爆を否定するならお前も敵だ。そんな憎悪剝《む》き出《だ》しの眼で睨《にら》んできた。彼の身の上に降りかかったことを考えると無理はない。

ＫＬＡどころか「空爆など意味がない」という穏健派であったトビャルラーニやファ

トスですらこうなのか。

街中のアルバニア人全てが戦勝ムードだった。昨日のプラーヴィの大敗を祝う宴《うたげ》が至る所の店で行なわれている。くたばれ！　セルビア、オランダありがとうと叫ぶ集団もいる。

経済的側面として空爆はアルバニア人に富をもたらしている。

KFOR（コソボ平和維持部隊）、UNMIK（国連コソボ暫定統治機構）が駐在してきた今のコソボは基地の街として再生、繁栄している。90年以降、公職を追放されたアルバニア人にとっては仕事がなかったこの街に現在はマルクがふんだんに落とされて物が溢《あふ》れている。米軍の仕事がいくらでもある。さながらKFOR特需だ。コソボの平均月収は1500マルクに跳ね上がった。これはセルビアの約8倍だ。空爆以後のこの劇的変化もアルバニア人がユーゴ空爆を『民族の福音』と位置付ける大きな理由の一つなのだ。私は3月に行なったイブラヒム・ルゴバ元コソボ大統領とのインタビューを思い出した。非暴力路線を主張していたルゴバは、アルバニア人でありながら一貫してコソボ内のセルビア人の人権保護の必要を訴えていたが、ではあなたが戦中から唱えていた空爆反対の発言の気持ちは今も変化がありませんね、との質問をしたとたん会見を打ち切られた。戦争前のアルバニア人社会の中に僅かだが確かにあった空爆否定の発言などとっくにタブーになっているのだ。それを表に出せば今度は非暴力主義者ルゴバの命が危なくなる。それらの憎悪を一身に浴びている村に明日、これ以上ない憎悪の象徴を持って行くのだ。安宿に戻ると、ホテルのメイドにも見つからぬように3人のプラーヴィのユニフォームをカバンの奥底に入れなおした。

翌26日、朝からチャグラビッツアに向かった。タクシードライバーには村の入り口で降ろされた。アルバニア人もセルビア人の村には入りたがらない。

村からまた小学校まで約1キロある。ここからは農道でヒッチハイクだ。運よくセルビア人の車が通りかかり、校舎に運んでくれた。中に入って校長に来訪の意図を告げる。訪ねて来る者が稀《まれ》であるところにいきなりの来客、だけでなく遠くオランダにいるはずの我らがプラーヴィのドレスがいきなりやって来たのだ。校長も驚き、そして興奮した。

「あいにく今は夏休みなのですが、そういうことならすぐに集まるでしょう」

確かに5人、10人と聞きつけて子供たちはあっと言う間に集まって来た。いやもう、その喜んだこと。校長によれば子供たちはテロが怖くて表の農道から向こうにすら行けない。この小さな地域に押しこめられたまま、たった10キロ足らず先のプリシュティナにも行けないのだ。遊びたい盛りの世代にすれば日頃のストレスは凄《すさ》まじいものだったのだろう。

「あのジョロビッチのオリジナルの？　もちろんこの周辺のセルビア人の間では彼は大英雄ですよ」ユニフォームは取り合いにならないように学校の財産として受け取ることになった。先生に持っていかれる前にと我先に袖を通す。

はしゃぐ子供たちにジョロビッチのメッセージを見せた。皆、神妙な顔でモニターに見入った。次はお返しにジョロビッチへのメッセージだ。「ジョロビッチさん、ありがとう」とでもしおらしく言うのかと思っていたら、そこはセルビア人の子供だった。カメラが回ると、「プラーヴィはそろそろ、若い選手に切り替えた方がいいんじゃないかな？」堂々と分析を始めたのだ。

しかし、ベオグラードからの支援も、国際社会からの援助も滞り、自分たちは見捨てられたという喪失感があった彼らがたった3枚のユニフォームでここまで元気になるとは……。持ってきて本当によかった。

ビールをご馳走《ちそう》になり再びプリシュティナに戻る。午後、ジョロビッチの家だった高層アパートの周囲をできるだけ丁寧に撮った。更に大学、ホテル・グランド、図書館の主要な建物。そして数えきれないほどの思い出が詰まっているだろうFKプリシュティナのスタジアムもピッチまで降りてカメラを回した。これだけ撮れば十分だろう。よし、約束は果たした。

夜は街にも繰り出さず、秘《ひそ》かに練っていた次なる翌日の計画を遂行するために早めに眠った。

6月27日。私はドブロシン村への潜入を決意した。現在、KLA（コソボ解放軍）の残党がコソボを越境してセルビア領土内に攻め入っているという。セルビア共和国南部の都市、プレシェボ、メドベジャ、ブヤノバツの3都市はいずれも人口の7割以上をアルバニア人が占めている地域だが、この地に潜伏しているKLAならぬUCPMB（プ

チャグラビッツアのセルビア人小学校の通学バス。子供に対してのテロが頻繁に行なわれるためKFORの軍隊に護衛されないと通えない

コソボ共和国の大統領イブラヒム・ルゴバ。空爆に対しての質問をしたとたん、インタビューを一方的に打ち切った

レシェボ、メドベジャ、ブヤノバツ解放軍）は昨年（一九九九年）から各都市の警察や役所を爆破し、警官を殺害するというテロを多発させている。プレシェボのペトロビッチ知事は「UCPMBは外部からやって来て地下に潜っている。日常、この脅威と我々は隣り合わせで生活している」とコメントしていた。

ドブロシン村はその武装勢力の拠点となっている村なのだ。幾つものメディアが取材を企てようとし失敗を繰り返してきた村。先月はNHKが挑戦し追い返されている。

このUCPMBの最終目的は何なのか。今後のコソボ和平を占う上で、いや、格好をつけずに私の問題にたぐり寄せて言えば、ジョロビッチやトビャルラーニの選手生活を左右する最も気にかかる存在だった。奴らに会ってみよう。

アルバニア人のドライバーを雇い米軍基地の街、グニラネへ。そこから東へ車を走らせた。30分程すると米軍の検問所が見えてきた。車を停めるとトランクからタイヤの脇まで厳重に調べられた。

ここを越えるとまもなくセルビア領ドブロシンだ。

米兵は「行ってもかまわないが、村で何が起こっても我々の責任ではない」と言う。山間《やまあい》を走り続けるといきなり視界が開けた。村だ。ドブロシンは周囲を山に囲まれた村だった。中央にはムスリムの寺院ジャミアの尖塔《せんとう》がそそり立ち、その周辺では子供たちが無邪気に遊んでいる。停車させるとパラパラと物陰から兵士が走り出てきて瞬く間に囲まれた。「日本の記者だ。取材したいだけだ」とわざとにこやかに告げた。その間に

テロリスト部隊を養成する村ドブロシンの内部

周囲を見渡す。閑《のど》かだった。中に入ってこの風景だけを眺めればこの村が実はゲリラを養成し、各地に派遣するテロリストの拠点になっているとはなかなか思えないだろう。しかし、視線をジャミアの後方、村の奥に飛ばすと軍服を身にまとった若い兵士数人が各民家の前に陣取り、各々がカラシニコフ銃を手入れしている様子が見える。村内には雑貨店や小さな学校もある。

兵士は「出ていけ」とにべもなく怒鳴った。案の定、怒りで顔が紅潮している。カメラを出す隙すらなかった。これまでか。その時、一台の赤い車が通りかかった。急停止すると中から一人の初老の兵士が降りてきた。

後に判明したが、彼がUCPMBの司令官シャフケ・ハサーニ（62歳）だった。

若い兵士を制して鷹揚《おうよう》に頷《うなず》くと短時間なら取材に答えると言った。慌てて私はカメラを回した。

「私がこの組織を作った。村民の数は老若男女合わせて約300人で全員がUCPMBのメンバーである。目的か？　まず、この土地から全てのセルビア人を追い出す。そして二度と彼らが生息しない国を作ること。それが我々の行動目的である。この村を『解放』したときのことを教えてやろう。空爆の前だった。ドブロシンには4人のセルビア人警官がいた。我々はバリケードを作り、弾薬を集め、そして奴らを放り出した。つまり『浄化』したのだ」

はっきりと『民族浄化』という言葉を使った。民族浄化＝セルビアの代名詞のように使われているこの言葉を今、アルバニア人がセルビア人に向けて口にした。しかもセルビア共和国領土内で、だ。口惜《くや》しい。米軍が空爆中に武器支援した武装組織のこれが実態なのだ。

——先月、プレシェボ郊外でセルビア警官が殺された事件はあなたたちがやったのか。

「私は直接は知らない。しかし、若い者がやったかもしれない」まったく悪怯《わるび》れずにそう言った。

——ベオグラードの報道によれば、あなたの軍隊にはチェチェンからの傭兵《ようへい》もいると聞いているが、との問いには「それはない。ここにはアルバニア人の兵士しかいない。外国人の関与はない」と、言下に否定した。予想できたことだが武器についての外国供給源にも最後まで答えなかった。しかし、その代わりにとんでもないものを見せてくれ

アルバニアのパスポートを誇らしげに見せたＵＣＰＭＢのハサーニ司令官

た。「私には、これまで20年間パスポートがなかった……。ユーゴスラビアのパスポートを拒否したからだ。しかし今ではこれを持っている」差し出した手には何とアルバニアのパスポートがあった。アルバニア本国の支援があることを自ら認めたのだ。明らかな主権侵害だ。

——ＫＬＡとの関連は。

「はっきり言えば名前が変わっただけだ。銃や弾薬はＫＬＡからの供給だ」

解散したはずのＫＬＡだが、残党の急進派はあくまでもコソボの武力独立を唱えている。ＫＦＯＲとの衝突もしばしば伝えられている。そばでやりとりを聞いている子供たちを指差して「この子たちの未来は」と聞いた。ハサーニはこれが答えだとＵＣＰＭＢの腕章を近くの子供の腕に巻き付け、子供も大きく頷いた。

「最終目的はコソボと合わせてのこの3都市の独立である」とハサーニは結んだ。こんなものでいいか。さあ、米軍もいるし気をつけて帰れ。

ハサーニは最後にこちらを気遣う余裕すら見せた。

コソボのみならずセルビアまでも領土要求する武装組織UCPMBのインタビューが撮れた。セルビアだけが悪いという前提で行なわれたNATO空爆の不当性を微力ながらも立証できる内容だろう。陸の孤島であるというその地理的条件ゆえにテロリストの温床となっているドブロシンの村の様子も押さえることができた。取材の成果としては上出来だった。私は再び米軍の検問を通過しグニラネへ戻った。

トルココーヒーを飲みながら、ここでプリシュティナへ戻ろうかとも瞬間考えたが、実際にテロに遭っているセルビアの3都市も取材したくなった。彼らの置かれている惨状も伝えたい。後から考えればこれこそが平和ぼけ日本人の甘い発想だったのだが……。

グニラネのバスターミナルでチェックすると15分後にプレシェボ行きのバスが出る。最もUCPMBによるテロ被害が大きいというプレシェボである。これに乗り込んだ。約90分後、コソボ州境を抜けセルビア最南部の都市プレシェボ着。バスストップにはセルビア警官が検問に詰めていた。パスポートを見せると周囲の乗客から引き剝がされそのままパトカーで警察に連行された。いきなり取り調べだという。

「ノビナル（記者）だ」と告げると、私服の警官は外国人記者はこの地区では特別なアクレディ（許可証）が必要だと言う。「そんな話は聞いていない。日本のユーゴ大使館でも問題ないと言われている」

空爆以後の外国人記者に対するセルビア警察の猜疑心《さいぎしん》を私は甘く見ていた。同時にコソボから流入してくる外国人へどれだけ神経を尖《とが》らせているのかを。

延々と取り調べは続いた。

しかし、冗談ではない。こちらも血が上った。

「おい、これは不当拘禁じゃないか！」

激高した私は怒鳴った。

「大使館に連絡させろ！」

ジャーナリストどころか緊張の高まるプレシェボでは外交官特権すら効かないことをこの時点では知らなかった。

私の怒鳴り声はテロ多発の紛争地で興奮状態にある官憲を逆上させるのに十分だった。怒鳴り合いの後、身体検査を強要された。「変なものが出てきたら殴るぞ」私服は脅すが、こちらはやましいものは何もない。

やるならやれ。所持品を差し出して怪しいものは何もない、とタカを括《くく》っていたら、アルバニア人ドライバーの領収書が出てきた。私服警官の顔色が変わった。それにはご丁寧に金額と共に『プリシュティナ↓ドブロシン』と記されてあった。しかも日付は今日。普段は領収書など取らない私がなぜかその日に限って受け取っていた。

「ドブロシンから来たな！」

最悪の結果だった。

テロリストの拠点から直接その被害に遭っている現地にやって来た外国人。スパイ容疑に対して、言い訳は微塵《みじん》も通用しなかった。英雄ピクシーの知人だろうが、ユニフォームを運んで来た親善大使を気取ろうが、そんなものこの紛争地では屁《へ》以下なのだ。

その夜、外国人犯罪者管轄のあるブラニエの警察に移送、拘置された。毛布の要求、食事の要求は拒否され、翌日は朝から再び取り調べと簡易裁判。空腹と眠気がつらい。判決は48時間以内の国外退去だった。

フィルムだけはとっさに1本を抜き取って靴の中に隠すことに成功したが、カメラと取材テープは全て没収された。後日、日本大使館で聞いた話では同じ時期、ニーシュで基地を撮ろうとしたフランス人記者が逮捕され半年間刑務所に放りこまれている。日本人のバックパッカー女性もボスニアから入国しようとして殴られ入国を拒否されたという。末期のミロシェビッチ政権は迷走を続けている。まるで戦前の日本のように外務省が外国人との摩擦を必死に抑えようとするがそれよりも公安などを司《つかさど》る内務省の力が絶大なのだ。

パトカーで移送される中、脳裏にはコソボへ行くのか！　と嬉しそうに語ったジョロビッチの顔が浮かんだ。ドブロシンの取材のみならず、彼に頼まれた故郷のテープさえも送ることができなくなってしまった。すまない気持ちで胸が一杯だった。

ジョロビッチ、ごめん！

自らのミスでテル・エルストでの約束を果たせなくなったのだ。自分に腹が立って仕方なかった。

同時に国外退去処分は再入国拒否を意味する。私は二度とユーゴの地を踏むことはできないのだ。プラーヴィのホームの試合をもう観ることはできない。絶望的な気持ちに追い込まれた。6月の暑い日差しが容赦なく顔を刺していた。

2　二人のミロシェビッチ

2000年10月5日。

サヴォ・ミロシェビッチはプラーヴィの中においてあらゆる意味で特異な選手だ。ボスニア内セルビア人共和国（Republika Srpska＝通称R・S）ビイェリナの出身である彼は1987年に14歳でパルチザン・ベオグラード練習生《カデット》として来た。92年、カデットを終えると同時に就任したばかりのパルチザンの新監督リャビンコ・トゥンバコビッチによってAチームに引き上げられた。

トゥンバコビッチの回想。

「彼の抜擢《ばってき》には一切の躊躇《ちゅうちょ》がなかった。92年10月のユースの大会でゴールを量産した。とにかく点を取る才能には図抜けたものがあった」

ミヤトビッチをはじめ、スロベニアのエース、ズラトコ・ザホビッチ、若きオランダ・リーグ得点王ケジュマンらパルチザンで数多くのタレントを育て上げたユーゴきっての知将トゥンバコビッチはサヴォのストライカーとしての才能をいち早く見出していた。

「ただ、確かにちょっと変わった男ではあったが」

トゥンバコビッチの眼にはサヴォは186センチ82キロの巨体に似ずとても神経質な男に映っていた。認められたいという気持ちがとても強く野心家だった。トゥンバコビッチの前に出ると自分の持っているもの全てを曝《さら》け出そうとしていた。

「自信家で意欲的。フットボールで名を揚げるという意識が全身からほとばしっていた。無口な男だから言葉ではない。私が彼の技に気付くまで黙々とプレーでアピールしていた」

そのハングリー精神はサヴォがR・S出身であることも関係しているのではないかとトゥンバコビッチは思っている。

R・Sはボスニア内戦後に規定された地域で、ボスニア内の少数セルビア人の居住区になっている。サッカーシーンで言えばユーゴ・リーグに所属することもできず、かといってボスニア・リーグからも弾かれ、細々と独自にR・Sリーグを運営している。これもしかし崩壊寸前だ。サヴォは無口だが、地元記者の質問に答える時、必ず最後に「俺の活躍をR・Sのサポーターが励みにしてくれるように」と結んでいる。

特別の思いがR・Sにはある。

「我がパルチザンは旧ユーゴの4大クラブ（ズベズダ、パルチザン、ディナモ・ザグレブ、ハイドゥク・スプリット）の中でもとりわけコスモポリタンだ。マケドニア、コソボ、モンテネグロの選手が今でも在籍している。彼がR・Sから出てきて活躍できるのはそんなムードもあるからだ」

8年間でユーゴ・リーグを5回、ユーゴカップを2回制したトゥンバコビッチは自慢するが、しかし、長い間、サヴォはベオグラードのサポーターにあまり愛されていなかった。ベオグラードダービーの宿敵ズベズダのサポーター、デリエは彼がピッチに立つと必ず「サーヴォ、マイムネ（サボの猿野郎）」コールを連発した。確かにその風貌は類人猿を連想させるが、時に味方であるパルチザンのサポーター、グロバリも同じようにサヴォを揶揄《やゆ》する。2000年に彼はユーゴ人（旧ユーゴ連邦を含む）初の欧州選手権得点王を獲得したが、国内の関係者投票によるユーゴ人選手最優秀選手賞はマテヤ・ケジュマンに2倍以上の得票差をつけられてさらわれた。彼の不人気の理由はそのプレースタイルによるものだ。何よりユーゴ人はサヴォのような点は取るが美しくないパワースタイルを嫌うのだ。これがドイツなら彼は間違いなくストイコビッチ以上の英雄だ。

サヴォはしかし、そんな事を気にするでもなく相変わらず黙々と身体を張ってプレーをする。そして粛々とプラーヴィのために得点を重ねる。

2000年10月。サヴォは8日に予定されているW杯予選対ロシア戦のためにベオグラードに招集された。彼がローマからスルチン空港に到着すると市内は騒然としていた。

9月24日に選挙があった。ミロシェビッチが自ら憲法改正を強行して任期より10カ月早めて行なった連邦大統領選挙だった。現職のミロシェビッチは過信していたのだ。今なら空爆憎しで市民は反米、反NATOの感情で固まっている。野党勢力を西側の手先と攻撃して不満の矛先をすり替えれば自分は『民主主義』の名のもとに再選されると読んだのだ。一枚岩でない野党の分裂も追い風だと確信していた。

ところがノーマークだったコシュトニツァが対立候補で出馬すると無名ゆえに従来の野党への不信感がなく、またたくまに支持が全国に広がっていった。

慌てたミロシェビッチは得票操作を行なった。連邦政府大統領選挙自体をボイコットしたモンテネグロの幽霊票をでっちあげて水増しした。それでも追い付かず第1回選挙はコシュトニツァが勝利した。敗れたミロシェビッチは負けを認めずくしくもプラーヴィの試合と同じ8日に続けて決選投票を行なうと宣言した。コシュトニツァの民主野党連合（DOS）はこれを拒否。勝利を宣言したうえで10月2日からゼネストに入っていた。

市民もこれに同調、民間の販売店などが一斉に営業をとりやめて抗議をアピール。休業の看板の文句がまたセルビア人らしいユーモアあふれるものが多かった。

代表的なのが「盗難にあったのでしばらく休業します」盗難の横に（票が）と小さく記されている。票操作を揶揄したものだ。

パルチザン・ベオグラードで幾多の若いタレントを育て上げたトゥンバコビッチ監督

拳を固めたシンボルTシャツですっかり有名になった全国学生組織オトポル（抵抗）はDOSとともに連日反政府集会を開いていた。ユーゴ全土で人々の声が上がる中、軍の介入が懸念されていた。また血が流されるのではないか。

サヴォがベオに入ったのはまさにその時期だった。

10月5日、全国集会が開かれ、地方から続々と抗議の民衆がベオグラードに集まってきた。共和国広場は群衆で膨れ上がった。

サヴォはその日、ゼムン市ティロプティクのパルチザンのスポーツ施設でトレーニングを続けていた。昼、サヴォは無言のままティロプティクを飛び出した。ベオグラードに駆け付けるとテラジエ広場で突然オトポルの学生たちとストリートサッカーを始めた。ユーロ2000得点王の登場に学生たちは狂喜し、民衆はまた快哉《かいさい》を叫んだ。サヴォは政治家ではない。サッカー選手だ。だからサッカーをする。サッカーをすることで自分の意思表示と支持する側へのサポートをした。芝どころかコンクリートの道端で無口なサヴォは黙々と学生たちに混じってボールを蹴った。

午後、市民はついに連邦国会議事堂に突入、同じ時間にRTS国営放送局も占拠。民衆と対決したくなかった警察は半ば容認した形を取ったのだった。

ゾラン・ティミッチ（第2章3参照）率いるデリエがその動員力、統率力を見込まれてデモの先頭にいたという新聞報道が日本でされたが、グロバリの名誉のために記すと何もデリエだけがこのアクションに参加したわけではない。

数々の逮捕歴を誇るパルチザン伝説のフーリガン、チャギの後を継いでグロバリを率いるミキは言った。

「10月5日は俺たちも話し合いを持って行動に参加したんだ。デリエも？　あいつらはショーウインドウを壊しただけだ。俺たちはあの時、もっと重要なことをやった。何か？　それは秘密だ。確かに45年の共産主義革命以後、ズベズダは軍、パルチザンは警察とか言われてきたけど今の警察のトップのボグダノビッチはズベズダのファンじゃねえか。それにミロシェビッチの娘のマリヤはズベズダのハンドボールの名誉会長だったし、社会党＝SPS（ミロシェビッチ大統領の政権政党）のガイエビッチ書記長、下院議員トミッチ、社会党議員クラブのイブコビッチもズベズダのサポーターだ。デリエは俺たちに比べてロビー活動がうまいだけだ。お前、誰に会ったんだ？　シャビア、ああ、あとはゾラン？　ゾラン・ティマ！　ティミッチか？　何であんなクソ野郎と！　いや、知り合いでも何でもねえ。顔を見たことがあるだけだ。俺たちはあんな甘ちゃんじゃねえ。もっと過激だ。ケンカしても死んだのはあいつらだっただろう。とにかく俺はシプタル（アルバニア人の蔑称）やウスタシャ（クロアチア人の蔑称）よりもデリエが死ぬほど嫌いだ」

ことほど左様に憎しみ合い、98年10月3日にはスタジアムでロケット弾を撃ち合い死者を出した2つのフーリガン組織も行動を共にしたのがこの10月革命だった（余談だが決してそれが和解のきっかけではない。革命の1週間後の10月15日に行なわれた115回目のベオグラードダービーで両者はまたも暴徒と化し、40人以上の怪我人《けがにん》を出したためにダービーは中断。翌年にジンジッチ・セルビア共和国大統領の仲介でようやく復活している）。

2000年10月5日、ついに13年間続いたミロシェビッチ政権は崩壊した。

ストイコビッチは「祖国はようやく自由になった」とコメントした。

サヴォは何も言わない。しかし翌日、サヴォのストリートサッカーのプレー写真を一面に持ってきたブリッツ紙の見出しが奮っていた。「ミロシェビッチもコシュトニツアに投票」無口な彼はこの見出しを狙っていたのだろうか。これ以上ないサヴォの抗議行動だった。そしてまたもプラーヴィのロシア戦の延期が決まった。

傍観する外国人でしかない私は、東京でこの事件をテレビで見ていた。政権が変わった、これで入国できる。まことに自分勝手な理由で、安堵《あんど》に胸を撫《な》で下ろしていた。

3　モンテネグロ、ビエリッツアの野心とサビチェビッチの愛

果たしてこれが、同じ人物なのだろうか。私は発言の主の顔を改めて凝視した。

「もはやユーゴスラビア・フドバル協会（ＦＳＪ）などというものには全く意味がない。大きな問題がすでに起こっている」

コーヒーを啜《すす》り一息入れると続けて吐き出す。

「協会幹部に対する不満はいくつもある。プレーヤーたちもそれは同じだろう」

そしてビエリッツア事務総長は巨体を揺らしながら、ついに宣言した。

「我がモンテネグロ・サッカー協会はＦＳＪからの独立を目指す」

ほんの２年前。

正確には１９９９年１月。同じモンテネグロは首都ポドゴリツァ市のこの協会オフィスでインタビューした時の彼はむしろユーゴ連邦維持については肯定的な発言を繰り返していた（第２章４参照）。

「ベオグラードの協会に対しての不満はさほどない」

「ＦＳＪにおける役員の議席数など、我々（モンテネグロ）もセルビア人と同等の扱いを受けている。問題はない。バルカンにおいてスポーツは政治に蹂躙《じゅうりん》されるものだが、

うちのサッカー協会が政治的な発言をすることはありえない」

それがどうだ。

2年ぶりにモンテネグロに話を聞きにくればこの変容ぶり。

ビエリッツアはまるで人が違ったようだった。確かにポドゴリツァ市内で拾ったモンテネグロ市民の声は「悲願の独立」を興奮気味にまくしたてるものが圧倒的だった。

2000年10月、連邦大統領選挙において13年にわたったミロシェビッチ政権が倒れた。ベオグラードはコシュトニツア新大統領の誕生に沸き立ったが、対照的にモンテネグロの独立派はむしろこの「民主化」を否定的に捉えた。ミロシェビッチの方がセルビアからの「独立」という国際世論の盛り上がりに好都合だった、との意見を数多く聞いた。

「俺はこの選挙結果を絶対に民主化と呼びたくはないね。ミロシェビッチは倒れた。確かにいつ何時《なんどき》、モンテネグロに連邦軍が介入するかというプレッシャーはなくなった。しかし、コシュトニツアもいずれ劣らぬ民族主義者じゃないか」

モンテネグロ共和国の首都ポドゴリツァで貿易商を営むドラガン・トモビッチ（36歳）はそう言う。彼の口からはその後もクロアチアの廃墟《はいきょ》の都市ブコバルでもかくや、というほどのセルビア・バッシングの言葉が続いた。そもそもモンテネグロ市民の大半はこの連邦大統領選挙をボイコットしていたのだ。その気運からか、あるいはFSJとの間に本当に大きなトラブルがあったからなのか、モンテネグロ・サッカー協会は政治的に大きな転換をなしていた。

私は訊《き》く。

「しかし、そもそも、ＦＳＪの会長（ミリヤン・ミラニッチ）も事務総長（ブランコ・ブラトビッチ）も共にモンテネグロ人ではないですか。それでもＦＳＪからの分離離脱を目指すのですか」

ビエリッツアは鷹揚に答えた。

「誰がどう、ということではない。ただ、私が言えるのは今現在、ＦＳＪにいるモンテネグロ人は我が共和国の選手の利益になる仕事をしてくれていないということだ。スポーツの分野においてもセルビアと組んでいることのメリットは何もないのだ。西欧社会に認知されたうえでモンテネグロ代表チームを国際試合に一刻も早く出場させる。これが今の我々の悲願だ」

自分たちが送り出したＦＳＪ協会幹部との決別の発言まで飛び出した。

「では」と私は質問の方向を変える。

「あの忌まわしいＮＡＴＯのユーゴ空爆。セルビアとともに被害に遭ったモンテネグロ市民として加害者である西側社会の一員になることに抵抗はないですか」

ビエリッツアはしばし沈黙の後、口を開いた。返してきた言葉は予想以上に強烈だった。「あの空爆はセルビアに対して行なわれたものだ。我が国の直接的被害はさほど大きくなかったと思うのだが……」

彼の頭の中では歴史観の捏造《ねつぞう》まで始まったようだ。

モンテネグロ・サッカー協会の独立への意志の堅さをまざまざと見せつけられた。もはや後戻りできない『独立』というネジが巻かれたようだ。かつてクロアチアで、スロベニアで、マケドニアで、コソボで、巻かれたのと同じネジが。

ビエリッツァの口からここまで生々しい言葉を聞くとは思ってもいなかった。

彼は最後にこう結んだ。

「人口約60万人の我が国がW杯に出る日が必ずやってくる」

しかし、一方モンテネグロには独立に反対するれっきとした政権与党も確かにある。私はモンテネグロ国民党のポポビッチ党首の言葉を思い出す。彼は、あなたの政党が独立に反対するのはなぜだ、という問いかけにこう答えた。

「外交、軍事、警察権の拡大を連邦に要求しながら、それでも我々が独立に反対するのはそれなりの理由がある。我が国はセルビアあっての経済だ。ニクシッチの製鉄所やビール工場はセルビアが最大の市場。鉄道も観光地もその客なしではやっていけない。我々がイケイケの民族意識から連邦からの分離をしたところで食べていけない。それだけじゃない。モンテネグロが独立したらコソボはどうなる。あそこの連中にも飛び火する。刺激すれば独立に向けてアルバニア系の急進派武装組織の連中が黙っていないだろう。隣国マケドニアまで巻き込んで再び戦争が始まるじゃないか」

ポポビッチはここで少し不安そうな顔をした。

「気になるのは独立への焦りからか、不必要な反セルビア・キャンペーンをビエスティ紙なんかのメディアが、一斉に流していることだ。国民投票に向けてのアンケート調査を行なっている調査機関はほとんどが独立派なのだ。言われているほどの圧倒的な支持ではない。現に反独立の我が政党の支持者も多い」

確かに最近は「嫌われ者のセルビアから離れて独立さえすれば我が国はすぐにEUに加盟できる」などという無責任な報道が流れている。

フットボール界でも早急な連邦離脱を危惧《きぐ》し反対するモンテネグロ人選手がいる。左足の天才、デヤン・サビチェビッチがその人だ。

サビチェビッチは代表招集されなかったユーロ2000においてもチームに同行している。プラーヴィに対する思いはことのほか強い。彼はFSJとの協調をモンテネグロ内で発言したために、長年親友だったジュカノビッチ大統領との関係が悪化した。それでもデーヨは自説を曲げない。

FSJでは長年その職にあったミリヤン・ミラニッチ会長がついに勇退する。その後に誰がこの要職に就くかでモンテネグロ・サッカー協会問題は左右されると言われていた。

2001年2月上旬。モンテネグロの風光明媚《ふうこうめいび》な観光都市コトルでセルビア・サッカー協会とモンテネグロ・サッカー協会の会議が行なわれた。議題はもちろん、ポスト＝

ミラニッチ、ユーゴスラビア・フドバル協会会長の後任人事だった。２０００年末からＦＳＪからの「独立宣言」を一つの切札に政治的折衝を有利に進めてきたモンテネグロ・サッカー協会はこの会談で「次期会長はモンテネグロ協会側が推す人物を選任」という言質を取ることに成功した。ひとまずこれで、ぎくしゃくしていたサッカー協会間の関係も修復されるかと思われた。しかし、いざモンテネグロ・サッカー協会が推挙してきた会長候補者を見てセルビア・サッカー協会は猛反対。

その人物とは独立を高らかに宣言していた事務総長ドゥシコ・ビエリッツア本人だった。

「ビエリッツアではあまりに無名過ぎる。レアル・マドリードで長らく監督を務めあげたミラニッチのような名声もなく、これではＵＥＦＡ（欧州サッカー連盟）やＦＩＦＡ（国際サッカー連盟）に押しが効かない」というのが、反対するセルビア側の主張だった。そして同じモンテネグロ人のサビチェビッチがこのビエリッツア候補案の反対派急先鋒《せんぽう》に回った。彼はあくまでも連邦の立場を取ろうとしている。実はモンテネグロ側は会長にビエリッツアを指名したのと同時にユーゴ代表監督にこのサビチェビッチの名をあげたのだが、サビチェビッチはこれを拒否。

「俺は断る。会長をそんなにやりたければ監督もビエリッツアがやればいい」と吐き捨てたという。興味深いのが、セルビア人のストイコビッチがサビチェビッチとはむしろ対照的な発言をしていることだ。

「僕はプラーヴィの仲間の中でもよくこの問題についてページャ（ミヤトビッチ）やデーヨ（サビチェビッチ）と話し合う。僕の意見ではモンテネグロがユーゴ連邦から分離するのならそれはそれで仕方のないこと。ただ一切血を流さずにという条件でね」

民族主義を嫌うピクシーらしいコメントだ。かつてサビチェビッチとビエリッツァは極めて近い蜜月関係にあったが、今は『モンテネグロ独立』という政治における意見の違いがその仲に大きく影響し、揺らいでいる。2月22日にユーゴスラビア・フドバル協会の指導部選挙が行なわれるはずだったが、ビエリッツァに対する信任問題の食い違いからまだ座礁したままである。セルビア側は再三ビエリッツァ以外なら人選は任すと言っているが、モンテネグロ側は曲げない。現在は暫定ながら勇退したはずのミラニッチがまだ会長職にある。セルビア人サッカージャーナリストのシニシャ・ボージョビッチは言う。

「1年前にモンテネグロは独立すると思うか、という質問を受けたら、そうだと言っただろう。しかし、今はコシュトニツァ政権だから……。彼は一定の民主化の貢献をした。俺が思うにモンテネグロの人々は連邦国家維持を選ぶだろう。サッカー界もそれに準ずるだろう」

果たしてそうだろうか。

空爆後のモンテネグロはマルク経済が支配し、走っている車はセルビアよりも数段綺《き》麗《れい》で高価なものだ。独立派は経済においても観光立国、環境立国、スポーツ立国を掲げて一切の妥協をしない考えだ（最後は優秀スポーツ選手を育てて国外へのビッグクラブへの移籍金で潤おうというモンテネグロらしい発想）。

連邦とモンテネグロ、サッカー協会間の確執は9月のモンテネグロの住民投票で大きなヤマを迎える。まだ予断は許されない。選手も呼応すれば半数近くを占めるモンテネグロ出身選手の離脱も始まるだろう。

ミヤトビッチが怪我をすると必ず訪れるという、奇跡の修道院オストログの鐘の音を聞きながら『セルビア代表監督、ドラガン・ストイコビッチ』という語感をぼんやりと確認していた。

4　難民レフェリーの夢　2001年3月、ベオグラード

ゾラン・ペトロビッチという審判を覚えているだろうか。Jリーグ創成期に招待レフェリーとして来日し、安定したジャッジで協会関係者や選手たちからの信頼も厚かったユーゴ人審判である。

そのゾラン・ペトロビッチの無二の親友という審判が今、私の前で苦渋に満ちた顔で取材に答えてくれている。場所はユーゴスラビア・フドバル協会の会長室。彼はその場所で取材を受ける権利があった。なぜなら彼は協会の幹部役員でもあったから。いや、

今でも役員だ。ただオフィスは従来の場所にはない。追い出されたからだ。今は亡命政府のようにベオで間借りしている。彼こそがビリィビリィ・ソコリ（第1章3参照）とプリシュティナで対極に位置していたセルビア人側のコソボ・サッカー協会の会長なのだ。ミロシェビッチ政権が倒れたことでユーゴ入国が再び可能になった私が次にテーマに選んだのが、コソボにいたセルビア人フットボーラーたちの現況だった。旧ユーゴ地域を取材する上での鉄則。「両者の言い分を聞く」を遵守するのであれば今度は彼、スロボダン・ディミトリエビッチの半生も伝えなければならない。

ディミトリエビッチは1937年にプリシュティナに生まれた。先祖の代から聖地コソボで暮らしていたことは彼の誇りだった。14歳の時から本格的にサッカーを始める。現役生活は25歳で終え、その後にマケドニアのスコピエ大学の体育学科に入学し指導者のライセンスを取った。

卒業後はレフェリーとなって協会に入り、4年のキャリアを経て72年からトップリーグで笛を吹くようになった。

ディミトリエビッチは私にコソボ・サッカー協会の背景をこう説明する。

「コソボのサッカーの歴史は1922年に遡る。リーグはなかったがこの頃から組織化が始まり、プリシュティナ、プリズレン、ペーチなどの大きな都市にクラブができた。第二次大戦後、ユーゴ・リーグがオルガナイズされてコソボ・リーグの1位が連邦リーグの二部に入った。伝統的にプリシュティナとコソブスカ・ミトロビッツアのトレプチャが強かった。FKトレプチャはユーゴカップの決勝まで行ったことがある。私は83年にレフェリーの現場から離れてから審判協会を開き、92年にはコソボ・サッカー協会の会長になった。しかし、そこからが苦難の始まりだった。91年まではコソボのどのクラブも多民族で構成されていたものだ。あなたも知っているだろう？」

64歳とは思えないほどに深く細かい皺《しわ》が刻み込まれた顔を上げて私に言った。

言われた通り、事実として当時のコソボは多民族が共に生活しえた。

今ではとても信じられないがFKプリシュティナの監督にチーロ（ブラジェビッチ前クロアチア代表監督）とジョリッチ（現ユーゴスラビア代表監督）が就いていた時代がある。クロアチア人とセルビア人の指揮官がキャリアの中でコソボを刻んでいるのだ。

しかし、ミロシェビッチの強権政治がコソボに降りかかった。

「92年頃からアルバニア人プレーヤーたちは政治家からの呼びかけでユーゴ・リーグから脱退するように勧告された。ミロシェビッチの政策に反発したアルバニア人政治家にスポーツ選手たちが追随した。それでもFKプリシュティナにはユーゴ・リーグでやりたいというアルバニア人選手が2人残っていた。だが彼らは裏切り者として仲間に殴られ、追い出された」

人口比から言えばアルバニア系住民が圧倒的に多いコソボである。当然ながらコソボのどのクラブも8割から9割がアルバニア人選手で占められていた。彼らがゴッソリ抜けた事でチーム編成ができなくなり、ゲームをすることすらも困難になってしまった。

いた。

ディミトリエビッチは途方にくれたが彼にはコソボ・リーグを続ける職務が課せられていた。セルビア人の絶対数が少ないために業務は停滞した。かつての仲間だったアルバニア人の友人が示す冷たい態度もつらかった。そこで新たなオルガナイズのためにベオから協力者が送られて来た。

「それがゾラン・ペトロビッチだったよ。彼と私はコソボ・サッカーの立て直しに奔走した」

ゼロに近い状態から最終的に一部リーグに18クラブ、二部リーグに12クラブを作り上げた。登録選手7000人、レフェリー800人、コーチ200人を数えるまでに至った。ユース、Ｊｒユースの育成にも力を注いだ。

現在プラーヴィの先発メンバーには2人のコソボ出身のプレーヤーがいる。プリシュティナのジョロビッチ（スペイン、セルタ・デ・ヴィーゴDF）とミトロビッツァのラゼティッチ（トルコ、フェネルバチェMF）。

ユース時代に30試合で50得点のユーゴ記録を作ったデリバシッチ（ズベズダ）もコソボのＪｒユースで育てられた。ディミトリエビッチとペトロビッチの献身的な尽力なくしては彼らの才能は開花しなかっただろう。

私はこの話を聞くに及んで、日本滞在中のペトロビッチにコソボ時代についてのインタビューをしなかったことを悔やんでいた。

「ゾランが日本に行くと聞いたときは祝福して送り出したものだ。一方私はコソボの不安定な政情の中で自分なりにフットボールを愛し、リーグを運営してきた」

しかし、彼の人生から全てを奪う事件が62歳の時、起こった。

空爆の最中、ディミトリエビッチはプリシュティナにいた。業務を遂行するためだ。

2カ月半にわたる攻撃は凄まじいものだった。

廃墟となった内務省、軍司令本部を前にしながらもまだ自分はプリシュティナに住めると思っていた。ユーゴ軍は撤退してもまだコソボはユーゴの保全領土なのだから。

「自慢するわけではないが、自分は他の民族とも仲良くやっていた。特にアルバニア人の友達も多かったし、家族ぐるみの近所づきあいも続けていた。政治的に窮屈にはなっても先祖代々のコソボに住み続けられると思っていた」

彼の予想はあっさりと覆された。

空爆停止から1カ月半が経過した7月の下旬だった。兵士がいきなり家に来た。KLAだった。

「3分で家を出て行け」と命令された。

「受け答えはセルビア語でするな。したら殺す」

彼には妻と3人の娘がいた。長女オルガは文学者、次女ビリイアナは建築家、三女アレキサンドリアは会社員だった。その瞬間、彼と娘たちは愛する仕事をなくした。生命の危険すら迫っていることに気づいた。とにかく逃げなくてはいけない。家には2台の車があったが、娘の新車ユーゴスカラーはKLA兵士に「置いていけ」と言われて奪われた。もう一台の中古車を必死に修理して乗り込んだ。ラムサディコ通りにあるサッカー協会へ寄って重要な書類を持って行こうかとも考えたが、すでに時間はなかった。また行ったとしても占拠されて中に入れないのはわかっていた。

近所に住む親しいアルバニア人一家は何もできずに追い立てられるディミトリエビッチたちを見ていた。すれ違うとき、ごめんなさいと小さい声がした。

「彼らは私たちを助けたかった。でもKLAが怖くて何もできなかった。あとから連絡がつくと泣きながら謝っていた。彼らは何も悪くない。悪いのは外部から来たKLAだ」

親子5人でベオグラードのいとこの家を目指して逃げた。

ベオグラードにつくと親戚に引き取られる形で家族はバラバラに暮らした。3カ月後、FSJから資金を借りてバタイニツァにアパートを借りてようやくまた一緒になれた。

「私は35年かけて築き上げたものを3分で無くしたよ。そう、ロスタイム並みの短さでね。こんな不公平なジャッジがあるかい?」家も財産も奪われたセルビア人の名レフェリーはハハッと笑った。鼻の奥がツンとなった。こんな話をするときもジョークを忘れないのか。

彼のようなコソボを追われたセルビア人難民は約20万人もいる。しかし、その存在はほとんどメディアに取り上げられることはない。ひどいものになると「弾圧した報復を

ＫＬＡに家を追い出されベオグラードに亡命を余儀なくされたコソボ・サッカー協会の会長スロボダン・ディミトリエビッチ

恐れて逃げだしたセルビア人」という解説を施した報道機関があった。ミロシェビッチの入植政策はあったが、セルビアはコソボを決して侵略したわけではない。少なくとも長年暮らしていた民間人には一方的に家や財産を奪われるまでの罪はない。しかし。

「ＦＫプリシュティナにいた選手はすべて追われていなくなった。ベオやクラリェボやスボティツアへのキャンプへ行き、皆、難民になった。協会の友人には自殺した者もいる」

ＦＳＪはコソボから逃れて来た選手に向けて、トレードマネーを取らない、年2回の移籍の自由を認める、などの特例を設けて新しいクラブを斡旋《あっせん》した。

そのようなコソボ出身の選手を最も多く受け入れているのが実はアルカンの創設したＦＫオビリッチ（第2章2参照）だった。

２００１年現在、オビリッチはユースだけ

で4人の難民選手を抱えている。

右ウイングのミニャ・ポポビッチ（18歳）、右FWのネブシェ・ブラトビッチ（13歳）、右DFのプレドラグ・ラゼティッチ（19歳）、MFのノバク・チェレビッチ（18歳）、それぞれが皆、生まれ育った家を追われ故郷を捨てていた。ブラトビッチはゼムンの叔母さんの家に引き取られていた時、チェレビッチはモンテネグロに逃れていた時にオビリッチのテストを受けたという。

日本の難民救済のNGO（非政府組織）現地スタッフによればコソボから難民になってベオに来た子供たちの精神的なダメージは凄まじく、その心のケアが急務とされているという。いきなりの大都会。そしてコンプレックスに追い討ちをかけるように学校の授業についてゆけないという事情がある。国語と数学を教える進度がコソボでは遅かったために彼らは取り残されて孤立する。コソボなまりもイジメの対象になっているという。「セルビア語が変だ。お前はシプタルだ」と呼ばれた時の悔しさは忘れられないとブラトビッチは言った。「サッカーで見返す」と彼は続けた。

チェレビッチに「コソボに帰りたいか」と聞いたら「もう、無理でしょう」と醒《さ》めた答えが返ってきた。彼は大好きだった祖父の墓参りにも行けない。

FKオビリッチのスカウトであるドゥシコ・アルビャニッチは難民選手救済に尽力したアルカンの功績を讃《たた》えてやまなかった。

「奴こそ愛国者だ。今までの人生の中で奴が殺された時ほど悲しかったことはない」―

コソボを追われＦＫオビリッチでのプレーを選んだチェレビッチ（左）とスカウトのアルビャニッチ。オビリッチの前で

アルカン暗殺はまさにプロの仕業だった。

２０００年1月15日の白昼、インターコンチネンタル・ホテルのロビーで38発の銃弾を全身に撃ちこまれてアルカンは死んだ。うち3発は顔面を貫通していた。狙撃手は応戦しようとしたボディガード２人をもあっという間に射殺して逃げた。後に犯人は捕まったが素性を明かさない。遺恨を買ったマフィア説もあったが、有力なのはボスニア、クロアチアでの秘密を「知りすぎた男」を始末したかったミロシェビッチ大統領説である。

ズベズダのサポーターだったアルカンの死はユーゴのフットボーラーたちに少なからぬショックを与えた。ミハイロビッチは「あいつの死を悼む。誰が何と言おうとサッカーにおいては奴は純粋な男だった」と公式な発言を発表した。

葬式には喪服姿のミレ爺《じい》さんの姿もあった。

凶悪犯罪者として恐れられ、ボスニアやコソボでは蛮行を繰り返して戦犯に指名されているアルカン。しかし彼に接したことのある人間は皆全て彼のことを称賛する。私はこれが不思議でならなかったが、ベオグラード大学で心理学を教えるクセニヤ・コンディチ教授は言った。「私はアルカンが少年院に入っていた頃、メンタルケアのケースワーカーとしてその施設に行ったことがあります。不思議なことにアルカンはすごく人気があった。彼を慕う不良少年たちで溢れていましたし、接した大人の刑務官も仲良くしたがった。そういう意味ではものすごく魅力のある人物でした」

アルカンが暗殺されたあとの現在オビリッチの会長には名古屋グランパスにいたドラギシャ・ビニッチが納まっている。

再びディミトリエビッチ。

——今の仕事は、と聞いた。協会が実質無くなったであろう今、何で生計を立てているのか。

「知人の保険の仕事を手伝って何とか食っている。引退したいのだが、年金を受け取るための書類を持って来ていない。全てを失って逃げて来たのだから……。しかし、サッカー協会の仕事は続けたい」

今、コソボ・サッカー協会はミトロビッツアのセルビア人地区とここベオの仮事務所で細々と活動している。

「それでも、ミトロビッツアに３つのクラブを作った」

驚いた。この老人はサッカーの前では不屈なのか。コソボの北の玄関、橋を挟んでセルビア側とアルバニア側が対峙《たいじ》して常に投石や暴動が絶えないあのコソブスカ・ミトロビッツアにもうクラブを作ったのか。

「将来の夢は」と再び聞いた。

「来秋にはコソボでリーグ戦をやりたい。プリシュティナにはセルビア人はいなくなったが、まだ生活している人がいる周囲の村、チャグラビッツア、グラチャニッツア、ミトロビッツアでクラブを作ってね。いつかはアルバニア人との親善試合ができればいいのだが……」

果たして彼の夢は実現するのだろうか。

インタビューの後、私は８度目のコソボ行きの準備を始めた。この目でもう一度見てみたい。ディミトリエビッチの夢を。その障害になるだろうＵＣＰＭＢは今、何をしているのか。もちろん私自身のドブロシンへのリターンマッチの意味もあった。

５　『浄化』された村

２００１年３月22日。ディミトリエビッチの希望が叶《かな》う可能性はあるのか。確かめるべくベオを発《た》った。コソブスカ・ミトロビッツアまでバスで移動した。先月、この路線バスを狙ってUCPMBが州境に地雷を仕掛けた。バスは後輪で地雷を踏み、死者7名負傷者43名の大惨事となった。コソボに入ろうとするセルビア人は民間人でも容赦しないというUCPMBの意思表示だ。それまでベオからグラチャニッツア（コソボのセルビア人地域）まで乗り入れていた便はこの事件以降、廃止となってしまった。

少々緊張しながら乗り込んだが、他にも乗客は多かった。3年前は夜行列車でプリシュティナまで通ったことを思い出す。しかし、鉄道は分断されたまままだ復旧の見通しは立っていない。あのアンモニア臭漂うプリシュティナの薄汚れた駅が何やら懐かしかった。5時間かけてミトロビッツアに到着。両側で投石合戦をしている橋を徒歩で渡りアルバニア人地域へ。そこからタクシーを拾ってプリシュティナへ入った。

翌日、KFORのプレスパスが失効しているのに気付いた。コソボにおいてプレスパスは外国人のビザのようなものだ。仕方がないのでホテル・グランドの事務室でパソコンを借りて申請書を偽造した。鋏《はさみ》とノリとコピーで我ながら完璧に仕上がったが、UNMIKの窓口のドイツ兵はボスの名に記入漏れがあると言って拒否。フリーゆえにボスはいないが、仕方がないので勝手な名前をでっちあげて再度作り直した。ようやくOK。かつては5分で発行していたものだが、取材規制が厳しくなっているのを実感する。その足でグラチャニッツアのセルビア正教修道院に向かった。セルビア人の人権問題をウオッチする事務所がここにのみ存在しているのだ。

そこでまたも周辺に事件が起こっていたことを知った。

「見てくれこの銃弾の跡を！」怒りと恐怖に震えながら中年の男が指を示した。ゴミを収集する鉄製の大型コンテナが見事に蜂の巣になっていた。

「俺は子供たちを誘導しようとここに立っていた。機銃の首があと10センチ振られたら俺の胴体は千切られていた」

コソボに入っていきなり出くわしたのがこの事件だった。

プリシュティナ郊外リイプリャン村。この村にはセルビア人が通う小学校がある。小学校と言っても、空爆後はセルビア人が公的機関から追い出されているために、建物は協力者から2階建ての民家を借りたもの。教室は居間やキッチンに机を入れてようやく10人収容できるものが4つ、校長室はシャワー室を改造したものだ。この劣悪な環境に約180名の生徒が二部制で通っている。

3月21日の静かな昼下がりだった。

小学校では、午後の授業が始まろうとしていた。急造校舎に子供たちが入り始めたその時だった。一台の車が猛スピードで接近して来た。校舎前で急停止すると中から、カラシニコフ銃を抱いた男が飛び出し、腰の位置に構えていきなり乱射を始めた。子供たちの悲鳴が上がる中、40発近くを校舎に向けて撃ち込むと、悠々と車に乗って去っていった。「幸いなことに子供たちはみんな校舎に逃げ込んで無事だった。しかしひでえもんだった。KFORの兵士はいたけど、見て見ぬふりだった」

私は校舎の前から視線を飛ばした。スウェーデン軍兵士が乗るKFORの戦車まで150メートル位しか離れていなかった。

確かに近いなあの戦車は、と言うと、

「冗談じゃない。事件の時はもっと近くにいたんだ、あのタンクは」私の周りに人が集まって来た。一人の老人が憤懣《ふんまん》やる方ないという怒りをぶつけてくる。

「この村には4500人のセルビア人がいた。それが今では1500人しかいない。ユーゴ軍が撤退した後、我々を守る目的で国連や国際部隊が来てから20カ月。しかし彼らは何もしてくれない。いいか、こんなふうに子供たちが普通に安全に学校に通うこともできないんだ。断言してもいい。この乱射事件だって絶対に犯人は捕まらない」暗澹《あんたん》たる気持ちに全身を支配された。UCPMBのテロ活動は小学校にまで広がっているのか。これではディミトリエビッチの考える融和は程遠い。

白昼堂々と行なわれ続けるテロ活動に怯える彼らを目《ま》のあたりにして私はグラチャニッツアで会ったセルビア民族会議のトライコビッチ女史の言葉を思い出した。日本政府への援助要請に来日経験がある彼女はおそらくその時と同じようにコソボ内で起きた事件のデータを示しながら言った。

「すでに100以上のセルビア正教教会が破壊され、12万人のセルビア人が職場から追放され、2000人のセルビア人が殺されています。空爆が終了して2年、今やコソボはアルバニア人過激派、テロリストの楽園となっています。大セルビア主義も大クロアチア主義も崩壊しました。しかし、コソボからセルビア南部やマケドニアまで侵攻しようという大アルバニア主義は生き残っています。彼らの拠点はあなたが入ったというドブロシン。しかし、あの村に住んでいるアルバニア人全てがUCPMBを支持しているとは思わない。民間人は脅迫されて暮らしているのではないかと思います。セルビア人殺害事件は多発していますが、しかし安全保障のために駐留しているはずのKFORは何ら具体的な対策を講じようとしてくれません。KFORもアルバニア人テロリストとの戦闘で兵士の命が奪われるのを恐れているのでしょう。彼らは『罪無き傍観者』です」

空の上からの攻撃は安全だが、地上戦で自国の兵士を死なせたら世論の突き上げをくらうから無理はさせない。それがアメリカ合衆国がベトナム戦争で学んだ教訓なのだろうか。そしてUCPMBに強硬に出れない理由はもう一つある。アメリカ自らがヒューマン・ウオッチ・レポートの報告によってテロ組織と認識していた、KLAを空爆の直前に反ユーゴということで同盟を結び認知してしまったご都合主義の影響だ。都市部ではさして求心力の無かった山間部過激テロリストKLAはこの方向転換でいきなり、民族の『正義の軍隊』に祭り上げられた。さすがにUNMIKもテロが野放しになっている今の事態を重く見て北部州境地帯に関しては治安維持にユーゴ軍の駐留を認めたが最も厳しい南部については手付かずのままだ。今、一般のアルバニア系住民もKLAの脅威に怯えている。UNMIKのある日本人職員のところに上がって来た報告に次のような事件が記されていた。

『プリズレンで1人のセルビア人女性が広場の中央に引きずり出されて来た。KLA出身の警官は彼女の口に爆竹を詰め込み火を点《つ》けた。口内で爆発している爆竹を吐き出そうと彼女が泣きながら暴れるのを見て、その警官は周囲のアルバニア系住民に囃《はや》し立てるように強要した。住民は渋々手拍子を打った』

リイプリャンを訪れた翌日から連日、私はUCPMBの拠点の村に潜入を試みた。コソボからセルビア領土内に越境し、非アルバニア民族を全て追い出して作ったそのような『民族浄化』村がもはやドブロシンだけでなく州境沿いに広がっている。このままではもう第二、第三のジョロビッチやラゼティッチはこの地域から生まれない。

初日は悔恨の村ドブロシン。

ベオのセルビア情報省でもらった資料によるとここで2000年の1月26日に民間人が1人、11月21日に3人のセルビア人警官が爆弾テロで殺害されている。今年2月28日には外国のNGO職員2人も重傷を負わされている。

米軍のチェックポイントで、例の如《ごと》く車を徹底的に調べられる。

何とかクリア。今回の取材はファトスに同行してもらっていた。すばしこく、修羅場での機転が利く人材。そして武装組織に接する上でクッションとなってくれるアルバニ

リイプリャン村でUCPMBによる小学校乱射事件に抗議して集会を開いたセルビア系住民

ア人の同胞という意味で彼は貴重な戦力だった。「お前は俺の弾《タマ》よけだ」と言うとファトスは首をすくめた。

記憶にある山間の風景の中を走り抜け、再びドブロシンに向かった。

「いいか、絶対森の中から見張られているからな。間違ってもこの辺りで車の中からカメラを回すなよ。不審な連中だと思われたらもう全部おしまいだからな」

ハンドルを握るファトスが珍しく真剣な声で警告して来た。奴《やつ》にしてもUCPMBは怖いのだ。車窓から回すのは諦めた。

林を抜け右に小川を望み、見覚えのあるジャミアの尖塔が視界に入って来た。と、村の入り口に何と検問所ができていた。簡素な木造の小屋だがしっかりとUCPMBとペンキで書かれている。野合集団だったのが、より組織化されて来たようだ。黒い戦闘服に赤いマフラーを巻いた兵士が立ち上がり、行く手をさえぎる。車を降り、取材の意図を告げる。村内へ入ることは拒否されたが、この兵士にインタビューすることに成功した。若い、おそらく20代前半の兵士だった。

——現在ドブロシンには何人の兵士がいるのか。

「この村には200人の兵士がいる」

——民間人は何人いるか。

「500人ほどだ」

——あなたはいつからUCPMBの兵士になったのか。武装組織に入る前は何をしていたのか。

「組織に入ったのは4カ月程前だ。それまでは農民だった」

——武装闘争の目的は何か。

「平和だ。そしてアルバニア民族の解放だ。我々の領土要求を実現させるためだ」

——この検問所が作られたのはいつか。

「5カ月前だと聞いている。我が軍隊の自衛のためだ」

——マケドニアへもここから派兵しているという噂は本当か。

「送っている」

ここで横槍《よこやり》が入った。無線で連絡を受けた上官が飛んできた。小太りの中年の兵士だった。若い兵士を叱り付け、私に敵意を剝き出しでかかって来た。

「写真とテープをよこせ！」

案の定撮影フィルムを奪われ、追い返された。VTRの方はとっさにダミーと入れ替えていたので守ることができた。ドブロシンは昨年より更に強固な武装配備ができてきたという印象だった。

2日目は司令部が置かれているというコンチレへ向かった。グニラネからブヤノバツへ抜ける幹線道路沿いにあるこの村もすでにUCPMBの手に落ちている。前述のセルビア側資料によればここでも今年の2月26日と4月8日にテロがあり、セルビア人警官2人死亡、16名が重傷。負傷者リストにアルバニア系の名前があるのはセルビアへの協力者だからだろう。『浄化』の記録だ。ロシア軍の検問を抜けて再びKFOR非武装地帯へ。

コンチレはドブロシンよりも大きな村だった。バラック建ての司令部の前まで辿《たど》り着けたが、取材は一切拒否されて追い返された。

「出ていけ」と毎度のセリフを浴びた。

私は方針を変え、そのままアルバニア国境近くの街、プリズレンへ向かった。

ついにマケドニアまでもが火を噴いた。

昨日のドブロシンの兵士も認めたようにコソボから送り込まれたKLAの残党がマケドニアで作ったアルバニア系武装組織「UCM＝民族解放軍」が権利拡大を主張してテトボで武装蜂起し、マケドニア正規軍が鎮圧に乗り出している。コソボ代表監督ソコリと行ったあのテトボ（第2章7参照）で戦闘が連日続いているのだ。マケドニア政府は慌ててコソボから流入し続けるKLA兵士を規制するためについに国境を閉じたが、戦火はアルバニア系住民が9割を占めるテトボを包み、大量の難民がアルバニア本国経由でコソボへ逃げてきているという。マケドニアから難民となって逃れて来たアルバニア人はUCMをどう見ているのか。この興味のもとにコソボを東から南西に2時間近くかけて横断した。プリズレンのUNHCR（国連難民弁務官）事務所で保護されたアルバニア人難民の話を聞くことができた。

彼は17歳の少年だった。

「国境が閉じられているのでテトボから8時間かけて一家で山を歩いて越えてきた。雪の残る山頂は苦しかった」

私は単刀直入にUCMの兵士たちをどう思うか、と聞いた。彼らが入って来たことで戦争になった。それが原因で難民になったのだ。スコピエでは平和を求めるデモ行進もあったと言う。奴らは我々民間人とは違う、迷惑だ、という答えも存在するのでは、と考えていた。ところが、

「UCMがいつ、どこで、どのように俺たちの村に入って来たのか、俺は知らない。ただ、言えるのはあいつらは俺たちの軍隊だ。俺は彼らの行動を支持する。俺たちの夢はコソボとテトボが併合されることだ」

『民族主義は全身に広がる麻薬だ』と今更ながら思い知らされた。

2年前のテトボ取材の時（第2章参照）。あの時、FKシェケンディアのアルバニア人プレーヤーたちのほとんどは、自分たちの置かれた政治的立場に対して大きな不満を持っていなかった。迫害を受けたコソボと違い、連立与党内にもアルバニア民主党という彼らの利益を代表する政党もあった。民族融和はある程度なされていた。確かにテトボはほとんどがアルバニア人の街だったが、それでもマケドニアからの独立というリアリティーのない主張をする者は皆無だった。それが今では若者の『夢』になっている。この劇的変化は明らかにコソボからの飛び火、KLAの流入の影響だろう。

3日目の3月23日すなわちユーゴ対スイス戦の前日、UCPMB最大の拠点トゥルノバツに向かった。資料では今まで2人が殺され、11人が重傷、2人が誘拐されている。

コンチレの手前のロシア軍のチェックポイントを左に抜け、曲がりくねった山中をひたすら走った。約1時間半。山を二つは越えたろうか。セルビア領土に入る場所にまたもUCPMBが拵《こしら》えた検問所が見えてきた。

ファトスが飛び降りてこの『解放区』への入国を交渉してくれる。

兵士は5人いた。皆、左袖にKLAもしくはUCPMBの記章をつけている。脇の小屋では髪をオールバックに撫で上げた若い兵士が弾薬と銃の手入れをしているのが見える。武器は中国製とロシア製だった。

入国のOKが出た。

40代と思われる兵士はカラシニコフ銃を携えながら質問に答えた。

「我々の目的はアルバニア人だけの支配領域の拡大だ。トゥルノバツの兵士の数は秘密だから、それを外部の者に教えるわけにはいかない。ただ、言えるのはすでにかなりの数の兵士が各都市に点在し、一斉蜂起の準備はできているということだ」

ここからブヤノバツまでは山道を抜けるが直線距離にして10キロもない。彼の地《ち》に暮らす非アルバニア人にとっては脅威だ。

——領土要求しているセルビア南部の3都市（プレシェボ、メドベジャ、ブヤノバツ）を攻めて『解放』したらその次にニーシュまで行くというのは本当か？

不敵な笑いを作った。

「できるだけ早く入りたい」

ストイコビッチの両親の顔が浮かんだ。

許可が出たので村の内部に向かった。監視としてオールバック兵士が1人助手席に銃を携えて乗り込んで来た。

検問所から車で10分ほど走ると村が見えて来る。子供と年寄りが多い。中心部には市場があり、UCPMB兵士がポリスの腕章を付けて治安活動を行なっている。この村では彼らが体制なのだ。

雑貨屋前にいた2人の村人に話を聞いた。

「UCPMBは俺たちを助けてくれる。俺たちの兵士だ」

——この村からセルビア人がいなくなったのはいつから。

『浄化』された村トゥルノバツ入り口の検問所。銃は中国製とロシア製だった

「去年の11月。兵士が全て追い出した」掃除を終えたよ、そんな感じでこともなげに言う。

もう1人が続ける。

「この村もコソボと同じになるべきなんだ。UCPMBを俺は支持する」

私はディミトリエビッチに何と伝えよう。コソボ・リーグの復活はもはや不可能だ。コソボからプラーヴィに招集されるような才能ある選手が生まれることももうありえない。なにしろ、選手のみならずサポーターたりえる人々まで追い出されているのだから。

アルバニア武装組織はコソボからこのままセルビアへ支配領域を広げてゆくのだろうか。否、建前として土地の地名がどう変わろうが構わない。しかし、セルビアでもアルバニアでも単一の民族しか住めなくしてしまうのはこの土地に400年前から続く因果応報と考えるにはあまりにやるせない。互いの怨念はまったく消えることなく受け継がれるのか。

泥沼だ。

悲しい気持ちでジャミアを見上げた。ほんの9カ月前、ユーロ2000でプラーヴィを応援していた人々は、もうこの村に一人も存在していないのだ。完全に「浄化」された村の青い空の中に屹立《きつりつ》している尖塔に背を向ける。今、追われた人々はどこにいるのだろう。どこで明日のスイス戦を観るのだろう。難民キャンプなのか、頼った親類の家なのか。いたたまれぬ思いで、私はトゥルノバツを、そしてコソボを後にした。

6 ミ・ニスモ・ツルビ

「新しい日の始まりだ。みんなでプレーを分析し、話し合いもとことんやった。スイスは少しも我々を驚かせはしなかった。確かに引き分けに持ち込まれたが、私のプラーヴィ改編の意志は誰にも止めさせはしない。これまでの代表監督誰一人として手がけることのできなかった若返りという事業を成し遂げるのだ。私の監督の座が3カ月で終わろうが、5年続こうが、やって見せる。次戦の相手スロベニアには9人のプレーヤーが3年も残っている。私のチームは5人が代表初体験となる。苦戦もするだろう、しかし、スタジアムで聞いた『出ていけジョーロ』というコールも私を止めることはできない」

2001年3月25日、1—1で引き分けたスイス戦の翌日行なわれた会見で新監督の

大アルバニア主義を
標榜するトゥルノバ
ツのUCPMB兵士

非アルバニア人は全
て追い出された。村
内でポリスの腕章を
つけて独自の治安活
動をする兵士

少年兵とその叔父

ミロバン・ジョリッチは意気盛んだった。

言葉の中身は確かにもっともだ。毅然《きぜん》とした響きを感じさせる。ましてや会見の会場は復旧なったユーゴスラビア・ホテル。アルカンが経営するカジノがあるという理由で爆撃の的となり徹底的に破壊された場所からの復活宣言。『新生プラーヴィの廃墟からの再生』と私は書きたい。しかし、昨日の試合を観た限り、プラーヴィの行く手は暗い。

さしてポテンシャルのあるとは思えないスイスの守備を崩せない。ユーロ2000のスロベニア戦の前半を想起させるような単調な組み立てしかできなかった。逆にディフェンスはDFに起用されたジョルジェビッチが地に足がつかず裏を取られまくった。

スタジアム全体の雰囲気も最悪だった。

2年ぶりのホームでの国際Aマッチということでパルチザン・スタジアムは3万人のキャパを超える観客を飲み込んではいたが、おそらくデリエとグロバリの確執なのだろうか、一方でコールが起これば一方がブーイングでかき消す、一方で応援歌が始まれば一方が口笛で邪魔をする。まるでホームとは思えない情況だった。

新キャプテン、ミハイロビッチの神業のようなFKが68分にようやく炸裂《さくれつ》。しかし、84分にシャプイサにセットプレーからの同点ヘッドを決められる。直前にジョリッチはステファビッチを投入していた。CK対策だったのだろうが、闘志が空回りしていた。明らかに指示が不明確だった。

プラーヴィは中盤が作れず、弛緩《しかん》したリスタートの時間帯を引き締めるキャプテンシーがいない。まさにストイコビッチ不在が響いた戦いだった。名古屋のピクシーは当初、3月のこの予選2試合に参加する予定でいた。ジョリッチは2度にわたる国際電話で若手起用のために呼ばないという意図を説明し、ストイコビッチも理解していたが、心中は複雑だった。

「スイスはW杯後にニーシュで親善試合をやった時、引き分けている。スロベニアはベルギー（ユーロ2000）で痛い目に遭わされた。決して侮れない相手。役に立てるなら出たかった」

ジョリッチの言う「若返り」は確かにプラーヴィに必要だ。制裁のあった空白の期間からそろそろ21世紀に向けての人材を育てる必要はある。91年トヨタカップの遺産では確かに2000年は戦えない。

しかし、当然ながら予選を勝ち抜かずして本大会での飛翔はありえない。90年イタリア大会時のイビカ・オシムのように予選はハジベキッチ、スシッチを主軸にしたベテランの活用、本戦はプロシネチキ、サビチェビッチ、若手の抜擢というスムーズな移行が望ましいのではないか。

テンポ誌の記者、ミランは言う。

「旧ユーゴ、3大お調子者監督というのがいるんだよ。ミラン・ジバデノビッチ、そしてチーロ・ブラジェビッチ、最後がジョリッチだ。メディアに向けては常にカッコいいことを言うから記事にしやすいんだが……」

ミランだけでなく、ジョリッチに対しては就任早々、選手とのコミュニケーション不足を不安視する声がジャーナリストの間から上がっていた。

「リュブリャナではホイッスルが吹かれた直後からひたすら勝利を求める勇敢なる11人が現われるだろう」

ジョリッチは大見得を切って会見を終えた。

2日後の3月27日。私は夜行列車に乗ってベオからリュブリャナへ向かった。途中クロアチアを通るために都合4度のパスポートコントロールを受け、その度に強制退去のスタンプの理由を詰問されてさすがに閉口した。

翌朝、7時リュブリャナ着。2年ぶりに訪れたスロベニアの首都は「ああ、ここそがヨーロッパだ」と感じさせる洗練された都市に変貌していた。いやもうベオと比べるのはよそう。

ジョリッチの思惑どおりに勇敢なるプラーヴィは見られるだろうか。

しかし、開始早々から期待はしぼんだ。

プラーヴィのアンバランス劇はリュブリャナ・オリンピアスタジアムでも再演された。攻守の切り替えが遅く、悪い。スロベニアの方がまだチームになっている。ろくな組織練習ができない劣悪な環境でプラーヴィの支えになっているのは意地の個人技だ。

復旧なったユーゴスラビア・ホテルで会見をするジョリッチ（中央）

23歳、オビリッチで活躍する強力ストッパー、若いオブラドビッチがザホビッチのマンマークで健闘している。

ユーゴビッチに代わって7番をつけ、右サイドに入った22歳のラゼティッチは卓抜したスピードと運動量、そして鋭利な切り返しを見せてくれた。

「あれがラゼティッチか……」

ラゼティッチこそがコソボはミトロビッツアで育った選手。ディミトリエビッチが盛んに誉《ほ》め上げたプレーヤーだ。オビリッチを経て今はトルコのフェネルバチェでプレーしている。私は古い記憶の中でストイコビッチが有望な若手として彼の名前を挙げていたのを今更ながらに思い出した。

慌ただしく交錯する青と緑のユニフォームの集団を見下ろしながら、私はプラーヴィのメンバーのうち、3人が故郷に帰れないこととに気付いた。

ブコバルのミハイロビッチ、今回は怪我で呼ばれていなかったが、プリシュティナのジョロビッチ、そしてミトロビッツアのこのラゼティッチ。彼らは故郷で殺しても飽き足らぬほど憎まれているのだ。

先制点はこの日もユーゴ。33分、深い位置でボールを受けたジョルジェビッチが猛然とドリブルを開始、約20メートルの中央突破を成功させると右サイドを疾走するラゼティッチにオフサイドぎりぎりのグラウンダーを放った。ラゼティッチはダイブしてきたGKシメウノビッチがボールに触れる直前に追いつき左に叩《たた》いた。そして、そこにはミロシェビッチがいた。1―0。ユーゴらしい個人技がこの日は随所に見られた。それでも追加点で畳み掛けられない。勝ち味が遅い。不安が募る。案の定、ロスタイム。ザホビッチの起死回生の同点FKが決まった。フィジカルが落ちていた。そして集中力が明らかに切れていた。ボールがネットに吸い込まれても体重が逆にかかったGKコシッチは芝から足の裏が離れなかった。そのままホイッスル。

抱き合うスロベニア。うなだれるプラーヴィ。7枚のカードが乱れ飛んだ荒れた試合はまたも1―1。

この予選1組のカテゴリーであればとっくにトップを独走していなくてはいけない。ストイコビッチの見通しでは6月2日のアウエーのロシア戦で出場を決めるつもりだったと言う。それが、3試合終わって4位。プレーオフすら危うくなってきた。

本来であれば昨年消化すべき試合が全部、今年に回されたことも影響しているのだろうが、監督の采配ミスが著しい。ジョリッチは57分にケジュマンを下げてドゥルリッチを入れた。それが得点力不足に拍車をかけた。当然ながら、新10番のモチベーションは一気に低下する。格下FWとの交替を告げられたケジュマンは怒りを顕《あら》わにしてメディアにジョリッチへの不満をぶちまけた。サブに回されたコバチェビッチはプラーヴィとの決別を宣言した。

ユーゴの代表監督問題はしかし、経済が回復しない限り解決しないだろう。ジバデノビッチもペトコビッチも高額マネーを積むサウジに、中国に、オファーをもらうとあっと言う間にその座を投げ出した。何しろサラリーがあまりに低額すぎるのだ。国民の期待という名の重圧がかかるこの仕事を遂行するのにジバデノビッチは空爆の最中ということもあって、当時300ドル（約3万6千円）の給料しか手にできなかった。現在の監督待遇も推して知るべしだろう。つまりは成り手がいないのだ。ジョリッチ一人の責任ではない。

明らかにユーゴは弱くなっている。

どうなるのだろう。私は小雨の降る中、ホテルに向かいながら一人ごちる。

もしかしたら私は美しかったユーゴ・サッカーの生前葬にすでに立ち合わされているのではないだろうか。コソボからセルビア南部に向けていまだにKLAに侵攻を続けられ、モンテネグロは独立の気運が最高潮に達している。ユーゴは解体され、セルビアは切り取られた国土の中でますます小さくなる。劣悪な経済情況、FSJ会長の後任も決まらぬ不安定な政治情況……。90年から始まった解体であれだけ美しかったユーゴ・サッカーは金属疲労を続け、悲鳴をあげている。ユーロ2000までは黄金世代の意地と才能で乗り切ったが、その貯金も使い果たした。どんな苦境でもその求心力でチームをまとめていた一人のカリスマが今年7月に名古屋で引退すればその後は誰が仕切るのか。重苦しい空気を払うように首を振って私はスタジアムを出た。

ベオに戻ると、私は友人のマリヤ・メディッチと話し込んだ。

コシュトニツアになって変わったことはあるかい。

「あまり見えて来ないわ。そりゃあ、経済援助は喜ばしいけど。今はSPS（社会党＝ミロシェビッチの元政権政党）の党員だった人たちがどんどんDOS（左翼連合＝コシュトニツアの現政権）に入党して特権の地盤固めを始めている。私はミロシェビッチが大嫌いだし、選挙も野党に投票したけど、そういうのは嫌い。これではクーデターと変わらない」

確かにマスメディアも公的役所機関の人事も報復人事が始まったようだ。あれだけミロシェビッチの舌と呼ばれた機関紙ポリティカも今ではコシュトニツアべったりの報道を始めた。民主勢力だったDOSが今度は体制になるとそれに追従する新たな権力支配ができてきた。

スロベニア戦後にジョリッチへの不満をぶちまけたデヤン・スタンコビッチ。オリンピック・スタジアム外で

「世界は相変わらず私たちを悪く言うけど私はセルビア人としての誇りがある。だから本当のデモクラシーをこれから作るべきよ」ともう一人の友人、ディブナ・イリンチッチはこう言った。

「コソボが独立するのならそれでもいい。あそこのアルバニア人がそうすることで幸せになるのなら。でも私たちセルビア人があの場所にある私たちの祖先の文化遺産に自由に触れる安全だけはどうしても保障して欲しい。そして愛すべき修道院や教会をこれ以上壊さないで欲しい」

そもそもあそこの土地は赤字だったのだから、手放せばいいではないかと、ユーゴ大使にしたり顔で言った日本人ジャーナリストがいたが、金に換算できない愛すべき土地なのだ。

今、コソボに行こうと考えるセルビア人は

皆無だ。どんなに信仰心が篤《あつ》くても行けば確かに命が危ないことを知っている。

修道院などに勤める在コソボのセルビア人も怖くて一歩も自分たちのテリトリーから踏み出ていない。どうしても必要な食料の買い出しなどで出るときはKFORの装甲車に頼んで外に出ている。私は幾度もその外出の様子を目撃した。当事者であるトライコビッチ女史はそれを『21世紀のモダンな収容所よ』と自虐的に笑っていた。

「ディブナ、でもコソボに住む普通のアルバニア人は本当にいい奴ばかりだぞ」

反発を食らうかと思ったが、彼女は「その言葉を信じたい」と言った。

信じなければ明日はない、そんな雰囲気だった。私が生きている間にファトスとディブナを紹介し合える時代はくるのだろうか。

久しぶりに強い酒を飲んだ。

翌日3月30日の夜のことだった。

ホテルのベッドでまどろんでいると、ミロシェビッチ大統領逮捕の一報がMから飛び込んできた。

「ミロ逮捕!?」

「たった今です。そんなわけでNHKが来るんで明日の木村さんの仕事は手伝えないんすよ」

申し訳なさそうに言うが、私の倍以上のギャラを払うNHKの仕事を断れなどという権利は私にない。Mは売れっ子通訳になった今でも私から3年前と同じギャラしか受け取らないのだ。

正確にはミロシェビッチは司法当局から逮捕状が出たが、官邸に籠城しているとのことだった。

翌朝、ベオの高級住宅街にある大統領官邸前にすっとんで行った。

官邸前に続く広く長い私道の前は文字通りごった返していた。

警官隊が囲む中、ミロシェビッチの支持者たちが続々と集結してきていた。500人はいただろうか、ほとんどが年配者だ。怒号が飛びかい、ケンカが始まる。支持者たちに食ってかかる若者、それを見に来た野次馬、更にそれを取材に来た報道陣、凄まじい喧騒《けんそう》に溢れかえっていた。

「スロボを守れ！」と声がかかる。支持者たちのシュプレヒコールが始まった。

この期《ご》に及んで何をミロシェビッチを守ることがあるのか、と私は正直思った。

マインドコントロールされているSPSの党員が動員をかけられているのだろうと冷ややかに考えていた。しかし、手あたり次第に話を聞くとむろん大半がSPSだが、そうでない人物が確かにいたのだ。

「俺は選挙はDOSに入れた。ミロは大バカ野郎だ。しかし、あいつを西側に渡すわけには絶対にいかない。5000万ドルでミロを売る奴は愛国者じゃない」

「私もそうだ。ビンチャの大学で科学を教えている。セルビアの誇りを守るためにこの場所に一昼夜かけてきた。空爆の責任を誰が取るんだ」

最初はいったい何を言っているのかわからなかったが、次第に理解できてきた。

彼らの行動はミロシェビッチをハーグに送るなという抗議なのだ。アメリカは対ユーゴ援助に5000万ドルを提示、条件としてミロシェビッチ前大統領をハーグ戦犯法廷に出廷させることを要求している。

「アメリカはコソボの、クロアチアの、ボスニアの責任を全てミロに取らせるつもりなんだ。これで全ての責任をセルビアのせいにするつもりだ」

ミロシェビッチの逮捕は賛成する。しかし、国内で我々自身が裁く。そういう主張なのだ。

人波が揺れて前に進みだした。警官隊が規制を緩めたのだ。人々は快哉を叫んで官邸へと歩を進める。報道陣もそれに続く。

ミロシェビッチポスターを掲げた初老の紳士が叫ぶ。

「見なよ、あの警官！　この間、DOSのデモを取り締まっていた奴だ。今度は俺たちが相手かい」

突然、目の前で悲鳴が聞こえた。

アメリカの通信社の女性カメラマンが追われて殴られていた。

「お前らのせいだ。お前らのせいでこうなったんだ」小枝のような腕を振り回した老人が追い掛けて来た。

私は逃げようとした。周囲は全員セルビア人だ。顔を見れば外国人プレスであるのが一発でわかる。こういう時の集団心理の怖さは体験済みだ。駆け出そうとしたその時、隣の中年男に右腕をがっしりと摑まれた。驚いてその方を見るとごついその男が言った。

「安心しろ。お前は日本人だろ。お前はおれたちの味方だ」

こいつは日本人だ。俺たちの仲間だ。だから道を開けてやれ、男はそう周囲に怒鳴った。「さあ、お前も来い。しっかり見ていけ」

胸がきゅうと鳴った。

味方なんかじゃない。あんたたちが思っているような国じゃない。

アメリカの戦争に協力する法案を国会で通し、ユーゴ空爆に理解を示した国なんだ、我が日本は！

そこで俺は偏向報道一つ止められず、原稿を書き散らかし、カネを稼いでいる物書きだ。

膝が折れ、涙が零《こぼ》れそうになった。

それでも、俺の今できることをやってやろう。私は立ち上がり、男と腕を組んで前に進んだ。

右脇にある塀を民衆が一斉に叩き出した。ガンガンガンガンガンガンガンガンガンガンガン……。鼓膜に彼らの怒りが飛び込んできた。一枚のプラカードが目に入った。

「ミ・ニスモ・ツルビ（俺たちは虫ケラじゃない）」

そうだ。虫ケラじゃないよな。

この場にいる人々が、メディアから無視されようが、世界史にコソボ紛争を全てセルビアの責任にする記述が載っても、俺はベタ記事にもならぬこの人々を書いてやる。きっかけは一人の天才フットボーラーの魔法にかかったことだった。それでユーゴに来続けた。ユーゴが好きになった。俺のできることをやってやる。テロリストの村でも、ミロの官邸でも、どこへでも行ってやる。

右手にミロシェビッチの官邸が見えてきた。塀を叩く音を聞きながら私は一歩また一歩と前に進んでいった。

ミロシェビッチ元大
統領の外圧による逮
捕に抗議して官邸前
に集結してきた群衆

「ミ・ニスモ・ツルビ
（俺たちは虫ケラじゃ
ない）」とのプラカー
ドを掲げる老人

追章2
「2018年W杯の光景」

スイス代表が誇示した『鷲のポーズ』が意味するものとは

～旧ユーゴスラビアの民族間対立と不寛容

本書がカバーしたのは2001年まで。それから17年が経過した2018年、ワールドカップロシア大会。あらためて日本のユーゴスラビア、コソボ紛争の解説報道の危うさが浮き彫りになってしまった。新版の追章では、その空白の17年を駆け足で巡りながら、2018年のコソボと、そのサッカーの現在地を著したい。

発端は6月22日、ワールドカップロシア大会、カリーニングラードで行なわれたスイス対セルビアの試合である。ゲームは前半セルビアが先制したが、後半にスイスが攻勢に出る。7分にMFジャカがミドルシュートを突き刺し、45分にはMFシャチリがカウンターで抜け出して逆転弾を決めた。問題はこのコソボ系アルバニア人の移民2世の二人が、それぞれゴールのあとに見せた行為である。両掌《りょうて》を胸の前で交差させてパタパタと扇《あお》ぐジェスチャー。テレビ画面にそれが映し出されたとき、私は思わず「もうここでそれは止めてくれ」とひとりごちた。

それはアルバニア国旗にある双頭の鷲《わし》を示すもので「大アルバニア主義」を表わすポ

ーズだった。試合会場においての政治的主張を禁じているＦＩＦＡ（国際サッカー連盟）はこれを問題視したが、これに対する日本の報道には、「あれは政治主張ではない」「カズダンスのようなもの」という論が散見され、さらには、紛争当時の「セルビア悪玉論」を無自覚に再生産する稚拙なコラムまで登場した。鷲のポーズがなぜ問題なのかを記す。

セルビア、アルバニア、コソボの複雑な対立構造

コソボ独立を経て勃興した大アルバニア主義の脅威が目に見える形で突き付けられたのは、まさにサッカースタジアムだった。２０１４年10月14日、ヨーロッパ選手権の予選でセルビアとアルバニアがベオグラードで戦っている最中、上空から、一機のドローンが飛来する。そこに吊り下げられていたのはコソボとアルバニアを合併させ、さらにはギリシャやマケドニア、モンテネグロの一部にも領土を侵食させた大アルバニアの地形と、双頭の鷲の図であった。

本書にも記したが、セルビア人にとってコソボは13世紀から数多くの宗教施設が建設されてきた聖地であり、08年2月にコソボ独立宣言がなされた後も到底それを認めがたいほど重要な土地であった。

そんな対立構造の渦中にかようなドローンを飛ばすよう指示したのは、アルバニア首相の弟、オルシー・ラマであったとして後に逮捕されている。

ドローンが現われた瞬間、ピッチからサッカーは消え去った。激怒したサポーターがなだれ込んで乱闘が始まった。続行は不可能となり没収試合となった。

セルビアは最初に挑発を受けた側だが、CAS（スポーツ仲裁裁判所）の裁定ではなぜか、セルビア側のサポーターがアルバニア選手に暴力を振るったという理由で「アルバニアが3対0で勝利」となった。このジャッジは後の予選に大きく響き、結果、アルバニアが16年のヨーロッパ選手権に進み、セルビアは敗退となった。

さすがにW杯の警備は厳重で、今回は空から何かが飛来することはなかったが、当の選手が、FIFAの禁じる「政治的なアピール」をした格好だ。

ジャカはさらに自身のインスタグラムにこのポーズの写真と「セルビアは好きじゃない。僕はコソボのことを考えている」というコメントを載せている（後に削除）。これにはスイスの右派、元々移民受け入れに反対をしている国民党の政治家たちも「スイス代表として戦っているのに」と批判している。FIFAも即座に調査を開始した。

〝公正さ〟に対するセルビアのトラウマ

セルビア側からは、試合そのものも公正であったかどうかという不満が出ている。後半21分に、先制点を挙げていたFWミトロビッチがペナルティーエリア内で二人のスイスDFに挟み込まれて倒された。PKかと思われたが、ドイツ人審判は笛を吹かなかった。猛抗議をするも覆らず、セルビアのキャプテンであるコラロフは試合後にこう言った。「スイス戦の審判にドイツ人を持ってくるか？　それは我々の試合にモンテネグロ人を持ってくるようなものじゃないか」

スイス人とドイツ人、セルビア人とモンテネグロ人が、それぞれ言語や宗教、文化的に近しい民族同士であることを引き合いに出し、この試合ではアジアかアフリカ、南米のレフェリーを使うべきではなかったかと、ＦＩＦＡに対して訴えた。

試合後にセルビアの監督クルスタイッチが言ったコメントが象徴的であった。「勝利を盗まれた。私なら、主審にイエローカードもレッドカードも出さずにその代わり、（オランダの）ハーグに送り（ＩＣＴＹ＝旧ユーゴスラビア国際戦争犯罪法廷で）裁判にかける。我々（セルビア人）がそうさせられたように」

どんなチームでも負け試合では審判への不満を訴えることがある。ただセルビアがここまで反応するのは、ＩＣＴＹという負の前例があるからだ。コソボに関して言えば、アルバニア系武装組織「ＫＬＡ（コソボ解放軍、アルバニア語でＵＣＫ）」の指揮官であったラムシュ・ハラディナイは、軍人時代にセルビア人に対して行なった戦争犯罪について何度もＩＣＴＹに訴追されているが、その都度、無罪とされている。そして現在もコソボの首相を務めている。ボスニアで人道支援を続けている「難民を助ける会」の長《おさ》有紀枝《ゆきえ》理事長が言うように、ＩＣＴＹは、ほぼセルビア人を中心に有罪として裁いてきた。このため、「不公平」が絡んだ文脈ではすぐにこの法廷が引き合いに出される。

「鷲のポーズ」の政治性とは

ＦＩＦＡの規律委員会の調査の結果、ジャカとシャチリに対して出場停止処分は下されず、罰金のみ（一人当たり1万スイスフラン＝約111万円）が科せられた。これはお咎《とが》め無しに等しく、セルビア側にも監督などの発言について同様に罰金が科せられたので、どっちもどっちという印象を周囲には与えている。

ジャカとシャチリはこのゴールパフォーマンスを行なった理由を「両親がルーツとするコソボへの敬意のため」と口にした。

これが止《や》むに止まれぬ故郷への思慕として報道され、日本でも6月23日の「朝日新聞デジタル」では「臆測呼ぶ『ワシ』ポーズ、秘めた思いは　スイス2選手」というタイトルの記事が公開された。4年前にシャチリとジャカにインタビューした記者によるもので、スイスで移民として暮らすことの苦労話がとうとうと綴《つづ》られ、「かつてシャカ（本文ママ）は『スポーツと政治は切り離すべきだ』ときっぱり話していた。セルビア戦で見せたあのポーズは、国際サッカー連盟（ＦＩＦＡ）が禁じる政治的宣伝だった、とは思えない。故郷はいつだって、誰にとっても特別だ。たとえ住んでいなくとも、故郷に認めてもらいたい――。そんな心の叫びだったのではないだろうか」と締めくくられている。

とても情が深く真面目な記者なのであろう。自身の体験から二人の選手への憐憫《れんびん》の情を見せている。

しかし、コソボ建国の歴史と現在の国内の状況を少しでも知っていれば、二人のパフォーマンスが政治的宣伝ではなかった、とは書けないはずである。

確かにコソボにおいて人口が圧倒的に多いのはアルバニア人であるが、そもそもコソボは２００８年にセルビアからの独立を宣言した際、多民族国家としてのコソボ憲法を発効してスタートしている。歴史的なセルビアの宗教施設が数多くある上に、すでにアルバニアという国がある以上、そうでなければＥＵや欧州議会などヨーロッパの各機関から独立承認を得られなかったのである。

繰り返すが、コソボはセルビアからの独立を宣言したのであって、アルバニアと合併したのではない。コソボの国旗はヨーロッパの色である青を下地に岐阜県ほどの面積を持つその地形と六つの星があしらわれている。星はアルバニア、セルビア、ボシュニャク、トルコ、ゴラン、ロマの６民族を象徴するものである。多言語であるため、国歌もまた敢《あ》えて歌詞を作らずメロディーのみとなった。コソボは決してアルバニア人の単一民族国家ではなく、制定されたコソボ憲法においてもコソボに暮らす多民族の国という定義がなされているのである。


「コソボのサッカーはひとつの民族のものではない」

事実、コソボ代表チームもその哲学の中でチームを作ってきた。２０１８年６月９日、代表の牽引役であり、コソボサッカー協会の会長であったファディル・ヴォークリが57歳で亡くなった。ヴォークリはコソボ出身のアルバニア人であるが、旧ユーゴスラビア時代にセルビアのクラブチーム、パルチザン・ベオグラードで活躍した。

パルチザン時代は、特に名古屋グランパスのヘッドコーチとしてストイコビッチ監督を支えたボシコ・ジュロフスキーの実弟、ミルコ・ジュロフスキーとのタンデムで猛威を振るい、107試合で55ゴールをあげた。「もし（代表としての）力があるのが（被差別民族とされた）コソボのアルバニア人だったら、私は躊躇《ちゅうちょ》なくそれで11人全員を揃えるだろう」と宣言したイビツァ・オシム元ユーゴスラビア監督の招集に応じて代表にも選出され、当然セルビア人サポーターにも愛されていた。ユーゴ代表では、1987年に欧州選手権予選、北アイルランド戦において、オシムの故郷サラエボで決めた2ゴールが有名である。

紛争が始まりコソボがユーゴから離脱すると、ヴォークリはコソボ協会の会長に着任し、FIFA加盟に向けて奔走した。コソボはいまだに国連加盟国の半数近くから国家として承認されていないが、ヴォークリは現役時代のパイプを活《い》かし、またセルビア人のスタッフも積極的に起用してロビー活動を展開。2016年5月13日のFIFA総会でついにジブラルタルサッカー協会とともに承認されたのである。

そのヴォークリが常に言っていたのが、「コソボのサッカー、コソボの代表はひとつの民族のものではない」というものであった。

会長のスローガンだけではない。コソボの建国の理念に基づき多民族チームを目指したのは、現場のアルバニア人も同様であった。一昨年、W杯ロシア大会のヨーロッパ予選が始まる際、代表監督のアルベルト・ブニャーキは国内のボシュニャク人やクロアチア人、セルビア人のプレイヤーにも声をかけていた。コソボの独立を認めていないセルビア人はコソボ代表への参加を拒否していたが、ブニャーキは決してあきらめてはいなかった。

そして一方で、在外のコソボ移民のアルバニア人選手にも入念な調査を行なってオファーを出していた。ブニャーキが中でも執心したのは、ベルギー代表でプレーするヤヌザイ、そしてジャカとシャチリだった。「一緒にコソボ代表で戦わないか」と頻繁に電話をかけ続けていた。

しかし、彼らはこの申し出を断っている。コソボ代表はチームとしてまだ脆弱《ぜいじゃく》であった。環境も整い、W杯出場により近いスイス代表を二人が選択したのはもちろん何も責められることではないし、選手としては賢明な判断とも言えよう。それは尊重されるべきである。しかし、それならば、あのような大アルバニア主義の鷲のポーズをセルビア代表の前でするべきではない。

むしろ苦闘するコソボ協会のことを何も分かっていないと言えよう。

アルバニア民族主義がコソボサッカーを追い詰める

コソボ協会が民族融和に腐心している例はほかにもある。FIFAは原則的に、国同士の代表試合でサポーターが自国以外の国旗を掲げることを禁止している。コソボサッカー協会には特に、コソボ以外の国旗（ここではすなわちアルバニア国旗）をサポーターに振らせることを禁止するよう、重ねて通達を出していた。コソボとアルバニアは別の国家である。トルコ人が多数を占める北キプロスがFIFAに承認されたとしても、トルコの国旗を振ることは許されないだろう。

ブニャーキ代表監督はサポーターグループに向けて「スタジアムではあくまでもコソボ国旗での応援をお願いしたい。双頭の鷲のアルバニア国旗は持ち込まないでほしい」という呼びかけを繰り返した。ところが、これに対して公認サポーターグループである「ダルダネット」を中心に猛烈な反発が起こった。私は取材中に、ダルダネットのリーダーが公開トレーニングの際に練習場にやってきて、ブニャーキに「あんたはいったい何人なんだ？　アルバニア人じゃないのか？」と食ってかかるシーンに遭遇した。ブニャーキは「FIFAの国際的なルールなのだ。従ってくれ」と説得しようとするが、「裏切り者」という罵倒を浴びせられた。

ことほどさように、コソボサッカー協会は必死に民族融和への道を探っているのが、現状である。これに対して、大アルバニア主義のジェスチャーをする行為がいかに政治的な意味を持つか、シャチリとジャカが知らないと考えるほうが、残念ながら不自然である。あのポーズは、彼らのルーツであるコソボの「独立」ではなく、国境を越えて領土拡大することを、つまりは「侵略」を肯定していることになる。それを、サッカーの試合でスイス代表選手が「コソボ」というワードを使って対立していた民族の前で行なうことの愚かさ。前述の朝日新聞記事に書かれたような、差別を受ける移民のアイデンティティーの発露ではないのだ。あの大アルバニアポーズを見たコソボのマイノリティーである非アルバニア人、セルビア人やトルコ人、ボシュニャク人、ロマたちがどれほど恐怖を感じたのか、想像するに難くない。

日本の報道の偏り

しかし、日本ではこういった経緯や背景を全く理解しない記事が相次いだ。「東京新聞」（7月3日）の投稿欄には、国際NGO代表の男性による、あのジェスチャーは『カズダンス』に似た表現」で政治的ではないという主張が掲載された。しかし、ジャカとシャチリはセルビア戦以外ではこのポーズをとっていない。たとえ歓喜してもセルビア戦において最も自重すべき挑発行為である。男性はNGO職員として、現在のコソボ内の少数民族が置かれた人権状況を少しでも知っているのだろうか。逆にセルビアの選手が、ゴールのあとに民族の象徴である三本指のサインをアルバニア系選手に示したとしたら、それも「カズダンス」と言うのだろうか。そもそもゴールの喜びを表すカズダンスに民族的、政治的な意図などない。カズダンスに対する侮辱である。コソボのアルバニア人が「自分はコソボ人ではなくアルバニア人だ」と自認するのはもちろん自由である。「コソボとアルバニアが合併してアルバニアの単一民族国家を作るべきだ」と主張するのも、支持されるかどうかは別として、言論として自由だろう。問題はW杯というサッカーの大会で、セルビア代表の前であのジェスチャーをしたことなのだ。民族的な挑発行為はセクハラ、パワハラと同様に、被害を受けた側がどう捉えるかが肝要だ。NGOの男性は「歴史や民族を超えて、ワールドカップで平和的熱戦が繰り広げられることをますます期待したい」と投稿をまとめているが、ならばこそ、鷲のジェスチャーは看過できないはずである。コソボ大使館に対する忖度《そんたく》だろうか。実際、コソボ大使館はこの投稿をすぐにリツイートしている。本来、政治に対して公正中立を保ち、弱者の側に立つべきであろうNGOに所属する者として、この投稿は軽率なミスリードだと言わざるを得ない。

報道はなおも続いた。国末憲人氏（GLOBE編集長）による「朝日新聞GLOBE＋」（6月27日）の「ロシアW杯『双頭の鷲』の背景は、こんなに深い」に至っては、まず、基本的な歴史認識がおかしい。「1990年代、ユーゴ全土は内戦状態に陥り、数々の虐殺が繰り返されました」とおどろおどろしく書いてあるが、ユーゴ全土ではない。セルビア、モンテネグロ、マケドニアでは血は流れておらず、スロベニアは10日で紛争が終結している。またボスニアは内戦ではなく侵略戦争としている。

そして、「激化を懸念した北大西洋条約機構（ＮＡＴＯ）のセルビア各地への空爆による介入などを経て」と、アメリカが主導した１９９９年のＮＡＴＯの空爆をコソボ独立のために正当化したような言い回しが続く。この空爆がいかに不当であったかは、当時、西側諸国の大使館が早々に撤退する中、ベオグラードの日本大使館が毅然《きぜん》として残り、外務省本省にその不当性を打電し続けていたことからも理解できる。当時の大使館員によれば、あまりに不公正な軍事行動に、日ごろは米国追従の日本外交がさすがに独自性を貫いたのである。空爆に至る経緯はまさに本書に記した通りである。

ＮＡＴＯ空爆によってセルビア治安部隊がコソボから撤退して、すでに19年が経過している。少しでも現地を取材していれば、紛争後の長期間にわたって、コソボで被支配の立場に置かれてきたのはむしろ非アルバニア人の側であることが理解できるはずだ。記事には「セルビアはかつて、コソボに限らずボスニアやクロアチアなど旧ユーゴ各地で『民族浄化』と呼ばれる残虐行為を重ねたとして、国際社会の糾弾を受けました」と書かれているが、紛争中に民族浄化をしたのはセルビアだけではなかったことが抜け落ちている。第二章の「嵐作戦」が実例だが、セルビア人もまた、クロアチアによる民族浄化に遭っている。

同記事後半ではバランスを取るように「コソボ紛争も、セルビアを悪者扱いしてすべて片付くものではありません」と記しているが、鷲のポーズが、まさにその「セルビア悪玉論」の導入にされることに気がついていない。

千葉大学の岩田昌征名誉教授は訳著書『ハーグ国際法廷のミステリー』（ドゥシコ・タディチ著、社会評論社、2013年）の中でこう書いている。「今日の在特会の『ヘイトスピーチ』が下品なそれであるとすれば、世紀末九〇年代における中道リベラル市民や左派リベラル市民による大量かつ一方的かつ感情的なセルビア難詰は、上品かつ崇高なカテゴリーを駆使した『ヘイトスピーチ』もどきであった」

セルビア人選手に対する鷲のジェスチャーの挑発を看過した上記の記事群は、まさに岩田教授の述べるところの、セルビア人という属性に対するヘイトスピーチへの加担と言えるだろう。

国際社会に知られないセルビアの苦境

難民生活の辛苦を相対化したくないが、敢えて言えば、国外に追い出されたコソボ難民のうち、アルバニア系はいつでもコソボに帰還できるが、セルビア系難民は、コソボ国内に蔓延《まんえん》するアルバニア民族主義に阻まれてそれが叶《かな》わない。帰還はまったく進んでいない。かつてJリーグの大分《おおいた》トリニータ、FC町田《まちだ》ゼルビア、FC東京、セレッソ大阪で監督を務めたランコ・ポポビッチはコソボ西部のペーチ出身のセルビア人であるが、彼は、いまだに父親の墓参にも行けずにいる。

W杯開幕3カ月前の3月25日、セルビア政府のジュリッチ・コソボ担当局長が、北ミトロビッツァ（コソボにおけるセルビア人支配地域）での会合中、突入してきたコソボ特殊警察部隊によって強制連行される事件が起こっている。領土問題を争点とした交渉関係者が、もう一方の交渉関係者に誘拐されてしまうという、前例のない露骨な挑発行為であるが、こういう事実はほとんど国外では報道されない。

被害に遭ったジュリッチ局長は、私が日本からファクスで行なった事実関係を尋ねる取材に対して次のように語っている。

「いきなりヘルメットを被《かぶ》った特殊部隊の警官が大人数で襲ってきました。これは、コソボ・メトヒヤのセルビア人に対する新たな『民族浄化』です。まったく非武装の人間を武装した特殊警察が襲うという行為を、警察側は私がコソボ入州手続きを遵守しなかったという説明で正当化しようとしました。

しかし、我々が外国の関係者にも見せた書類が端的に示しているように、誘拐されたその日、私はコソボでの移動に関する合意を完全に遵守した形で現地に入っていたのです」

セルビア政府の閣僚がコソボを訪問する際には24時間前に通達するという協定があるが、今回セルビア側は75時間前に通達していたと主張している。言い分の違いはあるが、逮捕・拘束の手段が目に余った。

「今回の誘拐事件をきっかけに、コソボ現地でのセルビア人に対する『民族浄化』が完全に実施されてしまうとしたら、付近一帯をアルバニア人のみの国にしたい大アルバニア主義者には望ましいことでしょう。現在、コソボに住むセルビア人の人口は約12万人で、コソボ紛争前に比べて3分の1に減っていることを指摘したいと思います。ハーグのICTYでは、紛争中に多くのセルビアの民間人を殺害したテロ組織「コソボ解放軍UÇK（KLA）」の司令官が、何度も訴追されているにもかかわらず、一度も有罪判決が下っていません。それどころか、釈放後はコソボ・メトヒヤの暫定政権の高官や政党の党首になっています。一方の我々セルビアはICTYの正当なジャッジを受けられず、今でも窮地に置かれています」

繰り返すが、コソボでのこのような事件を顧みる限り、セルビア人の前で大アルバニアを意味する鷲のジェスチャーを行なうことが、カズダンスのようなものだとはとても言えない。

ベルギー代表で日本代表とも戦ったアドナン・ヤヌザイという選手がいる。彼もまたコソボ出身のアルバニア人2世であるが、ちょうど4年前の夏に、コソボではなくベルギー代表を選んだことに対して、脅迫状が届いたと2014年7月8日付の「デイリー・メール」が伝えている。

こういうコソボ内のアルバニアナショナリストによる脅しが、ジャカとシャチリの行動に影響を及ぼしたことは想像できる。いささか強い筆致で描いたが、私は二人をただ責めることが本意ではない。二人はコソボ紛争時はそれぞれ6歳、7歳と幼く、本来ならほかの民族に対する直接の憎悪の記憶を持たずに済んだはずである。そんな彼らに鷲のポーズをさせた存在にこそ問題がある。

ＦＩＦＡの処分が下された後、アルバニアのラマ首相は二人の行為を支持し、罰金にあてるための募金の口座まで作った。ＦＩＦＡがペナルティを科したにもかかわらず、本国（アルバニア）の首相がスイス代表を選んだ選手のその政治的パフォーマンスを英雄視し、内向きに利用する。

これでは若い世代に反省を促すどころか、再発が加速する。

コソボで安易にマジョリティーの声だけを拾い、故国を追われて異国で苦労した移民2世という構図に押し込めるだけ、そんな報道が流布すれば、彼の地の民族融和はますます遠のいてしまう。

ミハエル・ミキッチ（湘南ベルマーレ）が語る、親友ルカ・モドリッチの素顔

W杯ロシア大会のMVPであるゴールデンボールを受賞したのは準優勝のクロアチアを率いたルカ・モドリッチだった。順当であろう。卓抜したテクニックもさることながら、無尽蔵の運動量と巧みなリーダーシップでチームに貢献する姿勢は観《み》る者に大きな感動を与えた。そのモドリッチの大親友が今、Jリーグにいる。

サンフレッチェ広島で9年間プレーし、今年は節目となる10年目を湘南《しょうなん》ベルマーレで迎えているミハエル・ミキッチである。ミキッチとモドリッチとの交流はディナモ・ザグレブ時代から今も深く続き、ミカはその縁でサンフレッチェのスタッフをモドリッチの所属するレアル・マドリードへ連れて行くなどしている。

年齢は6歳違いであるが、それぞれに華奢《きゃしゃ》な身体《からだ》ながら、大きな野心でプロキャリアの道筋を切り開き続けた往年のスパーズとサンフレッチェの背番号14は互いにリスペクトを欠かさなかった。今は湘南の地でベルマーレに身を捧《ささ》げるミキッチにモドリッチの素顔とクロアチアサッカーの躍進の要因を入念に語ってもらった。

——そもそもルカとの出会いはいつ、どのようなものだったのでしょうか。

「私がドイツ（カイザースラウテルン）からクロアチアに帰って来た2007年、27歳のときです。ディナモにいて彼は20歳くらいだったでしょうか。若いけれど当時から自信に満《み》ち溢《あふ》れていました。私は練習でそのプレーを一目見て驚きました。

才能のある選手にたくさん出逢ってきたつもりでしたが、別格でした。DF3人に囲まれてもいとも簡単に引き剝がして行くのです。それもやり方はひとつではなく、多くの選択肢を持っていてその状況のベストのチョイスをする。上手《うま》さとフットボーラーとしてのインテリジェンスを感じました」

——彼の場合はしかし、決して順風なキャリアではなく、その前、10代の頃のモドリッチはほぼ同じポジションにニコ・クラニチャル（レンジャーズ）がいて、ディナモからボスニアのモスタルにレンタルに出されていたり、クラニチャルの父親が監督であった代表チームでも不遇をかこっていたイメージがありました。当時、ザグレブの記者に聞くと、運動量の少ないニコよりもモドリッチを推す声は大きかったのですが、それだけに彼も悶々《もんもん》としていたのではないでしょうか。

「当時はニコのパフォーマンスも良かったからです。ニコの方が得点能力はあったと思います。しかし、チームをオーガナイズする能力、試合の流れを読んでコントロールするスキルはルカの方が上でした。とても困難な状況を簡単にすることに長《た》けていました。

何より、そういう心が折れそうなときにも常にポジティブな気持ちで進んできたことが、今の彼を作ったと言えるでしょう。努力の賜物《たまもの》です。

私とチームメイトになったときはまるで地球の外から来た生物のようなプレーを連発していました。またぎのフェイントのキレも凄《すご》かったし、その後の一歩、二歩のスピードがとにかく半端ではなかった。一気にそれで相手を置き去りにしていました」

——視野の広さも若い頃からですか。

「そうです。まるで360度のカメラがついているかのように、自分の背後のスペースにも敵と味方、誰がどこにいるかをいつも把握していました。私には忘れられないプレーがあります。2012年の12月でした。ディナモから移籍したトットナムでニューキャッスルとやった試合でのできごとです。味方のスローインのときにルカは4人に囲まれていました。そんな状況なので私はさすがにまさかルカには投げないだろうと思っていました。

ところが、入れた。あっと言う間にワンフェイク、ターンして4人を引き剝がしてしまった。そこで確信しました。彼は世界のトップに登り詰めていくだろうと。あのシチュエーションではどんな選手でもかわせるのは多くて二人でしょう」

——ディナモ時代に話を戻すと当時は、クゼ（元ガンバ大阪、元ジェフ千葉《ちば》監督）、イバンコビッチ（元イラン代表監督）と有能な指導者が揃《そろ》っていました。ルカのあの運動量と動きの質の高さは指導によるものだったのでしょうか。クゼはガンバ大阪でも宮本、稲本ら若手を使って成長させることに定評がありました。

「クゼは豪快な人物でしたね。家を買うために一億円貯《た》めたのにそれをギャンブルで倍にしようとしてスってしまったような（笑）二人のキャリアはそんなに重なっていないのですが、確かにクゼはルカを評価していました。

しかし、あのチームのために走る姿勢に関して言えば彼の生まれ持ったキャラクターです。誰かに教えてもらったものではなく、最初から試合の各急所では自分はどこへでも顔を出すという強い気持ちがあった。

ボールをもらうためには足下ではなくて、走らないといけないということが彼はもう分かっていた。そして木村さんも知ってのとおり、すばらしいのは無駄走りがないこと。質の高さ。ボールを受けた選手が囲まれたら、すぐにサポートに行く。ここでもらっても意味が無いと思えば、その先に動く。

眼《め》の前の打開だけではなく、常にゴールから逆算して動いているのです。ボールをもらったらまず前に出すことを考えるが、それで詰まったらどうするか、いつもサッカーインテリジェンスを鍛えています。

わがベルマーレにも齊藤《さいとう》未月《みつき》という選手がいて、とてもよく走ります。彼もルカの動きの質から学んで欲しいと思います。そうすれば未月ももっといい選手になっていくでしょう」

――ルカがトットナムに移籍してから、ディナモと対戦したことがあったと思いますが、相手として見たときはまさにその動きに翻弄されかけたと聞きました。

「はい。ディナモとトットナムとの対戦。そのとき私はベイル（現レアル・マドリード）とマッチアップしました。ルカに関してはチーム全員が脅威に感じていました。彼は絶対にボールを失わない。そして相手の裏のスペースが空いていたら、すぐにそこを突いてくる。だからディナモのDFラインは彼がボールを持つと絶対に集中を切らさなかったし、私も緊張を強いていました」

――1990年でしたか、ストイコビッチがマルセイユに移籍した後に古巣のレッドスターとチャンピオンズカップの決勝であたったとき、途中から出場してきたピクシーにレッドスターの選手はパニックになりかけたと言ってましたが、それと少し似ていますね（笑）。

「ええ、その選手の凄さを一番知っているのが、元チームメイトかもしれません（笑）。そしてルカが残したものも大きかったです。彼がいたときのディナモは紅白戦でも誰が負けたくないというメンタリティで闘っていました。相手を削るにいくとかそういうのではないですが、とにかく真剣さが尋常ではありませんでした。その世代がクロアチア代表の今の成功をもたらしました。

２００６年、ちょうど12年前に今の代表チームの原型が作られました。マンジュキッチ（現ユベントス）、チョルルカ（現ロコモティブ・モスクワ）、ロヴレン（現リバプール）……、２００４年のＵ《アンダー》―21代表から率いたスラベン・ビリッチ監督が世代を持ち上がってＡ代表にいったのです」

──決勝戦の後に彼はゴールデンボールを受賞するわけですが、まったく嬉《うれ》しくなさそうでした。

「それこそ、あれが彼のメンタリティーです。自分が受けた最大の評価よりも優勝できなかったという悔しさの方が圧倒的に大きかった。自分がMVPを3回受賞するよりもチームの勝利を願う。自らのチームのためなら自分の名誉などいつでも差し出す。そういう男なのです。

ルカはクラブW杯で来日以来、日本も大好きでキャリアの晩年は日本やアメリカでもプレーしたいと言っていましたが、まだまだヨーロッパは彼を手放さないでしょう」

ミハエル・ミキッチが語る、クロアチア代表躍進の経緯と根拠

ミハエル・ミキッチはクロアチアではU―21代表の経験がある。A代表入りがなかったのは、同ポジションにタレントが揃っていたことと、彼はちょうどロシア大会の準優勝チームの上のジェネレーションにあたり、「モドリッチやマンジェキッチを中心とした世代のチームでトップを目指す」という方針で行なわれた早めの世代交代のために割を食ってしまったとも言えよう。しかし、その分、俯瞰《ふかん》してヴァトレニ「(＝炎)」クロアチア代表の愛称」の歴史を観察することが出来た。人口約440万人の国がいかにして準優勝を成し遂げたのか。旧ユーゴスラビア時代でもなしえなかった（ワールドユー

ス・チリ大会の優勝はあるが）かつての構成国が誇るべき大きな成果のそのプロセスを語ってもらった。

――ミカはロシアW杯でクロアチア代表がフランスとの決勝に臨む前には、メンバーに何か連絡をとったりしたのでしょうか。

「いえ、むしろ彼らの集中を妨げるようなことをしたくないので、何も送りません。心の中で応援していました。ただボランチのミラン・バデリ（フィオレンティーナ）からは逆に写メが送られて来ました。これです。モスクワのホテルの窓際に広島のお茶を置いてあって『俺はこいつを飲んで決勝に行くぜ！』と書いてありました。3年前に日本に来たときに彼は広島茶にすっかりはまっていて今も大事な試合の前に愛飲しているのです（笑）」

――今回のクロアチア代表は1998年の3位のときに比べてもチームとしての熟成度は高かった。3試合連続の延長戦を勝ち抜いて上がって来てフィジカルも厳しかった中、決勝でもフランス相手に攻守の切り替えがすばらしく速かった。ボールを奪われてもカウンターをなかなか出させませんでした。

「そうですね。ロシア大会を通じて相手のカウンターはほぼ封じ込んでいたと思います。フランス戦でもンバッペ（パリSG）にはほとんど出させなかった、彼を走らせなかった。クロアチアはボールに行くタイミングがすごく良かった。バラバラのプレスではなく、間延びせずに必ずチームとして連動していた」

――そしてボールを失ったり、奪えなかったら戻してブロックを作る。それらが意思統一して徹底して行なわれていましたが、あれは監督のダリッチのオーガナイズだったのでしょうか。

「その可能性はあります。しかし、私は戦術の多くは選手からのものだと思います。マンジュキッチはユベントスでプレーしているし、イバン・ペリシッチもインテルで、二人はイタリアの前線からも守るタクティクスが叩き込まれている。ラキティッチ（バルセロナ）、モドリッチ（レアル・マドリード）はスペインで、奪われてから取り返すメソッドが身についている。どこで奪うのかを熟知する彼らが前の選手を指示していました。『右』『左』『今だ、行け』『ストップ』。アンテ・レビッチはブンデスのフランクフルト。右サイドバックのシメ・ヴルサリコもアトレティコ・マドリーでシメオネの戦術を叩き込まれているし、ロブレンもリバプールでクロップの教えを受けている」

――ミカは一度アトレティコのトレーニングを視察に行ったことがありましたね。

「そうです。そこではシメオネ監督が徹底的に戦術練習を繰り返していました。それが今のヨーロッパの潮流です。クロアチアの強みはそういうクラブで活躍する選手たちが大勢いて、各自が集ってすり合わせが自分たちでできること。何をしないといけないのかを全員が分かっていることです。全員がフットボールをすることを知っている。代表監督のダリッチは彼らに対して1から10まで教えることはありません。逆にもう監督任せでなく選手が自発的に動くそういうチームでないとW杯では勝てないと思うのです」

――ミカがクロアチアの強さを解析するところでは、イタリアの良さとのブレンドだった。それをもたらしたのが、選手ということ？

「そうです。そこに自分たちのオリジナルな良さも忘れることなく出した。つまりクロアチア特有の足下の上手さ、豊富なアイデア、そして負けないというメンタリティー。さらに今回は23人がほぼ同じ能力を持っていた。先発もバックアップメンバーも大差無かったのです」

――小国ながら、タレントが次々に出てくるクロアチアの代表監督にとって仕事はどういうものか。

「我々の国の監督の仕事というのは選手と大きな信頼を築いて、今言ったようなハイブリッドのサッカーを最終的にやらせることです。選手に自信をつけさせて、しかし過信もさせない。今回もピッチでのオンと生活のオフには目を光らせたと思いますが、それ以外のことは何も言わなかったと思います」

――ダリッチの良さはどんなところにあったのでしょうか。

「彼は心理学者ですね。モチベーター、そしてオープンで正直だった」

――一方で厳しいところもあった。グループリーグの初戦のナイジェリア戦で途中出場を拒否したカリニッチをチームの和を乱したとして強制帰国させた。これでクロアチアはチームがまとまったという見方がありますが、内情はどうだったのでしょうか。そもそもカリニッチはどのようなキャラクターなのか。

「あの事件は、選手に対して『チームのことを考えない人物はここにはいられない』という明確なメッセージになりました。それによって選手がチームのために戦う、という強い気持ちになったのは事実でしょう。自分はカリニッチのことは、（親友の）ルカ（モドリッチ）のようには直接は知らないけれど、ひとつ言えるのは、彼は勝者のメンタリティを持っているということ。自分より先にクラマリッチが出場することが許せなかったのでしょう。ただ、一番悲しんでいるのはカリニッチです。もしかしたら、カリニッチが残った方が、もっといい結果がもたらされたかもしれない。ただそれは分からない」

――ルカはあれだけのメンバーをまとめるのは大変だったのではないでしょうか。

「それは問題無かったです。我々は個人の下した意見を尊重するのでセンチメンタルになることはありません。『途中出場は嫌だ』『それなら帰れ』『分かった帰る』それだけのことです。それに対して介入するとか、トラウマになるということはない。クロアチアはそういう人たち。ユーゴ時代から祖国には『惜しい人を亡くしたと故人を偲《しの》んでも墓を暴くな』ということわざがあります。代わりは必ずいる。サッカーに解決策はかならずある」

――ミカは、クロアチア代表は2006年からほぼ今の代表の土台を作って来たと言っていました。チームとしての経験の厚みを確かに今大会は感じました。私はユーロ2008のトルコとのＰＫ戦で外して号泣するモドリッチの姿が忘れられなかったのですが、今回はそのPK戦をことごとく制した。特にデンマーク戦では延長でのPKを外しながら、PK戦では見事に気持ちを切り替えて真ん中に蹴って決めた。10年の間にここまでメンタルが強くなるのかと驚きました。

「それがルカです。彼は困難なことに対して絶対に諦めない。(チームメイトだった)ディナモ・ザグレブ時代は必ず毎試合後、自身のプレーの自己分析をしていました。どこが良かったのか、悪かったのか。もっと何ができたのか。クロアチアはユーロ2008でトルコに負けてベスト8になった。2010年の南アフリカW杯には出場を逃した。ユーロ2012はアンラッキーでスペインに負けた。ユーロ2016はポルトガルにPKで負けた。そういったことが全て同じチームにとっての貴重な経験となって今回の準優勝に結びついたと思うのです」

――活躍したラキティッチもかつては『PKが犬よりも下手だった』と言われていたという記事を読みました。

「それは事実です。ラキティッチはPKを蹴る前はいつも自信満々です、しかし、なぜかいつも必ず右下に緩いボールを蹴るので(笑)それを完全に読まれてストップされていました(笑)」

――グループリーグで敗退した2014年のW杯ブラジル大会は何があったのでしょう。初戦のブラジル戦では物議を呼んだPKの判定がありましたが。

「2014年はチームの雰囲気があまりよくありませんでした。ニコ・コバチ代表監督はプロとして良い監督だった。良い人間ですし、良い選手でした。それは間違いない。しかし、選手に求めすぎた。毎日、血液検査をしては選手はリラックスができなかった。ドイツ生まれということで、そのゲルマンのやり方を持ち込んだのですが、クロアチア人のメンタルを少し理解していなかった」

——代表監督と言えば、ミカも広島で一緒に戦った森保《もりやす》一《はじめ》さんに日本代表の声があるようです。

「とても良いアイデアですね。ぽいちさんは選手との関係を作るのも上手いし、もしもそうなれば非常にいい監督になると思います」

２０１８年7月26日、ミキッチの期待通り、森保一は日本代表監督に就任。9月11日の初陣はコスタリカを3—0で下して勝利を飾った。

単行本あとがき

セルビア人のことをずっと書きたかった。それゆえにユーゴに3年通《かよ》った。ユーゴスラビア連邦崩壊が始まって以来、この民族に対して国際社会が与えた仕打ちの不公平さはまさに筆舌につくしがたい。国際法廷で、メディアの世界で。検証すればするほど覆い隠されて来た意図的なセルビア叩《たた》きの歪《ゆが》んだ事実がいくつも見えてくる。世論はセルビア人だけを鬼か悪魔のように言い募り、もろもろの国際機関は言うに及ばず、日本の平和運動の中ですら、紛争に疲弊したこの民族に対する差別発言はよく見受けられた。忘れられない取材がある。最初の空爆危機の日（第2章）。政府による暗い情報統制が進む中、独立系メディアのメンバーがANEM（自由メディア連盟）を作った。世界で孤立しようとも民衆自らが平和解決を模索してゆこうという集会をユーモアを混じえながら開いていた。皆、泣きながら笑っていた。

本文にも書いたが、絶対的な悪者は生まれない。絶対的な悪者は作られるのだ。ベオへ行く度に心底感じたのは経済制裁の恐ろしさだった。薬が手に入らぬばかりに助かるはずの命を落としていった罪のない乳児や子供が何人いることか。浦和レッズのペトロビッチがスイスで嘆いていたように、彼らにとって国連は間接的に命を奪う伏魔殿でしかない。そして、今回はその国連すら迂回《うかい》して始められたアメリカ主導のＮＡＴＯによる空爆。

現在コソボでは、ベトナム戦争時のダナン基地に匹敵する巨大な米軍基地が建設されている。ＵＮＭＩＫ（国連コソボ暫定統治機構）に派遣されて現地に赴いた国連職員の水野時朗さんは、２０００年1月15日付の東京新聞のインタビューで、「米国がコソボになぜ執着するのか理解に苦しんだが、米軍基地の建設が進むのを知り、シナリオが読めた気がした。独自の軍事力による世界制覇の戦略構築がコソボ空爆の狙いだったのでは」と述べている（付け加えるならこの翌日には米兵が12歳のアルバニア人少女を強姦《ごうかん》して殺害するという事件が起こっている）。くしくもこの水野さんと同じ発言をドロブニャク（元ガンバ大阪）は、１９９９年4月の大使館の会見（第3章）で述べていた。私自身、空爆後に占領下のようになってしまったコソボを歩き、今になってあの時のインタビューを読み返してみると、当時いかに彼らユーゴ人Ｊリーガーたちが冷静にＮＡＴＯの空爆の実態を見ていたのかに驚く。ユーゴ政府の情報操作があったにもかかわらずである。

東欧の民主化で沸き返ったこの10年はその置かれた立場ゆえにセルビア民族、ひいてはそのサッカー選手にとって悪夢のデケイドとなった。しかし彼らは決して屈しなかった。

前著の『誇り』がストイコビッチの半生を描いたものであるのに対し、本書はバルカンのサッカー人たちの集団劇である。登場人物たちのその後を記すと、コソボの10番トビャルラーニはプリシュティナに戻り、現役に復帰している。コソボ・リーグが復活し、彼のFKプリシュティナは現在、首位である。ソコリも無事に戻った。ビドゥガはセルティックスへ移籍したが、麻薬問題でクラブを追われた。

クロアチア大統領ツジマンは昨年末に亡くなり、新年に今度はアルカンがインターコンチネンタル・ホテルのロビーで覆面をした何者かに銃で暗殺された。名曲『メセチナ』の一節そのままに、ユーゴの不安定な時代はまだまだ続く。

執筆するにあたり、紀行文なので敢《あ》えて文献を調べるのは止《や》めたが、梅本浩志氏の『ユーゴ動乱1999』（社会評論社）は参考にさせていただいた。田岡俊次氏の朝日新聞の記事、飲み屋で聞いた千田善氏、米元文秋氏の話も役立たせていただいた。そのほか、自ら現地コーディネートした「劣化ウラン弾・戦場で処分される核のゴミ」（TBS）と「戦争と妖精」（中京テレビ）での取材も原稿に反映させてもらっていることを記しておきます。

ベオでは共同通信支局長（当時）太田清氏にお世話になった。通訳は銃弾降り注ぐコソボでともに走ったMこと富永正明君と、ビンチェで放射能、パンチェボで汚染大気を一緒に啜《すす》った唐沢晃一君にお礼を申し上げたい。そのほかグランパス広報の手島雅春部長には配慮をいただき、前作同様にアドバイスをくれた黒田奈緒美さん、平松正樹君は膨大なテープ起こしを担ってくれた。そして本書が出来るきっかけを立ち上げたヤングジャンプ編集部の今井孝昭さん。氏の並々ならぬ情熱が本書を世に出した。多謝。最後にドラガン・ストイコビッチさん。偉そうに書いてきた私自身、94年の長良川での雨中のリフティングを見ていなければ、その後ユーゴ取材に入ることなく彼らに対して悪者のレッテルを貼ったままだったろう。ボバンのように饒舌《じょうぜつ》に政治的発言を繰り返さずとも、サッカーをするだけで民族の親善大使になれるのだ。「アルカンについて」「虐殺について」等、不躾《ぶしつけ》な質問にもいつも真摯な態度で答えてくれた。

アメリカの一極支配が進む20世紀末、バルカンの民＝セルビア人は大国の思惑から一方的に世界の悪者にされた。けれど彼らはきわめて優れた蹴球の才能を神から授けられていた。セルビアの民はこのスポーツを心から愛し、魂の拠《よ》り所《どころ》として困難に打ち勝とうとした。選ばれし代表選手たちはその民族の逆境に耐え、必死に藻掻《もが》き、そして勝利した。

サッカーほど民族性が出るスポーツはないと言います。そんな彼らのプレースタイルが美しくないはずがない。「我々は民族の誇りに決して嘘《うそ》はつかない」（マスロバル）道険しくとも、

НАПРЕД ПЛАВИ！　行けプラーヴィ！

２０００年２月　　木村元彦

文庫のためのあとがき

単行本を出した後、予想通り様々な反応が返って来た。何より嬉《うれ》しかったのはユーゴへ行ってみたいという便りを多数もらったことだった。「悪者」たちがどんなに人懐《ひとなつ》こく、いかにお人好《ひとよ》しな民族なのか。現地へ行けば必ずや体感できるだろう。

ユーゴ空爆に対する記述については筆を抑えて書いたつもりだったが、それでもセルビア寄り反米的ではないか、という批判がほんの少しだがあったことには今更ながら驚いた。では彼《か》の国はハワイ沖実習船えひめ丸の事故の後、なぜイラクを空爆したのか？ユーゴ空爆同様にスキャンダル後に軍の威信を見せつけるデモ効果を狙ったことは明確ではないか。アメリカは強い国だが決して公正正義の国ではない。現在のコソボにおけるセルビア人の情況を見れば誰でも一目瞭然だ。追章1の取材はこの批判に対する私のイナットだった。

もちろん本書に記したようにコソボでのミロシェビッチ政権によるアルバニア人に対する人道破綻は空爆前から確かにあった。そのことも私は言い続けなければならない。セルビア人の友人を気取るなら、その事実をも彼らに伝えることが重要だと考えるからだ。私はろくにセルビア語もできぬ無学な街のニイちゃんだが、それくらいはわかる。外務省のスネジャナ・ヤンコビッチも言う。「市民はボスニアで、コソボで、本当に何があったのかを知りたがっている」と。現場に行かずして紙の上だけで極端なセルビア悪玉論・善玉論を展開してそれぞれの分野でおもねる御用学者達の何と醜悪なことか。

ユーゴ・サッカーが好きという最大にして唯一のモチベーションで3年間で12回の取材を敢行したが、最後に結論じみた言葉を吐くなら「全ての民族が被害者であり、全ての民族が加害者である」。その中でセルビアは信じられないほど、不公平に報道され、裁かれたのだ。

私は追章1に登場するディミトリエビッチに取材を申し込んだ際、幾度も交渉の途中に電話を切られた。先祖の代から続く生家を突然追い出されるという悲惨な体験を強いられながら、それでもコソボの悪者のレッテルを貼られていた彼のメディアに対する決定的な不信感を身をもって感じたものである。

プラーヴィは試合前にユーゴスラビア国歌を歌わない、という「発見」から本書は立ち上がったが、2001年4月25日の日韓W杯予選、対ロシア戦では更に凄《すさ》まじい現場を目撃した。この日、若き10番ケジュマンは国歌斉唱時に何と堂々とペットボトルの水を飲みだしたのだ。あれから3年、プラーヴィのユーゴスラビア人としてのアイデンティティーの崩壊は更に進み、負の遺産は膨大に膨らんでいるようだ。

それでもそんな背景をおくびにも出さずにプラーヴィは戦い続けている。
苦戦は続いているが2002年に彼らが日本にやってくることを切に願ってやまない。

2001年5月

木村元彦

解　説

田　中　一　生

マッチ擦るつかのま海に霧ふかし
身捨つるほどの祖国はありや
寺山修司

本書の主題は著者が単行本のあとがきで述べている。

前著の『誇り』がストイコビッチの半生を描いたものであるのに対し、本書はバルカンのサッカー人たちの集団劇である。

もちろんそうは言っても中心人物は著者が感嘆してやまないストイコビッチだ。高校時代の著者は陸上競技の選手だった。サッカーはむしろ嫌いだったらしい。彼にサッカーへ開眼させたのが外《ほか》ならぬピクシー（ストイコビッチの愛称）であってみれば、それも当然だろう。

本書がカバーする1998年から2001年におよぶ3年間はどのような時代だったか。ストイコビッチの祖国ユーゴスラビアはコソボ紛争、NATO空爆、政変、前大統領の逮捕とつづく史上まれに見る国難、惨劇の時代だった。それと並行してバルカンを主舞台に繰り広げられるスポーツと政治の不条理劇を、著者はハンディカムを手に生《き》のまま読者に伝えてくれる。政治を代表するのが世界一の強国アメリカ、スポーツを代表するのが超絶技巧の持ち主であるプラーヴィ（ユーゴ・ナショナルチームの別称。青色のジャージを着用していることから）とくれば、面白くないはずはない。読者は彼らの一挙手一投足を目で追い、手に汗にぎり、怒り、涙し、歓喜すればよいのだ。

だが著者が応援するプラーヴィはなぜか「世界の嫌われ者＝悪者」のレッテルを貼られていた。どうしてそうなったのか。納得のゆかぬ著者はそこで〈幾多のジャーナリストたちが解説を施そうと挑戦してきた複雑きわまりないあの地域に住む人々のイマを、ホンネをフットボールを切り口に感じ、聞き出し、そして紡ぐこと〉を自分に義務づけた。彼らが本当に悪者なのかどうか、みずからの五感で確かめたかったのである。この難しい課題が達成されたか否かを検証する前に、本書に頻出する幾つかのキーワードを考えてみたい。

inat（意地）。R・ベネディクトの言うように、もし日本人が「恥」を基調とする文化に属するとすれば、ユーゴスラビア人ないしセルビア人は「意地」の文化に属すると